明清之际党社运动考

谢国桢 著

北京出版集团公司

北京出版社

图书在版编目（CIP）数据

明清之际党社运动考／谢国桢著. —北京：北京
出版社，2014.12
ISBN 978－7－200－11045－6

Ⅰ. ①明… Ⅱ. ①谢… Ⅲ. ①东林党—史料 ②明代历
史事件 Ⅳ. ①K248.305

中国版本图书馆 CIP 数据核字（2014）第 283868 号

明清之际党社运动考

MINGQING ZHI JI DANGSHE YUNDONG KAO

谢国桢　著

＊

北京出版集团公司
北京出版社　出版

（北京北三环中路 6 号）

邮政编码：100120

网　　址：www.bph.com.cn

北京出版集团公司总发行
新华书店经销
北京华联印刷有限公司印刷

＊

880 毫米×1230 毫米　　32 开本　　12.25 印张　　230 千字
2014 年 12 月第 1 版　　2014 年 12 月第 1 次印刷
ISBN 978－7－200－11045－6
定价：78.00 元

质量监督电话：010－58572393

目　录

前　言

在我青年时代，初读明、清史的时候，感到明末东林党争，复社、几社等集会结社活动，与当时的社会、政治关系至为密切，如果忽略这些事实，就很难全面、准确地了解明清之际的历史。然而有关的史料非常分散零乱，记载又互有异同，于是不自量力，有意把这方面的史事清理出头绪，用通俗的文字、史话的体裁把它写出来。我开始搜集资料的时候，年纪不到三十岁，历史知识既不够充分，掌握的资料也很不完备，对于马列主义的理论，更只是一知半解。在这种情况下，要写好这本书当然是不可能的。经过一番努力，总算写出了一个很不像样的初稿，后来几经周折，终于在一九三四年由商务印书馆出版。想不到在次年十二月，鲁迅先生评论我这部很不成熟的作品说："钩索文籍，用力甚勤，叙魏忠贤两次虐杀东林党人毕，说道：'那时候，……无耻的士大夫，早投降到魏党旗帜底下了。说一两句公道话，想替诸君子帮忙的，只有几个书呆子，还有几个老百姓。'"接着又说，"诚然，老百姓虽然不读诗书，不明史法，不解在瑜中求瑕，屎里觅道，但能从大概上看，明黑白，辨是非，往往有绝非清高通达的士大夫所可几及之处的。"（《且介亭杂文》二集《题未定草九》）鲁迅先生鼓励后进的至意，坚定了我终身从事于学术事业的信心和决心。时间如驹光电闪，回顾四五十年来真是时光虚度，在学问上无成就可言，深感有负鲁迅先生的鼓励。

至于这本小书，上面已谈到，无论观点上、材料上，问题都是很多的。但也有人认为，它还是从庞杂如一团乱丝的资料中，梳理出一些线索来，仍可供读史者参考。恳切地希望读这本书的同志用批判的眼光来对待它，只采取叙事中稍稍有用的部分。

学问之道，本是后来居上。目前开展明、清的研究已提到日程上来，后起之秀，方兴未艾，占有大量资料，写出有分量的新著，尚有待于来者。

谢国桢记于首都寓庐瓜蒂庵

一九八一年六月十五日

自　序

当我草《晚明史籍考》的时候，凡关于明季党争和社盟的材料随手摘记下来，想作一篇明、清之际党社运动的文字。及至《晚明史籍考》草成以后，承袁守和先生厚意，在北平图书馆为我印行。但关于此项史迹，虽然积稿成堆，仍没有把它整理。

九一八事变之后，我从日本归来，仍服务于北平图书馆，在编纂室中我把旧稿进行整理。同时朱桂辛先生又约我到营造学社编《营造书目》。那时我唯一的兴趣，就是写这篇文字。其间虽然荒废了馆务，疏忽了学社的嘱托，但是费了三个月的工夫，终把这篇文章写完成了。

我写这篇文字的宗旨：因我昔年读全谢山（祖望）《鲒埼亭集》，我感到明季掌故的有趣。我觉得明亡虽由于党争，可是吾国民族不挠的精神却表现于结社。其间又可以看到明季社会的状况和士大夫的风气，这是在研究吾国社会史上很重要的问题。所以我写这篇文字就以党争和结社为背景，来叙述明、清之际的历史，以唤起民族之精神。我觉得要得到一般读者的同情，还是以语体文写较为便利一些。因此事实则引据原书，叙述则文由己出，但为读者不感枯燥起见，有时文章也不免稍微煊赫一点儿。

民国二十二年秋，来中央大学讲授明清史，就把它拿来做讲义。并且重新修改一下，我感觉所谓"煊赫"的地方总归于不忠实，遂删去了，仍抄录原文以存真相。又把重复的地方，重改过，遂成了这篇稿子的样子。并把以前做的《明季奴变考》《清初东南沿海迁界考》附在后面，都为一集。

已经隔过二三年的文字再来校读，时过境迁，思想见解已与昔日不同。结果总觉得不满意，而且现在我治明清史的兴味已经没有以前浓厚了。我想由清初以上推到辽、金、渤海的历史，来做东北史整个的研究，又想读点史学基本书籍以药不学之苦。这几篇文字在我的治学史上如白云苍狗已成过去，存此一集，聊觇我治学的过程罢了。

民国二十三年一月五日记于国立中央大学教职员第一寄宿舍

一、引论

在明朝末年，政治和社会里有一种现象，一般士大夫阶级活跃的运动就是党，一般读书青年人活跃的运动就是社。"党"和"社"名词虽然不同，但都是人民自觉的现象。如今我把党社的意义和简单的趋势分开来说。

（一）党

吾国古代，像汉代的党锢、唐代的清流、宋代的元祐党人，本来就有党争的事情了，但为什么到了明末又会有党争的事件发生呢？吾国最不幸的事，就是凡有党争的事件都是在每个朝代的末年，秉公正的人起来抗议，群小又起来挟私相争，其结果是两败俱伤，所以人民提起来都头痛。但我以为党争的发生至少是一种人民自觉的现象，同时与国家的政治制度也很有关系。所以在一个不良的政治之下而有党争的事件发生，也可以说是人民自觉的进步。但要是诸党相轧也有极大的危险。杨公达撰《政党概论》引季特尔（Gettell）的话：

"政党是一部分有组织的公民成立的政治单位，根据其选举权的使用，去参加政治，监督政府，以实现其主张。"

　　吾国的党争虽未必与欧洲的政党相同，但我以为党争的发生至少须有两个条件：一是人民必须有发挥言论自由权，一是政府必须有发挥言论的机关，合这两个条件然后才有党争的发生。

　　在专制时代，人民没有发言的机会，哪会有党争的事情？但是在吾国唯一专制的政局，像秦皇、汉武这样的很少。就是在秦皇、汉武时代也有御史制度之设。《晋书·百官志》："御史中丞本秦官也。"杜佑《通典》："初，秦以御史监理诸郡，谓之监察史。"因为在古代，御史大夫制度是监察政府的机关，其来已久，并且汉代太学的生徒也有发言的权利，即当时所谓"清议和舆论"。所以在政治清良的时代看不出来有党争的事，但是到政局崩坏的时候，政府里既然设了弹劾政府的机关，那么一般秉公正的人都要去弹劾政府，而一般读书的人也要借机会来谈论国是了。

　　到了明代，内阁的权较低，而御史的权更高了，并且读书的人也有发言的机会，这不能不算政治的进步。所以我们要研究明代党争之所以发生，不能不先明了明代的官制。

　　明代虽沿着汉、唐的旧制，但监察机关的权力特别的高。明代的官制是：自洪武十三年罢丞相不设，析中书省之政归到六部，以尚书任天下事，侍郎贰之，而殿阁大学士只备顾问。殿阁大学士的黜陟由于阁臣的会推。到了宣宗时候，政柄无论大小，悉交大学士杨士奇等办理，内阁的权力日重。到了严嵩等当朝，权更高了，和真宰相差不多，六卿皆归内阁节制。这是明代的行政机关。同时监察的机关是御史和六科给事中。御史之职，直隶于都察院，有都御史、副都御史、金都御史的设置。《明史·职官志》二云：

"（洪武）十六年，升都察院为正三品；设左右都御史各一人，正三品；左右副都御史各一人，正四品；左右佥都御史各二人，正五品；经历一人，正七品；知事一人，正八品。十七年升都御史正二品，副都御史正三品，佥都御史正四品，十二道监察御史正七品。建文元年，改设都御史一人，革佥都御史……宣德十年，始定为十三道……十三道监察御史一百十人……其在外加都御史或副、佥都御史衔者，有总督，有提督，有巡抚……及经略、总理、赞理、巡视、抚治等员。"

御史的职权，《明史·职官志》二云：

"都御史职，专纠劾百司，辩明冤枉，提督各道，为天子耳目，风纪之司。凡大臣奸邪，小人构党，作威福，乱政者劾；凡百官猥茸贪冒，坏官纪者劾；凡学术不正，上书陈言，变乱成宪，希进用者劾；遇朝觐考察，同吏部司贤否陟黜，大狱重囚会鞫于外朝，偕刑部、大理谳平之。其奉敕内地，拊循外地，各专其敕行事。

十三道监察御史，主察纠内外百司之官邪，或露章面劾，或封章奏劾……勉励学校，表扬善类，剪除豪蠹，以正风俗，振纲纪。凡朝会纠仪，祭祀监礼，凡政事得失，军民利病，皆得直言无避，有大政集阙廷预议焉。"

给事中的官职及其职权，《明史·职官志》三云：

"吏、户、礼、兵、刑、工六科各都给事中一人，正七品；左右给事中各一人，从七品。给事中，吏科四人，户科八人，礼科六人，兵科十人，刑科八人，工科四人，并从七品。六科掌侍从规谏，补阙拾遗，稽察六部百司之事。凡制敕宣行，大事覆奏，小事署而颁之。有失，封还执奏。凡内外所上章疏下，分类抄出，参署付部，驳正其违误。"

御史是监督内阁的机关，六科给事中是稽察六部的机关，并且有封还章奏的权力。至铨叙的机关是吏部，吏部黜陟的责任，唯一是考察。《明史·职官志》一云：

"凡内外官，给由，三年初考，六年再考，并引请九年通考，奏请综其称职、平常、不称职而陟黜之，陟无过二等，降无过三等，其甚者黜之罪之。京官六年一察，察以巳、亥年；五品下考察其不职者，降罚有差；四品上自陈，去留取旨。外官三年一朝，朝以辰、戌、丑、未年，前期移抚按官，各综其属三年内功过状注考，汇送复核，以定黜陟。"

同时内监为君主的近侍，是传达命令，出纳章奏的机关，他的权柄也很大。《明史·职官志》序上说：

"内阁之拟票，不得不决于内监之批红，而相权转归之寺人，于是朝廷之纪纲，贤士大夫之进退，悉颠倒于其手。伴食者承意指之不暇，间有贤辅，卒蒿目而不能救。"

由上诸端，我们可以明白明代的官制：①行政机关，内阁仅备顾问，责任六部，共任天下的事；②监察机关，御史大夫是监督政府的机关，六科给事中是监察六部的机关；③铨叙的机关，大臣是会推，小臣是考察，吏部的考察是进退官吏的唯一机会。观以上的制度，似乎是很完备了，但到明代中叶却发生了变化。内阁的权高了，六部不能不听命于内阁，铨叙的使命也就不能公平。御史大夫监察的机关不能不出来弹劾政府，政府自然而然地与言官相水火了。言官是代表一般的舆论，人民多同情于言官，所以言官的清望日高。内阁的势力稍一低落，则不能不勾结言官，御史大夫们哪能个个人品靠得住，所以就自己分了党派。自张居正以后，一班庸愚的宰相，像沈一贯、王锡爵之流，他们只知道巩固地位，传衣钵，哪知道国家的大计。东寇日逼，朝事日纷，那一般内监们趁着机会起来，攫夺了政府的实权，宰相们反得听命于内监，御史大夫和六科给事中与内监成了对敌的现象，那时候党祸之势就成了。

凡万历时代之朝政，我们所知道的所谓国本论、三王并封、建储议、福王之国、楚太子狱、科场案、辛亥京察、丁巳京察、《忧危竑议》、妖书、熊廷弼案等事，一直到梃击、红丸、移宫等三大案，这都是他们的争端，凡当时纷争的人，像东林、齐、昆、浙、宣等党，是他们的党派。他们讨论的焦点拿现在的眼光来看，似乎过去；但他们倔强不挠的精神，是可佩服的。

到了天启年间，魏阉当政，昆、浙、宣三党投降了内监，把以前最纷乱的案件都归纳到三大案里面造成了《三朝要典》《东林党人榜》等书，可算是把东林的势力压下去。但崇祯初立，销毁《三朝要典》，更立逆案，东林的势力又膨胀起来。但我们看崇祯一代，钱谦益、周延儒的相争，周延儒、温体仁的相倾，袁崇焕的被戮，郑鄤的获罪，姜采、熊开元的廷杖，他们的背景都脱不了两党的暗斗，而把东酋的侵略，仿佛形若无事一样。一直到了北都不守，清兵南下，福王弘光帝即位南京，半壁的天下应该和衷共济了。但福王之立，马士英、阮大铖重修《要典》，伪太子、伪皇妃之狱都脱不了党争的纠纷。可怜隆武伏处福建，鲁王监国海岛，他们还要辩白叔侄的名分，桂王仅有云、贵两省，他们臣子还分了吴党、楚党，直至咒水之役同归于尽，才算完事，这真是又可悯，又可笑了。

平心而论，魏党的跋扈，祸人误国，固不足道；但东林太存意气，在形如累卵的时局，他们还要闹家务，还存门户之见，置国是于不问，这也太不像话了。但是一般无耻的士大夫，明代覆亡之后，既入仕新朝，就好好做官罢了，他们在一个雄才之主康熙帝的掌中，偏偏地要斗一点儿心智，自相倾轧，假道学的名义来行其奸诈，士大夫的气节就此扫地，真可谓党争的末路了。这一套的假面具，我们不能不为他们揭破。

由上我们看来，在万历年间东林和三党之争，他们所争的有宗旨、有目标。到了魏阉专权以后，他们好像闹家务，目标和宗旨都完全失去。因此我们可以断定，万历间是东林与三党相争的时期，天启间是魏党专横的时期，崇祯至永历是两党相轧的时期，康熙初年是党争的末路。

（二）社

"社"这个名词，来源很久，《说文》"社"字下云："地主也，从示土。《周礼》二十五家为社。"人民在所住的地方，祭他们所居住地方的神祇，封土以为记号，那就是社。《周礼》所谓社是祭神的地点，春、秋是祭社的时间，因此有春社、秋社之称。《周礼》所谓州社，《左传》所谓书社、千社，汉代有乡社、里社的名称，由社为一地之主，因其地而引申为社会的组织。后来习武备的叫作社，文士的结合也名作社，像晋代的惠远莲社，宋代胡瑗的经社，元代的月泉吟社，这都可以说是明代结社的起源了。俞正燮《癸巳存稿》卷八"释社"条云：

> "《日知录》谓社是盗贼之称，明学士称同社不知其意，其论甚快。今按社歇后语也，祭社会饮谓之社会，同社者同会也，古有莲社。《直斋书录解题》有孙觉《春秋经社要义》六卷，《宋史·孙觉传》云：'胡瑗弟子千数，别其老成者为经社。'吴自牧《梦粱录》云：'文士有西湖诗社，武士有射弓蹋弩社。'又有诸集社名目，元有白莲社、月泉诗社，明复社多八股语录，几社多奇士伟人。我朝顺治九年，礼部颁天下学校卧碑第八条云：'禁立盟结社。'十七年，又以给事中杨雍建言禁妄立社名，及投刺称同社同盟，则以八股牟利，假借社名也。十六年例则士习不端，结社订盟者黜革。康熙二十五年，查革社学。雍正三年，定例拿究。皆非社而冒称社，俗之敝，士通文曰词坛、曰吟坛，亦社坛也……"

由于明嘉靖大江南北以及山、陕个别地区社会经济极为繁荣，水陆交通也很便利，所以文人的社集到了明季最繁盛了。但是为什么到了清代有这样的严厉禁止，这很有研究的价值。我们知道明代以八股取士，作八股的须要识得风气，知道一时的风尚，文章才不至落选。比方《儒林外史》上马二先生说："本朝洪、永是一变，成、弘又是一变。"文章要变的时候，便非揣摩它的风气不可。所以一般书店就借此机会，选出几篇文章来牟利，而这般书店的老板非借重一般选家，或者可以说是操选政的名手不可，所以马二先生之流就可以在西湖上大出风头了。

因此一般士子们集合起来习举业，来作团体的运动就是社，他们或十日一会，或月一寻盟。杜登春《社事始末》云："几社六子，自三、六、九会艺，诗酒唱酬之外，一切境外交游，淡若忘者。"并且社事的集会，有读载书歃血等事，所以又名作社盟。而他们集合同社的文章，选出来就是社稿。只要社稿能得一时人的景仰，那么他们的社一定可以得到势力了。

在万历、天启年间，江西艾南英、陈际泰、章世纯这一般人，他们号召拿成、弘派的文章来改革当时的风气。当时一呼百应，很披靡一时，艾千子常从南昌跑到江浙苏杭的地方去选文，他的势力就此可以概见。

那时候太仓的张溥，他利用这个机会，就将张采等所成立的应社与孙淳、吴玥所办的复社合并，第一步就提倡以熔经铸史的方法来改革主张成、弘派的文章，不久他的社员皆中了高科，这是他的计划成功了。第二步他就利用以群众做后盾去干涉政治，明崇祯间的宰相可以由民意去更换，这时候一般读书人的势力有这样的伟大。所以我们看吴应箕的《复社姓氏录》上，他联合全国的士子不下二三千人，他综合北至山东、南至湖广的小团体不下有数十个。这样的状况在历史上开了一个新纪元，就是东汉的党锢也有过之而无不及。所以结社这一件事在明末已成风气，文有文社，诗有诗社，普遍了江、浙、福建、广东、江西、山东、河北各省，风行了百数十年，大江南北，结社的风气犹如春潮怒上，应运勃兴。那时候不但读书人要立社，就是士女们也要结起诗酒文社，提倡风雅，从事吟咏（见《照世杯》小说），而那些考六等的秀才也要夤缘加入社盟了（见二刻《增补警世通言》小说）。

社盟的成立既然这样的繁盛，他们结社会朋，动辄千人，白下、吴中、松陵、淮扬都是他们集会之所，秦淮河畔桨声灯影，虎丘池边塔影夕阳，桃叶问渡，小院留人，这种景况我们读了王士祯的《秣陵新诗》"十日雨丝风片里，浓春烟景似残秋"的诗，仿佛还见其迹。张天如的《国表序》说："社集之开，胥闾之间，维舟六七里，平广可渡，一城出观，无不知有复社者。"陈去病的《五石脂》说得更好：

"据父老传说，第就松陵下邑论，则垂虹桥畔，歌台舞榭相望焉，郡城则山塘尤极其盛。画船灯舫，必于虎丘是萃，而松陵水乡，士大夫家咸置一舟，每值嘉会，辄鼓棹赴之，瞬息百里，不以风波为苦也。闻复社大集时，四方士子之拏舟相赴者，动以千计，山塘上下，途为之塞。迨经散会，社中眉目，往往招邀俊侣，经过赵李，或泛扁舟，张乐欢饮。则野芳滨外，斟酌桥边，酒樽花气，月色波光，相为掩映，倚阑骋望，俨然骊龙出水晶宫中，吞吐照乘之珠。而飞琼、王乔，吹瑶笙，击云璈，凭虚凌云以下集也。"

在这流连诗酒、谈笑歌舞的当中，猛然霹雳一声自天而降，想不到的清兵自北而来，无情的铁蹄踏破了金陵，扫荡了河山。这一群士子由诗酒结社之逸情，一变而为杀敌灭仇的伟举，死的死，亡的亡，有志青年大半都为国牺牲了性命，颓废的老者也入山当了和尚。那时候满洲贵族与汉族的军阀官僚勾结起来，清兵由江苏一直杀到广东，我们的汉族人民至死不屈，就是留下一二的残黎，像王翊、李长祥等人，他们还在浙江的大兰山，安徽的英山、霍山，依岩结寨，闹了五六十年。我们知道他们唯一对敌的方法就是抵抗，他们自卫的方法就是不屈。像这般有为的青年大半是社局中人。到了时过境迁，澄江一碧，唯余鸣咽之水和两三点寒鸦的晚噪，渔夫樵子们还在那里唱着山歌。静寂的山光，无情的烟水，这些壮士的英灵又上哪里去了？我们读了孔尚任的《哀江南曲》，真有不胜今昔之感了。因此在社集的活动方面，我们可以分为三个时期：

（1）嘉靖到万历初年的社集以文会友，是社集萌芽的时代。

（2）崇祯年间社局，由诗文的结合而变为政治的运动。

（3）弘光以后，由政治的运动而变为社会革命的运动。

我们综合"党""社"两件事看来，党的起始建设的意思很好，但它的结果叫我们很失望；社的起初不过是论文的集会，但它的结果变成了社会上抗清的运动，在吾国民族精神上应当表彰的。

（三）

以上党社的情形大概如此。至关于党社的文章在我未作此篇以前，朱逖先希祖先生指道他女儿朱倓撰有《南应社考》《中江社考》《读书社考》等篇，对于党社的一部分已经有很精详的撰作，但我为什么还要写这篇文章，我不能不叙述一下。

（1）"党"与"社"在吾国近古政治上和社会上是很要紧的一种运动，与辛亥旧民主主义革命国民党的兴起很有关系，要知现在党的建设，不能不知以前党的来源和其背景。

（2）明代万历年间的政治最为复杂，像三王并封等事，以现代的眼光来看似乎没有什么关系，但京察诸事与明代的制度却很重要，所以我们不能不明白它的最简单的历史。

（3）由东林党的发生一直到社事的终止，差不多有百年之久，这里边的变动很多，很可以见到明末清初的社会状况。

（4）南明虽然不久就灭亡了，但是与吾国民族兴亡史上很有关系，我们必须加以研究。

（5）我们要知道，明代闹党最厉害的时候就是清兵入关最紧急的时候。这是极应注意的一件事。

我怀着这五个思想，所以想把党社的来源和背景作一个有系统的介绍。至于考证精湛的作品，还希望将来专家补助我的不足。我作这篇文章，我最诚恳地声明：我不是要争奇斗博，来夸耀我的作品。我们要明白的是明末清初的几个书呆子、受压迫的民众，他们不怕清兵的铁蹄，就是粉身碎骨他们都甘所不辞。这就是我中华民族的国民性，这就是我中华民族精神不死的地方。中华虽然屡遭外族的侵略而能长久存在的精神在此。以往的先烈们看来是失败了，但他们的成功也就在此。诸君要注意，凡是为我民族造幸福，凡是事业成功的创造者，都是受压迫的人呀！

二、万历时代之朝政及各党之纷争

自神宗冲年即位，内监冯保以两宫的诏旨赶走了高拱，张居正遂居了首辅的地位。张居正人品的好坏我们不去管他，但他很有政治主张，手段也非常的老辣。因此万历初年，财政和吏治办得都很上轨道。《明史·张居正传》说："为考成法以责吏治。初，部院覆奏行抚按勘者，尝稽不报。居正令以大小缓急为限，误者抵罪，自是一切不敢饰非，政体为肃。"万历初年的政治不能不算是澄清，所谓"财裕民足，四海晏然"。居正令人失望的地方就是大权独揽，用高压的手段把权威都归到内阁，言官等于木偶，来取媚于内阁。居正到了晚年，位高望尊，傲慢的态度更是暴露无遗。给事中余懋学请行宽大之政，居正以为讽己，削了他的官职。御史刘台论居正专恣不法，居正大怒，把他命杖一百，贬到远方，卒死戍所。这已经够不满人意了。到了万历五年，居正丁父忧，户部侍郎李幼孜首倡夺情，这是清议所不能容的事，引起了士大夫们的公愤，像翰林王锡爵、吴中行、赵用贤等皆以为不可，不听。员外郎艾穆、主事沈思孝、进士邹元标相继争论，皆坐廷杖谪斥有差。居正以为舆论就此可以压下，更目空一切。冯保与他勾结，通行贿赂，官职的升降都由他的爱憎，他的儿子嗣修等都中了高第。居正的势力，真是炙手可热，气盖一世，但是他的积怨就潜伏其中了。言官的舆论，表面上看来似乎已被削夺，里面更是膨胀。而一般无耻士大夫，借着机会来弹劾正人君子，以取媚时相。例如，赵用贤以劾居正夺情被杖，户部郎中杨应宿复力诋用贤，高攀龙、吴弘济等又来论救，皆被贬谪。《明史》卷二百二十九《赵用贤传》上说"自是朋党论益炽，中行、用贤、植、东之创于前，元标、南星、宪成、攀龙继之，言事者益裁量执政，执政日与枝拄，水火薄射，讫于明亡"云。党论之兴，就燎原于此了。

到万历十年，张居正死了，遂为众矢之的。冯保被谪，居正身后被抄了家，削去了官爵。御史丁此吕等竞起掊击当道。言官被张居正压制了十年，至此如江河千里，一泻直下。夏燮《明通鉴》卷六十八云：

"初，言路为居正所抑，至是争砺锋锐，搏击当路。羊可立、李植、江东之并荷上宠，三人更相结，亦颇引吴中行、赵用贤、沈思孝为重。执政恶之，未几，御史丁此吕劾侍郎高启愚立南京试，以'舜亦以命禹'为题，为居正劝进。上手疏示申时行，时行言此吕以暧昧陷人大逆，恐谗言踵至，非清明之朝所宜有。尚书杨巍因请出此吕于外，植、东之交章劾时行、巍蔽塞言路。上为罪启愚，留此吕，时行、巍求去。余有丁言：'大臣国体所系，今以群言留此吕，恐无以安时行、巍心。'上乃听巍出此吕于外。许国尤不胜愤，专疏求去，言：'昔之专恣在权贵，今乃在下僚；昔颠倒是非在小人，今乃在君子。意气感激，偶成一二事遂自负不世之节，号召浮薄喜事之人，党同伐异，罔上行私，其风渐不可长。'意盖指中行、用贤等也。自是言官与政府日相水火矣。"

我们看继任张居正的首辅，像申时行、王锡爵之流，他们的威望远不如张居正，手段也不如张居正老练，他们只知道唯诺因循来取媚于皇帝，想尽方法来巩固自己的地位，造成党羽来养成自己的势力，衣钵相传支持了十几年。庸愚的万历皇帝，他只知道儿女之情，哪知道国家的大计，尽着内阁和言官在那里暗斗。所以到了沈一贯当国的时候，党势已成。一贯与次辅沈鲤、礼部侍郎郭正域不和，立储的事彼此掣肘，闹出妖书和楚太子狱等事来，政治已呈纷乱的现象，及至方从哲荐李可灼酿成了红丸一案，沈㴑教内监魏忠贤的内操，卒至宦竖当权，把正人君子一网打尽，时局越发不可收拾了。

在这时局纷乱的当中，我们要明白它一个系统是一件很不容易的事情。无已，我们只好由当时政治纷乱的现象分成两方面说：①是万历宫廷的纷乱和三案的发生；②历年的京察，内阁和言官暗斗。我们从这两方面来作一系统的研究，庶可以得到一个梗概。

（一）万历朝宫廷的紊乱和三大案的发生

宫廷里闹家务，似乎没有什么注意的价值，但历代的政治因皇帝家里的一点小事，可以引起社会上极大的纠纷。这种纠纷在他那一个时代是极有关系的——因为在专制时代，皇帝家私事与朝章大政是分不开的，而且一切的事实都有时代性的问题。在现在看来是一件重要的事，但后二三百年看来反不足轻重，这样的事很多——所以我们不能不加以注意，并且说起来也很可笑。

神宗是一个风流而好安闲的皇帝，他可以好几年不上朝，他们的朝政的好坏我们就可想而知了。《明史》卷一百十四《后妃传》云：

"孝靖王太后，光宗生母也。初为慈宁宫宫人。年长矣，帝过慈宁，私幸之，有身。故事，宫中承宠必有赏赉，文书房内侍记年月及所赐以为验。时帝讳之，故左右无言者。一日，侍慈圣宴，语及之，帝不应。慈圣命取《内起居注》示帝，且好语曰：'吾老矣，犹未有孙，果男者，宗社福也。母以子贵，宁分差等耶？'十年四月，封恭妃。"

恭妃生子名常洛，即后来的光宗。不久，神宗又爱上了贵妃郑氏，生皇三子，名叫常洵。郑贵妃很有几分姿色，神宗就把郑贵妃进封皇贵妃，并且有立常洵做太子的意思，所以早把王恭妃置在脑后，也没有把她晋封贵妃。礼部尚书沈鲤请建立皇太子，进封其母。不许，并罢了他的官。那些持正的老臣们，像顾宪成等，很以为不立皇太子为可虑，所以就发生了国本论。首辅申时行因循委蛇，他没有特出的见解，不能为国家做一个坚决的计划。次辅王锡爵进三王并封之说。所谓三王并封就是把皇长子常洛、皇三子常洵、皇五子常浩，一体并封为王，到了他们长大之后，再择其善者立为太子。这种办法是不妥当的，经大臣们的反对才把此议取消。臣子们对于这个问题非常的重视，议论纷起。万历二十年，礼科给事中李献可有《请豫教元子之先后疏》，张有德有《请册立仪之疏》，御史钱一本以申时行柄国不能匡救，有《论相》《建储》二疏。万历已经好几年不坐朝了，看了这些奏疏极为震怒，反把册立的事情往后推改年限。钱一本的疏

上说:

"陛下预设机阱,以御天下言者乎,使届期无一人言及,则佯为不知,以冀其迟延;有一人言及,则御之曰此来激扰我也,改迟一年;明年又一人言及,则又曰此又来激扰我也,又改二三年,必使天下无一人敢言而后已。庶几依违迁就,以全其衽席昵爱之私,而曾不顾国本从此动摇,天下从此危乱,臣以为陛下之御人至巧,而为谋则甚拙也。"

一本的疏说得非常痛快,神宗虽然把一本斥为平民,但到了二十二年,就命皇长子出阁讲学。谷应泰《明史纪事本末》卷六十七《争国本》云:

"皇长子出阁讲学,时严寒,皇长子嗫甚,讲官郭正域大言:'天寒如此,殿下当珍重。'喝班役取火御寒。时中官围炉密室,闻正域言出之,上闻亦不罪。"

就此我们可以见神宗待常洛的情形了。

最可以教神宗警醒的事情,是他有一天病了,并且病得发昏过去,神宗在病困当中,觉得自己枕在恭妃王氏的手臂上,及至醒来,见恭妃面带凄容,泪还没有干,问郑妃,则已不知跑到哪里去了。这时候,神宗才恍然大悟,有立常洛之心。文秉《先拨志始》卷上云:

"神庙始专宠郑贵妃,而疏孝端。辛丑年圣躬抱病甚笃,瞑眩逾时而醒,则所枕者孝端手肱也,且面有戚容,泪痕犹湿,及侦郑贵妃,则窃密有所指挥,然宫中事秘,外廷勿详也。神庙由此愠怒贵妃。"

"神庙曾与诸王子宴,各有小赐,光庙赐一玉碗,命贵妃代收藏。至是突索所赐玉碗，年月已久，司帑者遗忘，屡索不应，既而索福王所赐，随手而进。神庙震怒，贵妃毁冠服，脱簪珥，蓬首跣足，率诸宫人匍匐殿门外待罪，良久始解。明日遂传旨礼部速议册立仪制来看，光庙遂于是冬正东宫之位……"

二十九年十月常洛既正了东宫之位，同时请福王到洛阳藩封的不知有多少位臣子，但神宗总不愿意福王离开左右。据《明史》卷一百二十《常洵传》上说："福王婚费至三十万，营洛阳邸第至二十八万，十倍常制，廷臣请王之藩者数十百奏，不报。"到万历四十二年才令福王到洛阳就藩封的地位。常洵是骄奢淫逸惯了的，在河南无非是"闭阁饮醇酒，所好惟妇女倡乐"。崇祯年间，闯王李自成从洛阳赶到开封，用河水决了开封的城，把福王擒住，将福王的玉体和鹿肉搁在一块儿同煮了一锅肉，名作喝福禄酒，这位活宝才算了结。

常洛当时虽立为太子，但外边的谣言不利于太子的话很多，在常洛被立为太子的先后，就有《忧危竑议》和《续忧危竑议》的妖书发现。《明史》卷一百十四《郑贵妃传》上说：

"二十九年春，皇长子移迎禧宫，十月立为皇太子，而疑者仍未已。先是，侍郎吕坤为按察使时，尝集《闺范图说》，太监陈矩见之，持以进帝，帝赐妃，妃重刻之，坤无与也。二十六年秋，或撰《闺范图说跋》，名曰《忧危竑议》，匿其名，盛传京师，谓坤书首载汉明德马后由宫人进位中宫，意以指妃，而妃之刊刻，实借此为立己子之据。其文托朱东吉为问答，东吉者，东朝也。其名忧危，以坤曾有'忧危'一疏，因借其名以讽，盖言妖也。妃兄国泰、侄承恩，以给事中戴士衡尝纠坤，全椒知县樊玉衡并纠贵妃，疑出自二人手，帝重谪二人，而置妖言不问。逾五年，《续忧危竑议》复出，是时太子已立，大学士朱赓得是书以闻，书托郑福成为问答。郑福成者，谓郑之福王当成也。大略言，帝于东宫不得已而立，他日必易，其特用朱赓内阁者，实寓更易之义。词尤诡妄，时皆谓之妖书。"

这种妖书的发生因郭正域与太子很有关系，有说是正域所为的。顾苓《三朝大议录》云：

"十二月，给事中钱梦皋、御史康丕扬疏斥礼部侍郎郭正域所为，且及次辅沈鲤，上勒正域在籍听勘。又汉中府同知胡化出首撰妖书人为渠县训道阮明卿，明卿与化有夙憾。化江夏人，正域同乡也。丕扬等遂谓化为正域所使，自撰妖书诬明卿以脱己。巡捕都督陈汝忠缉得正域舍人毛文尚、江夏布衣王忠等，发卒围正域舟，捕其仆隶乳媪共十三人……辅臣沈一贯授意刑部尚书萧大亨，大亨属郎中王述古榜治胡化，令化供出正域及鲤，述古正色曰：'若是则分宜、江陵再见于今日矣。'及再鞫胡化，述古立疏送大理，劫之入正域名必不可，又劫之重罪胡化必不可，劫之祸且不测。述古恬然安之，卒不易原疏一字……"

正域因述古的守正不阿，才能免了诬妄之罪。后来发觉刊刻妖书的人为皦生光，专以刊刻打诈为生，便把生光定了凌迟之罪，妖书一案才算草草了结。在妖书发生的前后，同时还有楚太子狱一事，与妖书一事很有关系，附带着叙述于此。

原来楚恭王素有阳痿的毛病，因此没有后嗣，恭王把这件事常搁在心上。不久恭王死了，宫人胡氏遗腹生下两个儿子，一个名叫华奎，一个叫华壁。据说华奎为王妃弟王如言妾尤金梅所生，华壁为妃族王如绶所生，妃密令承奉郭伦潜匿以入，以为己子。华奎大了，就继嗣楚王。楚宗华越的妻子是王如言的女儿，华越对于这事觉着很不公平，乃盟宗室二十九人，入都讦奏，同时楚王华奎也奏华越诸不法状。那时候郭正域正署部事，颇主华越之说，但是首辅沈一贯与郭正域反对，他却不以正域之说为然。楚王华奎怕夺了他的地位，赶快辇金阙下，使人与郭说项，说："只要不穷治楚事，请以馈四明相公者馈公。"正域一点不受，主张更力，群小恼羞成怒，反说华越的讦奏系由正域所指使（以上据文秉《定陵注略》）。《明史》卷二百二十六《郭正域传》上说：

"正域欲尽录诸人议，廷机（李廷机官左侍郎）以辞太繁，先撮其要以上，一贯遂嗾给事中杨应文、御史康丕扬劾礼部壅阏群议，不以实闻。正域疏辨，且发子木（沈子木官通政使）匿疏，一贯阻勘，及楚王馈遗状。一贯益恚，谓正域遣家人道华越上疏，议令楚王避位听勘，私庇华越。当是时，正域右宗人，大学士沈鲤右正域，尚书赵世卿、谢杰，祭酒黄汝良则右楚王。给事中钱梦皋遂希一贯指论正域，词连次辅鲤，应文又言正域父懋尝笞辱于楚恭王，故正域因事陷之。正域疏辨，留中不报。一贯、鲤以楚事皆求去……"

两方面互相讦奏，本来是楚王的私事，现在已经变成朝廷上的大政。讨论的结果，神宗很主一贯之说，把华越算是诬告，华奎乃继嗣楚王，同时也没有治正域的罪。但正域与首辅积怨太深，不久妖书事发，又把他牵到妖书案内。那时候正域已经听勘回籍了，正域乘船正走到杨村，被兵捕回，拿到东厂拷治。皇太子在宫内，听到他的师傅被东厂拷掠的消息，非常难过，教太监传语东厂说：

"饶得我，即饶郭先生罢！"（文秉《先拨志始》卷上，照原文录）

妖书和楚太子狱刚刚结束，正域也算幸免，告老还家，轩然大波的三案就接连着发生。

光宗可算是多灾多害的命运，悲惨的日子过了好十几年，做皇帝不到一个月就呜呼哀哉了。但是在他幽惨的岁月之中却发生了无数最离奇而可悲的事件。

当妖书这件事平息了未久，就有梃击的事发生。万历四十三年五月四日下午酉刻时候，有不知名的男子手持枣木棍，突然闯进慈庆宫，打伤守门内官李鉴，直到檐下，被内官韩本等擒住。经御史刘廷元审问，知道持梃的人名叫张差，奏称他"迹似疯癫，貌实黠猾"，并没有证明他的事实。提牢主事王之寀乃证明他外面装着疯癫，实系有人所指使，供出由太监庞保、刘成所领道而进宫梃击的。并上疏说：

"据差供庞公名保，在蓟州东黄花山修铁瓦殿，马三舅、李外父尝往庞公处送炭，刘公名我说了刘成罢，庞保与刘成商量，叫马三舅、李外父逼我来。对我说打上宫去，撞一个打一个，打了小爷吃也有，穿也有。刘成跟我来，竟走进宫去，又说：'你打了，我救得你。'前说引到京城骑马的即庞保也……"

我们知道，郑贵妃是常洛的对头，妖书之事就由郑贵妃而起，那么梃击一事，纵不为郑贵妃所指使的，但郑贵妃是一个嫌疑犯一定无疑的！这件事的发生，王之寀主有所指使，刘廷元主迹似疯癫，后来遂成两党对争的口实。同时右寺丞王士昌、给事中李瑾都有详细的奏疏。神宗看着没有法子，二十八日早上，神宗到慈宁宫谒见太后，召见大臣，执着太子的手，示群臣说："此儿极孝，我极爱恤他。"表白他极爱太子的意思。后经太子当着大众，宣示他的心迹说：

"疯癫之人，决了便罢，不必株连。我父子何等亲爱，外廷有许多议论，尔辈为无君之臣，使我为不孝之子。"（照原文录）

经此一番训告，张问达首先疏请速了此局，把张差治罪，梃击一案就算含糊了事。到万历四十八年神宗崩后，光宗即位，郑贵妃的权势慢慢地失去。她看着不另变对付环境的方法是不足以自存的，以她锐敏的脑筋，首先的办法就是献媚于光宗的妃子李选侍，与她运动晋封皇后，请她迁到乾清宫。李选侍也请晋封郑贵妃为皇太后。如此一来，那么她觉着她的地位就可以巩固了。她第二步就来取媚光宗。在光宗丧服还没有满半月的中间，郑贵妃就进了女乐两部、宫女四人，来讨光宗的欢。可怜光宗是幽囚久了的人了，哪识得这样的抬举，把家国的大故早置在脑后，在苦块之中变成安乐之所，禁不得每天的"琴瑟在御"，不到几天就生了大病。《明史纪事本末》卷六十八《三案》云：

"……郑贵妃进美女四人。乙卯，上不豫。己未，内医崔文升下通利药，上一昼夜三四十起，支离床褥间……从哲奏：'鸿胪寺丞李可灼自云仙丹，臣等未敢轻信。'上即命中使宣可灼至，诊视，具言病源及治法。上喜，命趋和药进，上饮汤辄喘，药进乃受。上喜，称忠臣者再……时日已午，比未申，可灼出，辅臣迎讯之，可灼具言上恐药力竭，复进一丸。亟问复何状？可灼以如前对。五鼓，内宣急召诸臣趋进，而龙驭以卯刻上宾矣……"

在李可灼进红丸之前，一般大臣像兵部给事中杨涟及左光斗等，均以方从哲办事太不妥当，上奏折去参他。及至光宗疾危的时候，郑贵妃和李选侍已包围了皇长子，好为将来的地步，而一般臣子如热锅上蚂蚁想不出什么办法。

在百忙之中而能有镇静的态度，不慌不忙把国家的大事办得妥妥当当，我们不能不佩服杨涟。

当光宗临危的凌晨，杨涟与刘一燝已经急忙进了宫廷，到乾清宫去，侍卫的人挡着不叫他们进去，杨涟奋臂大声地说：

"奴才！皇帝召我等，今已晏驾，若曹不听入，欲何为？"（《明史》本传）

据《明史》谓：

"阉人却，乃入临……请见皇长子，皇长子为选侍阻于暖阁，不得出，青宫……旧侍王安绐选侍，抱持以出，涟等乃拥皇长子即位。"

那时候李选侍已与太监魏进忠（就是魏忠贤）结合，想包围皇长子来把持朝政。不意杨涟、刘一燝、左光斗出其不意地进来请皇长子即位，并且以李选侍既非皇后，不能居乾清宫，请她即刻搬出宫去。费了许多周折，李选侍才应许迁到哕鸾宫，于明日庚辰皇长子即皇帝位，就是天启皇帝（以上据《明史》《明通鉴》《先拨志始》等书）。

我们看以上所述的梃击、红丸、移宫三案，不过是宫闱琐事，似乎不值得详细叙述，但后来两党纷争遂成了重大的问题、相争的焦点。

（二）历年的京察政府与言官的纷争

我们知道万历初年的政治尚不如此混乱。自从赵用贤、艾穆劾张居正的夺情案，江东之、丁此吕等疏参张居正的儿子张嗣修并劾高启愚的科场案，言路就露了锋芒，不久张居正的内阁就倒了。可是张阁虽然崩溃，然内阁的势力仍然存在。像汤显祖的疏上说："陛下威福之柄，潜为辅臣所窃，故言官向背之情，亦为默移。御史丁此吕首发科场欺蔽，申时行属杨巍劾去之，御史万国钦极论封疆欺蔽，时行讽同官许国远谪之，一言相侵无不出之于外。于是无耻之徒但知自结于执政，所得爵禄，直以为执政与之，纵他日不保身名，而今日固已富贵矣。"这条可以证明申时行尚可保着内阁的权威。但神宗受张居正的约束怕了，像李植、江东之等先后发居正的奸，神宗对他们非常的满意，很想提升他们的官爵，但为内阁申时行等所抑，于是言官和内阁就相水火了。在内阁威权集中的时代，吏部的权并不算重。自宋纪纁、陆光祖相继为尚书，稍为振饬，到了万历二十年间孙鑨做了吏部尚书，吏部的权更高，慢慢地政府和吏部起了冲突。在张居正的时代大权独揽，并没有生了许多党派，但到申时行一流的人物做了内阁，反生出了纠葛，这是什么缘故呢？因为申时行辈自私心过多，首鼠两端，实在自己拿不起来，也放不下去，因此自己失了自己的信用。譬如国本和并封这两件事，做内阁执政的，他们本可以主持一点公道，很可以得到人民的同情心，但他们虚与委蛇，既不能取好于宫廷，也不能得同情于人民，他们自己根本失去了信用，又难怪言官责备他们。但内阁既经言官的责备，他们怕自己势力动摇，所以不惜自己一身的去来保持他们一系的政权。譬如沈一贯去了，他可以荐王锡爵，那么沈一贯虽去，但他的灵魂仍在，所以名作传衣钵。至于沈一贯的为人，刚愎自用，还不如申时行，他只知道弄权植党。万历时代的矿税是一件苛政，在万历三十年间神宗病了，本有取消的机会，但一贯犹疑不决，终究不能立断把苛政除去，因此内阁的信用更加扫地。言官的舆论一天膨胀一天，而言官的本身慢慢地分出派别来了。在万历的中叶，言官和一般士大夫比较能主持正义的就是东林党，与东林反对的就是齐、昆、宣三党。万历年间的政治可以说是东林与三党消长的历史，而他们消长的焦点就是对吏部京内及外省官吏的考察。考察的制度上章已经说过。考察这件事明代历来并没有这样的严格，但到万历以后一般清流当政，才慢慢认真起来，而党争之因即肇因于此。文秉《定陵注略》卷三《癸巳大计》云：

"往例，凡内外大计，必先禀明政府，谓之请教。所爱者虽不肖必留，所憎者虽贤必去，成故事久矣……"

这是明代考察的现象，到了万历以后考察的现象就大谬不然，他们发生了极大的争端。我们知道万历二十一年（癸巳，公元一五九三）的大计京官，二十三年（乙未，公元一五九五）的大计外吏，三十三年（乙巳，公元一六〇五）的大计，三十九年（辛亥，公元一六一一）的大计，四十五年（丁巳，公元一六一七）的大计，天启三年（癸亥，公元一六二三）的大计等事，这都是各党纷争的焦点，也是各党势力消长的机会。如今把各年的京察和各党的争论略述于后。

（1）万历初年（一五七三——一五九二）的大计。万历初年的吏部尚书之宋纁、陆光祖、杨巍等，他们没有孙鑨、孙丕扬的严厉，京察尚需秉命于内阁。《明通鉴》卷六十九云：

"巍素清操，有时望，然年耄骭骹，多听柄臣指挥。自居正败后，言路张甚，于是政府与铨部阴相倚，以制言路。先是九年京察，张居正令吏部尽除异己者，十五年复当大计，都御史辛自修欲大有所澄汰，巍徇政府指持之，出身进士者，贬黜仅三十三人，而翰林、吏部给事、御史无一焉……"

这是万历初年吏部受内阁的指使成一个系统，而言官是与政府和吏部相水火的。到万历二十一年吏部的权日高，内阁吏部和言官的势力就成了鼎足之势。

（2）万历二十一年（一五九三）的大计。是年吏部尚书主计的为孙鑨，考功郎中为赵南星，锐意地来澄清吏治，考功主事顾宪成很帮他们的忙，被黜者大半为政府的私人。因主计的人像孙鑨、赵南星多不保于位，内阁与政府成了不两立的地位。《明通鉴》卷七十云：

"会大计京朝官，鑨与考功郎中赵南星力杜请谒。员外郎吕允昌，鑨甥也，首斥之，南星亦斥其姻给事中王三余，一时公论所不予者贬斥殆尽，而大学士赵志皋弟预焉。王锡爵以首辅还朝，欲有所庇，比至而察疏已上，庇者皆在黜中，由是阁臣皆憾。会言官论劾员外郎虞淳熙、郎中杨于廷、主事袁黄，鑨议留淳熙、于廷，给事中刘道隆遂劾南星专权植党，贬南星三秩，鑨亦夺俸，遂连疏乞休去。左都御史李世达，以己同掌察，上疏为南星讼，不听，于是金都御史王汝训，右通政魏允贞，大理少卿曾乾亨，郎中于孔兼，员外郎陈泰来，主事顾允成、张纳陛、贾岩，助教薛敷教等交章论救……疏入，上怒，谪孔兼、泰来等。世达又抗疏论救，上怒，尽斥南星、淳熙、于廷、黄为民。钀乃上疏请赐骸骨，不允，遂杜门称疾，疏至十上乃许乘传归，卒谥清简。"

这次京察办得很是严厉，顾宪成之力居多，文选郎孟化鲤也极力帮忙。《明通鉴》卷七十云：

"钀之掌考察也，文选郎中孟化鲤佐之，时内阁权重，每铨除必先白，化鲤独否，中官请托，复不应，以故多不悦。都给事中张栋先以建言削籍，化鲤奏起之，忤旨夺堂官俸，谪化鲤。言官复交章论救，上益怒，夺言官俸，斥化鲤等为民。既归，筑书院川上，与学者讲习不辍，四方从游者恒数百人，久之卒。"

不久顾宪成于二十二年（公元一五九四）因吏部缺官会推阁臣，以推王家屏忤了当政的意旨，削了职，回家讲学，东林党议就因此而起。同时吏部侍郎赵用贤也因得罪了阁臣，因着赵家和吴家退婚的家事削了职。谷应泰《明史纪事本末》卷六十六《东林党议》条云：

"先是，用贤为检讨，生女三月，中书舍人吴之佳约以币。及用贤谏张居正夺情削籍，之佳为御史，过吴门，用贤往饯，不为礼，因反币，终字女蒋氏，之佳子镇亦他娶，不相及也。用贤负气节，素不为王锡爵所善，镇讼之，罢用贤，之佳亦降。户部郎中杨应宿议赵用贤绝婚非是，行人高攀龙申救，得罪诸臣，语侵阁臣，指应宿为诡谀。应宿遂讦攀龙，并及吏部文选郎刘四科、赵南星、顾宪成等。闰十一月甲午高攀龙上言：'大臣则孙钀、李世达、赵用贤去，小臣则赵南星、陈泰来、顾允成、薛敷教、张纳陛、于孔兼、贾岩斥，近李桢、曾乾亨复乞归，选司孟化鲤又削籍矣。中外不曰辅臣不附己，则曰近侍不利用正人，果谓出于圣怒，则诸臣自化鲤而外，未见忤旨，何以皆至罢斥也？'丙申都察院左都御史孙丕扬核'杨应宿激而谩骂，高攀龙疏而易言'。命降应宿湖广按察司经历，攀龙揭阳县典史。仍谕建言诸臣：'时事艰难，不求理财、足兵、实政，乃诬造是非。部院公论所出，今后务持平核实。'"

自孙鑨考察失败，吏部全体更动，二十二年就命孙丕扬做了吏部尚书。丕扬是秦人，他与东林顾宪成、赵南星很要好，所以顾宪成等虽然归了田里，他们还有发言的机会。同时淮扬的巡抚李三才是与顾宪成很要好的朋友，他的言论很能得到一部分人的同情，并且他养成了一种势力可以把持朝权。同时部郎于玉立虽然是江南人，他与秦省的人很接近，因此陕西的士大夫和江苏的士大夫成了一个系统，而山东、安徽、浙江的士大夫又自成一个系统，显然成了一个分裂的趋势。在参劾张居正的夺情和劾高启愚的科场案的时候，士大夫的舆论是一致的，后来就慢慢地有了分歧，乙未（万历二十三年，一五九五）的外计，就是士大夫意见分裂的一个大关键。

（3）万历二十三年（一五九五）的外计。当孙丕扬做了吏部尚书，他也知道孙鑨考察的失败，他想起了一种掣签的办法，以为可以杜免了争端。《明史》卷二百二十四《孙丕扬传》上说："丕扬挺劲不挠，百僚无敢以私干者，独患中贵请谒，乃创为掣签法，大选急选，悉听其人自掣。请寄无所容，一时选人盛称无私，然铨政自是一大变矣。"然这种办法并没有解决纠纷，《明通鉴》卷七十云：

"是秋御史赵文炳劾考功郎蒋时馨考察受贿状。先是吏部尚书孙丕扬掌外察，时馨佐之，黜浙江参政丁此吕。而此吕故与右都御史沈思孝善，时馨疑文炳之劾，思孝嗾之，遂讦思孝先庇此吕，后求吏部不得，以此二事憾己，遂结江东之、刘应秋等，令李三才属文炳，上恶时馨，坐罢官。于是丕扬与思孝各疏辨求去，思孝谓'此吕建言有功，不宜被察'，丕扬谓'此吕受赃有状，岂得以建言轻恕'，因上此吕访单。访单者，吏部当察时咨公论以定贤否者也。上慰留丕扬，逐此吕，诘让思孝，自是丕扬、思孝遂有隙，然时馨、此吕皆非端人，二人盖亦各有所左右云……"

丕扬考察失败以后，不久即罢了官，自此士大夫就分了党派，政府反利用不肖的士大夫以倾害正人，考察一举就等于虚设了。

（4）万历三十二年（一六〇四）的大计。这时沈一贯当政，政局更不像个样子，内阁与铨部已成了水火，铨部的职权已不能执行，遂为言官弹劾之的，国是更不堪问了。《明通鉴》卷七十三云：

"先是杨时乔署吏部与都御史温纯主察典，时首辅沈一贯欲庇其所私，将令兵部尚书萧大亨主之，次辅沈鲤不可而止，纯积与一贯忤，为其党给事中陈治则、钟兆斗所劾，求去章二十上，杜门九阅月。上雅重纯，谕留之，纯不得已，强起视事。及大计京朝官，与时乔力锄政府私人，若给事中钱梦皋，御史张似渠、于永清辈，咸在察中，又以年例出兆斗于外。一贯大愠，密言于上，留察疏不下，将半年，主事刘元珍、庞时雍，御史朱吾弼等力争之，谓：'二百年来计典无留中者。'而是时梦皋方假楚王事攻郭正域，谓'主察者为正域驱除'，上意果动。至是下其章特留梦皋，已，复尽留科道之被察者，而严旨责时乔等报复，时乔等奏辨，请罢斥，不问。"

京察留中不下是明代仅有的现象。这次主察的杨时乔、温纯是东林党中坚的人物。经此失败以后，到万历三十九年（一六一一）辛亥的京察，丕扬再出主察，自以垂暮之年很想振作有为，但为各党的纠纷，终归失败。自三十九年以后吏部的势力遂归入齐、楚、浙三党之手，而东林党的势力全被三党所攫夺无遗了。

（5）万历三十九年（一六一一）的京察。二十一年的京察是东林党主政，二十三年外计和三十三年京察东林虽然失败，但是当局的人还是东林。到了万历中叶以后，浙党的沈一贯、东林党的沈鲤同时去了位，王锡爵入了内阁，吏部都垣陈治则与锡爵党比，黄汝亨、汪元功皆投诚于陈，所以就有三十五年（丁未）考选的纠纷出来，这件事影响于政治尚不甚重，故不详细叙述。同时李廷机、叶向高入阁当政，虽然是东林党，但他们没有什么本领，同时东林党的健将李三才也罢了官，宣党、昆党的朋友们，像汤宾尹、顾天埈也效法东林，召收党徒，聚集讲学。这一次孙丕扬重新出山，来主铨政，他非用严厉的手段不可，但毕竟是失败了。《明史》卷二百二十四《孙丕扬传》云：

"三十八年大计外吏，黜陟咸当，又奏举廉吏，布政使汪可受、王佐、张偲等二十余人，诏不次擢用。先是南北言官，群击李三才、王元翰，连及里居顾宪成，谓之东林党；而祭酒汤宾尹、谕德顾天埈各收召朋徒，干预时政，谓之宣党、昆党，以宾尹宣城人、天埈昆山人也。御史徐兆魁、乔应甲、刘国缙、郑继芳、刘光复、房壮丽，给事中王绍徽、朱一桂、姚宗文、徐绍吉、周永春辈，则力排东林，与宾尹、天埈声势相倚，大臣多畏避之。"

《明通鉴》卷七十四云：

"大计京官，祭酒汤宾尹等降黜有差。先是计典将届，恶东林者，设词以惑吏部尚书孙丕扬，令发访单咨是非，将阴为钩党计。侍郎王图亟言于丕扬止之，群小大恨。而图掌翰林院祭酒，京察例由掌院注考，宾尹以庚戌事恐被察，属图乡人王绍徽为之请，图峻拒之。又御史金明时居官不职，虑见斥，会有为浙江巡抚郑继芳伪书抵绍徽者，书有云：'欲去福清，先去富平；欲去富平，先去耀州兄弟。'又言：'秦脉斩断，吾辈可以得志。''福清'谓叶向高，'耀州兄弟'谓图与其兄国，'富平'即丕扬也。国时巡抚保定，图为侍郎，与丕扬俱秦人，故曰'秦脉'。盖小人设为挑激语以害继芳辈，而其言乃达之丕扬，丕扬不为意。明时廉得之，疑书出选授御史徐缙芳等，乃先上疏力攻图，并诋缙芳，因及伪书事，图与缙芳皆疏辨，朝端哄然。及注考，丕扬与侍郎萧云举、副都御史许弘纲领其事，考功郎王宗贤，都给事中曹于汴，御史汤兆京、乔允升佐之。兆京谓明时倡言要挟逃察，丕扬特疏劾之，旨下议罪。而明时疏辨，复犯上讳字，上怒，褫其职。其党大哗，谓明时未尝要挟，兆京只以劾图一疏，为图报复，于是主事秦聚奎力攻丕扬等结党欺君，丕扬因发聚奎前为知县时贪虐状，劾罢之。而宾尹、天埈，御史刘国缙，及前给事中钟兆斗、陈治则、宋一韩、姚文蔚，御史康丕扬、徐大化，主事郑振先、张嘉言等咸被察，又以年例出绍徽及其同官乔应甲于外。时察疏未下，党人咸谓丕扬果以伪书故斥绍徽、国缙，且二人尝攻李三才、王元翰，故为修隙，议论汹汹。礼部主事丁元荐甫入朝即抗章尽发宣、昆构谋状。于是党人姚宗文等争击元荐，为金明时讼冤，赖叶向高调护。久之察疏乃下，由是诸失意者相继攻图，并及丕扬。"

又《明史·孙丕扬传》云：

"先是，杨时乔掌察，斥科道钱梦皋等十人，特旨留任，至是丕扬亦奏黜之，群情益快。丕扬以白首趋朝，非荐贤无以报国，先后推毂林居耆硕，若沈鲤、吕坤、郭正域、丘度、蔡悉、顾宪成、赵南星、邹元标、冯从吾、于玉立、高攀龙、刘元珍、庞时雍、姜士昌、范涞、欧阳东凤辈。帝雅意不用旧人，悉寝不报。丕扬又请起故御史钱一本等十三人，故给事中钟羽正等十五人，亦报罢。丕扬齿虽迈，帝重其老成清德，眷遇益隆。而丕扬乞去不已，疏复二十余上，既不得请，则于明年二月拜疏径归。"

这年的京察观之似乎胜利，但齐、楚、浙三党已完全得了势力，正人已有汲汲不能在位的样子，三党的首领是汤宾尹、顾天埈。宾尹的为人是很不守廉隅的。所谓"庚戌"之事，就是翰林院修撰韩敬是汤宾尹出房的门生，在庚戌那年宾尹在礼闱看卷子，越房把韩敬报取第一。敬有时名，喜纵横之学，可是贪财好色，名誉很不好，所以就归咎于宾尹。这庚戌科场案是万历间两党纷争的一件重要的事情，科场舞弊的罪，宾尹不能不负点责任。但同时金明时又发现王图的侄儿王淑抃在宝坻县任内贪赃的事情，这也是东林党大不能掩住人口实的污点，所以不久王图、王国就罢了官。孙丕扬他本来想荐许多东林名流来巩固党势，但结果一个也没有用，只好自行告退。叶向高也去了位。方从哲是一个最庸愚的首辅，他能有什么作为？自丕扬去后，吏部尚书就换了赵焕。赵焕是齐人，为人很有清望，但上了几岁年纪，人又老糊涂了，颇受齐党亓诗教等包围，只好自行告退。这个时候，政府的人员被言官纷纷弹劾，不必内阁下令去教他们走，全都自行告退，所以各部署里都缺了官。大吏不告自去是一件很平常的事情。不久就是郑继之做吏部尚书，是浙党姚宗文、刘廷元的同乡。未几郑继之因考察去了位，赵焕再上台，以年老昏聩重来当铨叙之政，只有全受齐党的支配了。因此四十五年（丁巳）的京察可以完全是三党当政，最有权威的时期。

（6）万历四十五年（一六一七）的京察。我们上章已经讲过，万历初年言官弹劾张居正的夺情是一致的，自从国本、并封等事发生，言论就不一致。到了梃击案发生，虽刘廷元的主张迹似疯癫，而王之寀主张有人指使，以前意见尚同，以后就渐渐分歧起来，三案就成了他们讨论的焦点。所以三党得政，丁巳的京察就先黜王之寀为民。因为他是梃击案的导火线，是东林党的中坚分子。《明通鉴》卷七十五云：

"（三月）始命考察京官，吏部尚书郑继之与署都察院尚书李钰司其事，钰亦浙党所推毂者也。考功郎赵士谔、给事中徐绍吉、御史韩浚佐之，所去留悉出绍吉等意，继之、钰受成而已。一时齐、楚、浙三党盘踞言路，相与倡和，务以攻东林排击异己为事。初叶向高秉政，党论方兴，言路交通铨部，指清流为东林，逐之殆尽，向高不能救。比方从哲秉政，言路已无正人，至是京察尽斥东林，且及林居者，大僚则中以拾遗，善类为之一空。"

"夏四月辛亥，黜刑部主事王之寀为民，仍夺诰命。初之寀发庞保、刘成事，上欲调剂贵妃太子，念其事似有迹，故不遽罪之也。至是京察，给事中徐绍吉、御史韩浚用拾遗劾之寀贪纵，遂黜之。"

这是三党最胜利的时代，四十七年（一六一九）的会推阁员即操纵于三党之手，东林党的人物几乎没有人在朝。但不久齐、浙两党自己就闹了意见。主事邹之麟是齐党亓诗教、韩浚的党徒，但因求转吏部没有到手，就与亓诗教起了冲突，遂因讦奏亓诗教、韩浚被斥。同时邹之麟倡言张凤翔为选君，必以年例处姚宗文、刘廷元。姚、刘是浙党，从此齐、浙两党遂形分离。之麟的朋友夏嘉遇、魏光国、钟惺亦被改用，他们都负有才名，经此一番挫折，都合起来攻亓诗教、赵兴邦，齐党的势力就此衰微。而所以衰微的缘故都是由东林党汪文言所出的把戏。《明通鉴》卷七十九云：

"文言歙人，初以布衣任侠有智术。神宗末来游京师，输资为监生，用计破齐、楚、浙三党。先是三党诸魁交甚密，后齐与浙渐相贰，文言习知本末，多方设奇间之，诸人果相疑。而浙党邹之麟求吏部不得见恶，齐党亦交斗其间，于是齐、浙之党大离。"

到了天启三年（癸亥）的大计是赵南星主察。《明史》卷二百四十三《赵南星传》云："以故给事中亓诗教、赵兴邦、官应震、吴亮嗣先朝结党乱政，议黜之。吏科都给事中魏应嘉力持不可，南星著《四凶论》，卒与考功郎程正己置四人不谨，他所澄汰，一如为考功时……当是时，人务奔竞，苟且恣行，言路横尤甚。每文选郎出，辄邀之半道，为人求官，不得则加以恶声，或逐之去。选郎即公正无如何，尚书亦太息而已。南星素疾其弊，锐意澄清。"经此番振作，东林稍微得势，然积怨于三党更深了。

在万历在位四十多年之中，由内廷的黑暗和京察的纠纷，他的政治我们总括起来可以得到四个现象。

（1）缺官。万历中叶以后，因为言官的纠纷，铨部已失去了效力，自用掣签法后部权日轻，只要经言官的弹劾就不辞自去，政治已茫无头绪，所以发生了缺官的现象。《明史》卷二百二十五《赵焕传》云：

"时神宗怠于政事，曹署多空，内阁惟叶向高，杜门者已三月。六卿止一焕在，又兼署吏部，吏部无复堂上官。兵部尚书李化龙卒，召王象乾未至，亦不除侍郎，户、礼、工三部各止一侍郎而已。都察院自温纯罢去，八年无正官。故事给事中五十人，御史一百十人，至是皆不过十人。焕累疏乞除补，帝皆不报。"

政治腐败到如此，焉有不崩溃的道理？所以不久就有巨奸魏忠贤出来大加扫除，这是应有的事实。魏忠贤的心术固极可卑，但他用统制力建设清一色的政府是有相当理由的。

（2）大臣与大臣党比，小臣与小臣党比。文秉《定陵注略》"丁未考选"条引御史吴亮的疏说："说者谓座主复推座主，门生复及门生，诚为确论，而浙人又继浙人，榜首又付榜首，尤属真铨。铨相种种无穷，时事可知矣。"因此沈一贯他可起用王锡爵、朱赓，他虽然去位，仍有遥领的权柄。又如一贯与沈鲤不对，因为李三才给沈鲤说话，一贯反倒迁怒于三才，从此浙党与东林就成仇隙。三十二年的京察，温纯因为得罪了一贯的死党钱梦皋、张似渠，一贯可以将京察留中不发，又如赵用贤与吴之佳绝婚，因为得罪了王锡爵，为之佳所告，竟至罢官。因此廷臣们一举一动后面皆有背景，而每一件琐碎的事情皆可以引起他们的争端，就成了上下党比，纷争无已的情势。

（3）各党的分歧。因为廷臣的党比就生出了党派，这是一定的情势。在万历二十年间，湘潭李腾芳劝王锡爵不要三王并封，迁左谕德。腾芳与昆山顾天埈善，天埈险诐无行，为世所指名，被劾去，腾芳亦投劾归。时遂有顾党、李党之目（《明史》卷二百十六《李腾芳传》），这是分党的张本。到三十八年祭酒汤宾尹和顾天埈召收党徒，专与东林作对。天埈昆山人，宾尹宣城人，那时名作昆党、宣党（《明史》卷二百二十四《孙丕扬传》）。到四十年以后才有齐、楚、浙三方之分，《明史》卷二百三十六《夏嘉遇传》云：

"台谏之势，积重不返，有齐、楚、浙三党鼎峙之名。齐则给事中亓诗教、周永春，御史韩浚，楚则给事中官应震、吴亮嗣，浙则给事中姚宗文、御史刘廷元。而汤宾尹辈阴为之主。其党给事中赵兴邦、张延登、徐绍吉、商周祚，御史骆骎曾、过庭训、房壮丽、牟志夔、唐世济、金汝谐、彭宗孟、田生金、李征仪、董元儒、李嵩辈与相倡和，务以攻东林排异己为事。其时考选久稽，屡趣不下，言路无几人，盘踞益坚，后进当入为台谏者，必钩致门下以为羽翼，当事大臣莫敢撄其锋。诗教者，从哲门生，而吏部尚书赵焕乡人也。焕耄昏，两人一听诗教，诗教把持朝局，为诸党人魁。武进邹之麟者，浙人党也，先坐事谪上林典簿，至是为工部主事，附诗教、浚，求吏部不得，大恨，反攻之，并诋从哲，诗教怒，焕为黜之麟。时嘉遇及工部主事钟惺、中书舍人尹嘉宾、行人魏光国皆以才名当列言职，诗教辈以与之麟善，抑之，俾不与考选，以故嘉遇不能无怨。"

汤宾尹是三党的主谋，他著有《睡庵集》，是很有智谋的人。他为韩敬因缘得获榜首，成了科场的重案，我们是知道了。他并且有夺妻事，我们似乎不可不注意。文秉《定陵注略》卷八"荆熊分祖"条云：

"宣城汤宾尹，先年夺生员施大德之妻徐氏为妾，徐氏不从自尽，合县不平，致激有民变。及是复占生员徐某妻贾氏为妾，徐某者，尚书徐元泰之侄、廪生徐日隆之弟也。汤微时曾受辱于元泰，故必纳其侄妇为妾，以雪此耻。徐某与贾氏兄弟俱无异言，而日隆心抱不平，上控下诉，汤四布罗网，直欲得日隆而甘心焉。日隆乃亡命走燕、齐，于是合郡沸然。"

宾尹这种卑污行为固不足道，但当时巡按荆养乔不直宾尹，而学使熊廷弼以受汤之托，颇以汤说为然，很给汤宾尹帮忙。于是我们知道熊廷弼本来是楚党，后来才转入东林的。三党在万历末年真赫赫一时。《明史·李朴传》朴上的疏说："今乃深结戚畹近侍，威制大僚，日事请寄，广纳赂遗。褒衣小车，遨游市肆，狎比娼优，或就饮商贾之家，流连山人之室。身则鬼蜮，反诬他人。此盖明欺至尊不览章奏，大臣柔弱无为，故猖狂恣肆，至于此极！臣谓此辈皆可斩也。"这真可以说是最痛快的话了。

（4）东林党议之兴起及淮抚之专横。"东林"这个名称本来是三党代为加上去的，但东林党实在有它的组织。东林党中的李三才、于玉立，我们平心而论，他们运筹帷幄就等于三党的汤宾尹，是同一样的人物。三才等事实详于下章，此处暂为从略。

由以上四个现象我们再总括来说，自张居正以后由内阁的庸弱只知道保持自己的地盘，内阁、铨部、言官分成了三派，各不相谋，所以就造成了齐、楚、浙三党和东林两大派。在万历二十年至三十年（一五九二——一六〇二）是东林当政的时期，三十年（一六〇二）以后是两党互持的时期，四十五年（一六一七）以后是三党专政的时期，天启初年（一六二一）东林又得到政权。我们看到党争这件事在初成的时间是合作的，到了成熟就要分裂。齐、楚、浙三党在四十五年三党专政，他们就起了裂痕，东林党的汪文言就因机而起，破坏了三党。及至天启初年东林得了势，他们又以同乡的关系起了小组织的运动。所谓党中有党，派中有派。因此魏忠贤专了权，那三党不得志的人们全都加入了运动，把万历、泰昌两代的纠纷全都加在东林党头上。在天启三年（一六二三）的京察，赵南星未免做得太辣，但魏阉的残戮又未免太毒了。《明史·顾宪成传》上说：

"比宪成殁，攻者犹未止，凡救三才者，争辛亥京察者，卫国本者，发韩敬科场弊者，请行勘熊廷弼者，抗论张差梃击者，最后争移宫、红丸者，忤魏忠贤者，率指目为东林，抨击无虚日，借魏忠贤毒焰一网尽去之，杀戮禁锢，善类为一空。崇祯立，始渐收用，而朋党势已成，小人卒大炽，祸中于国，迄明亡而后已。"

在天启年间魏忠贤得了势，凡万历一代纠纷的问题皆归罪于东林，东林遂为众矢之的了。

三、东林党议及天启间之党祸

　　一曲的弓溪，两三株老柳，树林里面有几间破旧的老屋，在无锡的城外边，这是宋代杨龟山时先生讲学的地方，名叫东林书院。那时顾宪成先生在吏部做考功主事，因为讨论三王并封和会推阁员王家屏与政府不和，因此被削了官爵。他因感遇不合，在万历二十二年二月从北京回到无锡，就在弓溪旁边的东林书院，约了几个好朋友高攀龙、钱一本等，还有他兄弟允成，在此讲学。

　　我们要知道东林党所以发生，不能不先明白东林的领袖高、顾的历史。顾先生名宪成，字叔时，别号泾阳，学者称泾阳先生，万历庚辰进士，授户部主事。从小性情沉毅，异于常儿。十五六岁时，从张原洛读书。原洛授书不拘传注，直据其所自得者为说，先生听之，辄有所会（据《明儒学案》）。有一天他的先生讲《孟子》"养心莫善于寡欲"一章，宪成说："窃以为寡欲莫善于养心。"老师问他："何也？"他说："心是耳目四肢之主。主人明不受役于色矣，主人聪不受役于声矣；若但向声色驱除，是主人与奴竞，孔子所谓'仁者吾不知也'那句话了。"他的老师

非常高兴地说："作如是观，可读《孟子》矣。"（据高攀龙撰《行状》）

他的心目中有所主宰，他的学问是彻内彻外的。在哲学上他的本体论是一元的，所以他反对阳明"四无之教为中上人说法，四有之教为中下人说法"的主张。他认为人性根本是一致的，绝无分歧的道理。他的实验的方法是在致用。所以泾阳的学问与其说是一个哲学家，毋宁说是一个政治家。第一，我们看他哲学上的主张。《质疑续编》上说：

"自古圣贤教人，惟口为善去恶，为善为其所固有也，去恶去其所本无也。本体如是，工夫如是，其致一而已矣。阳明岂不教人为善去恶乎？然既曰无善无恶矣，又曰为善去恶者，学者执其上一语，不得不忽下一语也。何则？心之体，无善无恶，则凡所谓善与恶，皆非吾之所固有矣。皆非吾之所固有，则皆情识之用事矣；皆情识之用事，则皆不免为本体之障矣。将择何者而为之？……心之体无善无恶，吾亦无善无恶已耳，若择何者而为之便未免有善在，若择何者而去之便未免有恶在。若有善有恶，便非所谓无善无恶矣，将以何者为心之体？阳明曰：'四无之说为上根人立教，四有之说为中根以下人立教。'是阳明且以无善无恶，扫却为善去恶矣。既已扫之，犹欲留之，纵曰为善去恶之功，自初学至圣人，究竟无尽，彼直以为是权教，非实教也，其谁肯听？纵重重教戒，重重嘱付，彼直以为是为众人说，非为我辈说也，又谁肯听？夫何故欣上而厌下，乐易而苦难，人情大抵然也，投之以所欣，欣而复困之以所厌，畀之以所乐，而复撄之以所苦，必不行矣。故曰：'惟其执上一语，虽欲不忽下一语而不可得，至于忽下一语，其上一语虽欲不弊而不可得也。'如欲以此提宗与天下后世作榜样，愚诚不胜私忧过计耳。"（《顾端文公年谱》卷下引）

第二，他的致用的方法，黄宗羲《明儒学案》卷五十八上说：

"先生论学以世为体，尝言官辇毂念头不在君父上，官封疆念头不在百姓上，至于水间林下，三三两两，相与讲求性命，切磨德义，念头不在世道上，即有他美，君子不齿也。"

本来儒家的学说就讲学以致用，所谓致用就是治国平天下。换一句话说，在古来学术与政治并未分家，他们所说的形而上学的心性就是求治的目的，"济物利人"是他们求治的方法。所以顾泾阳的几篇奏疏和《禘言》等编都是他的政治学说。他所以作《禘言》的缘故，据高攀龙作的《行状》谓："丁未，娄江相（王锡爵）再征，先生梦为祖道，执其手曰：'有君如是，何忍负之？'郑重叮咛，至于再三，至于涕泣，不觉大声而呼，室中尽惊而泪且渍枕矣。先生不忍虚此一段诚意，遂述《禘言》，贻之弗省也。"（《高子遗书》卷十一）《禘言》上颇有他的政治主张，兹节抄于后：

"近世阁臣惧威福之名，不复问吏部，吏部惧权贵之名，不复问阁臣，遂至互相冰炭，而朝亦不复信部阁矣。……更请得而推本言之，吏部与内阁信应共相斟酌，难为异同矣。要之亦须为吏部者有不问阁臣之心，而后其斟酌也始出于正，不出于阿奉权贵；为阁臣者有不问吏部之心，而后其斟酌也，始出于公，不出于播弄威福，此所以一德一心，浑无异同之迹也。否则分宜、江陵，殷鉴不远，尚不如不问之为愈耳。"

顾氏《泾皋藏稿》卷五《与友人》曰：

"今日议论纷纭，诚若冰炭，乃不肖从旁静观，大都起于意见之歧，而成于意气之激耳。"

又《与伍容庵》第三札曰：

"诚欲为之转而移联而合，盖有道焉，其道惟何，曰：在局内者宜置身局外，以虚心居之，乃可以尽己之性；在局外者宜设身局内，以公心裁之，乃可以尽人之性。何言乎虚也？各个就己分上求，不就人分上求也，各个就独见独知处争慊，不就其共见共知处争胜也，则虚矣。何言乎公也？是曰是，非曰非，不为模棱也，是而知其非，非而知其是，不为偏执也。"

万历间的言官只是争意气，往往一个很小的题目就闹到不成样子，这两段话很可以见到当日的弊病。大抵顾先生的为人是属于阳刚一类的人物，所以很能表现他的风格，但高先生的性格却又稍稍不同。

攀龙字成之，别号景逸，常州之无锡人。万历己丑进士，官行人司行人。年二十五从顾泾阳讲学，始志于学，他的学问以主静为主。他常说：

"（为人）终不可无端居静定之力。盖各人病痛不同，大圣贤必有大精神，其主静只在寻常日用中。学者神短气浮，便须数十年静力方得厚聚深培。而最受病处，在自幼无小学之教，浸染世俗，故俗根难拔。必埋头读书，使义理浃洽，变易其俗肠俗骨，澄神默坐，使尘妄消散，坚凝其正心正气乃可耳。……"（《明儒学案》卷五十八）

这里有一段高景逸的由无锡乘船返镇江的故事，据《明儒学案》上说：

"（某日）将过江头，是夜明月如洗，坐六和塔畔，江山明媚，知己劝酬，为最适意时。然余忽忽不乐，如有所束，勉自鼓兴，而神不偕来，夜阑别去。余便登舟，猛省曰：'今日风景如彼，而余之情景如此，何也？'穷自根究，乃知于道全未有见，身心总无受用。遂大发愤曰：'此行不彻此事，此生真负此心矣。'明日于舟中，厚设蓐席，严立规程，以半日静坐，半日读书，默坐澄心，体认天理。……在路二月幸无人事，而山水清美，主仆相依，寂寂静静。晚间命酒数行，停舟青山，徘徊碧涧。时坐磐石，溪声鸟韵，茂树修篁，种种悦心，而心不着境。过汀州，陆行至一旅舍，舍有小楼，前对山，后临涧，登楼甚乐。偶见明道先生曰：'百官万物，兵革百万之众，饮水曲肱，乐在其中，万变俱在人，其实无一事。'猛省曰：'原来如此，实无一事也。一念缠绵，斩然遂绝，忽如百斤担子，顿尔落地。又如电光一闪，透体通明，遂与大化融合无际，更无天人内外之隔。至此见六合皆心，腔子是其区宇，方寸亦其本位，神而明之，总无方所可言也。'"

把心静得澄彻一片，与大自然融合而为一，这是何等的气象。内心实有所主，所以外界的环境皆能由我心力来支配，这一点是与顾泾阳相同的。

因此顾泾阳就约了高攀龙、钱一本、薛敷教、史孟麟、于孔兼诸人，就因宋代杨龟山讲学的地方东林书院聚集讲学。这时东林书院已废为僧舍了，常州知府欧阳东凤、无锡知县林宰为之营造，把从前的东林书院重复旧观。到了万历三十二年（一六〇四）甲辰，东林书院完全落成，泾阳就在东林书院大会吴、越的士友，同时还在无锡、虞山一带来往讲学。他作了《东林商语》一篇，一以考亭《白鹿洞规》为教，要在躬修实践上做功夫。尝言：

"讲学自孔子始，谓之讲，便容易落在口耳边去，故先行后言，慎言敏行之训，恒惓惓焉。至其自道，不居仁圣，却居为诲，看来说圣说仁，聪明才辩之士，犹可觅些奇特，逞些伎俩，呈些精彩，推到不厌不倦处，便一切都使不着。然则孔子所谓工夫，恰是本体；世之所谓本体，高者只一段光景，次者只一副意见，下者只一场议论而已。"（《行状》）

泾阳的主张是志在世道的，他的出发点与空谈性命者不同，所以他不尚空论。至于东林的会约和会期，许献《重修东林书院志》卷二云：

"按东林落成于万历甲辰（一六〇四）之秋，十月遍启诸同人，始以月之九日、十日、十一日大会东林讲堂，泾阳爰作会约，以谂同志。而景逸先生为之序，首列孔、颜、曾、思、孟，明统宗也；次《白鹿洞规》，定法程也，申之以饬四要，辨二惑，崇九益，屏九损，卫道救时，周详恳到，其间阐提性善之旨，以辟阳明子天泉证道之失，尤见一时障川回澜之力。是时海内论学诸贤，各有宗旨，亦每有会约，而莫如此约之醇正的实者。"

我们看他们的会约，知道他们的态度很纯正，并且顾泾阳的为人一切都很公开，他很有号召同志的能力，一视同仁的气概。他在万历三十三年（乙巳，一六〇五）九月东林第二次大会宣言上说：

"自古未有关门闭户，独自做成的圣贤；自古圣贤未有绝类离群，孤立无与的学问。吾群一乡之善士讲学，即一乡之善皆收而为吾之善，而精神充满乎一乡矣；群一国之善士讲习，即一国之善皆收而为吾之善，而精神充满乎一国矣；群天下之善士讲习，即天下之善皆收而为吾之善，而精神充满乎天下矣。某之颜斯堂曰丽泽，而榜以乐道人善、愿闻己过两言，乃举讲习中至切要者，时用观者。"（《顾端文公年谱》下）

因为泾阳的魄力很伟大，他能涵盖一切，所以那些"抱道忤时"的士大夫、退居林下官僚，都跑到东林来，全舍的人都住满了。泾阳是一个政论家，不是为学问而学问的学者，我们是知道的。所以《明史》上说："讲习之余，往往讽议朝政，裁量人物，朝士慕其风者，多遥相应和。"东林声望日高，但所以遭忌的地方也在此。

同时东林还有与淮抚联合的事情，淮抚就是李三才。原来三才做淮阳巡抚很有成绩，万历时征收矿税，内监四出骚扰，人民极感痛苦，三才在淮阳时能制伏内监的淫威，很得一般人民的同情。但他的操守不大好，《明史》上说他："结交遍天下，性不能持廉。"这是不能免的事实。三才与东林党的人很接近，当沈一贯当政的时候，沈鲤是东林的人物，与一贯不和，三才反来劝一贯不要与沈鲤作对，因此与时相抵牾。后来会推阁员，在一般士大夫的舆论，颇有入阁的声望，三才也贪图大拜，极力拉拢东林党的人物，因此更被他党邵辅忠等所忌，屡次参劾，竟落职为民。《明史》本传云：

"三才既家居，忌者虑其复用。四十二年，御史刘光复劾其盗皇木营建私第至二十二万有奇……又侵夺官厂为园囿。……且言三才与于玉立遥执相权，意所欲用，铨部辄为推举。"

但顾泾阳对他很好，常来保举他。泾阳上叶相国台山先生书说：

"宪闻之，天下之最不可混者，莫如君子小人之辨；最不可欺者，莫如真是真非之心。……淮上修吾李司徒，宪与之交三十年矣，中心实信服者。乃今言者纷如，又率借东林为案，其借东林为案也，或引而内之，或推而外之，又若冰炭然何也？宪泉石间人也，即置之两忘，亦何不可。独计司徒之是非，所关于国家甚大，而不肖之知司徒又甚深，敢具列本末，为明公诵之。夫宪何以服司徒也？语云：'观人必于其素。'又云：'观人必于所忽。'以其日用平常安排所不到也。宪始与司徒同官户曹，一日过访，适当午，遽问饭乎？宪曰：'未也。'因遂留饭，相对一蔬、一腐、一肉而已。察其色，充然自得，绝无歉意，宪心异之。他日复过访，复留饭，加馔至数品，宪讶而问之：'何前倨而后恭也？'司徒曰：'皆偶然耳，无而为有，有而为无，所不能也。'宪益异之，以为车尘马蹄之间，谁能有如此襟度，遂与定交。自是数相过从，互有切磨，非先哲之轨不谈，非天下之大计、国家之表里不语。宪之服司徒者一也。……"

三才这种态度是否由衷，不得而知。但当时泾阳的确被他蒙蔽了，因此遂为东林的语病。但三才实在是东林的健将，他为东林辩白的疏，写得非常痛快。疏云：

"……合于己则留，不合则逐，陛下第知诸臣之去，岂知诸党人驱之乎？今奸党雠正之言，一曰东林，一曰淮抚。所谓东林者，顾宪成读书讲学之所也。从之游者，如高攀龙、姜士昌……并束身厉名行，何负国家哉！偶曰东林，便成陷阱，如邹元标、赵南星等被以此名，即力阻其进，所朝上而夕下者，惟史继偕诸人耳。"（《明史》本传）

由这疏上，我们就可以看见淮抚与东林的关系了。平心而论，东林党中的人格是一件事实，党的组织又是一件事实，不可以并提而论。因为一个党势力的完成，一方面必须有青年作后盾，一方面必须有政治和经济作背景。以东林而论，淮抚李三才在政治上有相当的势力，在经济上也有相当的援助。东林与淮抚的关系，这与复社和周延儒、吴昌时差不多。在政治上既然有相当的势力，他们才能在社会上得到一点儿实权，因此就有反动的派别起来与它作对。那么欲知对方的破绽，非有通线索、用奇计破敌方的人不可，所以就有于玉立、汪文言一辈的人应运而生，酝酿既久。因此东林在明季社会上的确成了一种不可挠的势力。它的势力的消长在万历年间可以分成三个时期来说：第一个时期在万历二十年（一五九二），是东林萌芽的时代；第二个时期是王锡爵、沈一贯专政的时代，东林的旗帜鲜明，人民的舆论与它一致，他们唯一的对方就是政府。我们可举一个例子，《明儒学案》卷五十八云：

"娄江（王锡爵）谓先生曰：'近有怪事知之乎？'先生曰：'何也？'曰：'内阁所是，外论必以为非；内阁所非，外论必以为是。'先生曰：'外间亦有怪事。'娄江曰：'何也？'曰：'外论所是，内阁必以为非；外论所非，内阁必以为是。……'"

这可以代表东林的言论和内阁成为对垒的情形，所以当时的人，目东宫为大东，目东林为小东，因为他们讨论的问题不出建储、国本等问题。至于第三个时期，齐、楚、浙三党得了一部分的势力，于是东林不能不想尽方法来破坏三党，而三党也不能不想尽方法来破坏东林，所以于玉立、汪文言一辈就成了中坚人物。那万历年间的京察就成了他们势力消长的机会。自万历三十八年（一六一〇）以后，三党得了实力，到天启初年叶向高、韩爌入了阁，张问达、赵南星做了吏部尚书，东林才算重握政权。但三党怀恨在心，就借魏忠贤的毒焰一网打尽。幸顾泾阳在万历四十年已经故去，不及见了。

同时我们还要注意的一件事，近来的人们多以为天主教的东来与东林有什么关系。我以为东林有新进的思想，所以它与西来的人物有相当的表同性，而没有直接的关系。在万历三十年（一六〇二）间，意大利人利玛窦由南方来到北京，后来庞迪我、费奇规、熊三拔等均来到中国。利玛窦到北京后，与叶向高很谈得来。据《天主教传行中国考》卷四上说："尔时西土所记，名公巨卿，如相国沈一贯、叶向高诸公，亦时相过从，若以下之庶司僚，则尤不知凡几。"在士大夫里面，天主教的信徒徐光启、李之藻、杨廷筠皆为同情于东林的人，而反对天主教的就是沈㴶。沈㴶是魏忠贤的党徒，在万历四十四年（一六一六）沈㴶正做南京的礼部侍郎，他串通了内阁方从哲把内地传教的教徒全都监禁起来，押解出境，即西史所谓万历四十四年的教难（《天主教传行中国考》谓沈㴶内结太监魏进忠，可是这时魏忠贤尚未露头角，故所记是错误的）。到了天启魏阉专权以后，天主教徒徐光启等也同时与东林一样被摈斥了。还有，利氏到北京的时候，就住在宣武门附近，后来邹元标办的首善书院就是现在天主教在故都最老的南堂，这两点可以说与东林有点儿蛛丝马迹罢了。

到了天启初年，邹元标首召为大理寺卿，赵南星做了吏部尚书，他们都是被三党排挤的人。以前他们在林下与顾泾阳讲学，海内目为"三君"，到了这时都得到地位。同时韩爌、叶向高等都入了阁，可算是清一色的东林专政时代，也可以说东林的黄金时代。那时邹元标与副都御史冯从吾在北京建立了首善书院，御史周宗建董其事，大学士叶向高为之记，东林的确极一时之盛。并且东林党的人物，南而江苏，西北而陕西，传布的地方很广，响应了学风也很众。

我们不能不佩服邹元标，他很有和衷共济的精神，御史土允成主张联络各派，这都很有见地。但东林党初得了势力，大有不可一世之概，他们很怀疑元标晚节务为和易，对他有一点儿不满意。据《明史》卷二百四十三本传上说：

"元标笑曰：'大臣与言官异，风裁踔绝，言官事也。大臣非大利害，即当护持国体，可如少年悻动耶？'时朋党方盛，元标心恶之，思矫其弊，故其所荐引不专一途。尝欲举用李三才，因言路不与，元标即中止。王德完讥其首鼠，元标亦不较。"

我们看当时的大臣们若全有邹元标的态度，天启间的政局不至于弄得那样糟，也绝不会有魏阉当政这样的惨变出来。他们大臣所持的态度，应该把以前所持的万历年间的京察、建储的讨论，三案的争端，诸党的裂痕，一笔勾销，教他们后来没有翻三大案的念头，不得志的朋友们有了地盘，有了饭碗，谁又肯依附邪党？这是水到渠成，最容易办的事情。我们最可惜的是东林的壁垒森严，党见太深，凡是不合东林之旨的人都被斥为异党。在天启年间的内阁中像黄克缵、毕自严、崔景荣等本不是坏人，因为关于三案的讨论所持的论调与东林不合，东林党人就反对他们。《明史》卷二百五十六《崔景荣传》赞云："方东林势盛，罗天下清流，士有落然自异者，诟谇随之矣。攻东林者，幸其近己也，而援以为重。于是中立者类不免蒙小人之玷，核人品者乃专以与东林厚薄为轻重，岂笃论哉！"这些话说得非常痛快。因此东林刚得了势，礼部尚书孙慎就追论红丸三案，劾方从哲庇李可灼，教其他的党人听见了都很寒心，留下极不好的影响。天启三年的京察，赵南星持之过甚，把三党的党徒亓诗教、赵兴邦、官应震等一网打尽，甚至连南星朋友魏允贞的儿子魏广微，南星都说他"见泉无子"摈不见。岂知水清无鱼，教他们无以自新之路。不错，有极老辣的手段，有诡谲的智谋，像李三才一流未始不可以作一个清党的政策，统一了政治，但他们又没有这样的本领。吏部尚书周嘉谟因为得罪魏忠贤，首相叶向高尚且保不住他的地位，本党的健将汪文言被忠贤所忌，向高也不能挽救。太监可以把相府的门围起来，连一个太监魏忠贤在萌芽初生的时代都不知道扑灭。他们只知道树本党的严威，可是没有办事的实力，徒得罪了许多人。而自己与自己，又以省的界限分了许多小组织，这种无实力的纸糊老虎一碰就破了。但我们不能不佩服东林党人人格的坦白和直率，因为他们全是一伙书呆子，实在是太老实了。

魏忠贤本来是肃宁县的无赖少年，吃喝嫖赌，无所不为，因为把家产败尽了，跑到北京来，自宫做了太监，改名叫李进忠，后来才复姓魏，赐名叫忠贤。他因太监王安才入得宫来。王安为人倒很好，李选侍移宫之事，王安很与正人帮忙。忠贤到了宫里，就与熹宗的乳媪客氏勾结，反把王安害了。那时候内阁里不肖的臣子沈㴶，教忠贤练习内操，熹宗又常派太监去查边防，而熹宗是一个无知识的小孩子，一天到晚只知道游戏，哪能管理得朝政，因此忠贤就慢慢地得了势。天启初年，那一班东林党人布满了朝局，凡是反对东林的人都被摈斥。因此齐、楚、浙三党的人物像王绍徽、阮大铖、崔呈秀、魏广微、冯铨与东林不合的一流人物都趁着机会起来投到魏忠贤的旗下，专与东林作对。像三案、京察等项的事情，本与忠贤不相干的，但三党的人物都借着忠贤的毒焰起来与本党出气，都投到魏忠贤名卜做十几子，并说："东林将害翁。"因此忠贤也乐得兴大狱了。我们知道汪文言是东林党里破坏三党最主要的人物，给事中傅櫆和忠贤的外甥傅应星结为兄弟，就起来诬奏汪文言并及左光斗、魏大中，将文言下了镇抚司狱，并把东林党的刘侨换了忠贤的私人许显纯，做镇抚司的官吏。显纯是忠贤的死党、残酷的阎君，凡是东林的正人君子都是死在这个刽子手手里的。那个时候李应升等都起来弹劾忠贤练习内操，引用私人，但是都被忠贤矫旨诘责。因此副都御史杨涟看着很不平，起来参劾魏忠贤有二十四大罪。大旨谓："逆迹昭然，在人耳目。乃内廷畏祸而不敢言，外廷结舌而莫敢奏。间或奸状败露，又有奉圣夫人为之弥缝。……甚至无耻之徒，攀附枝叶，依托门墙。……积威所劫，致掖廷之中，但知有忠贤，不知有陛下；都城之内，亦但知有忠贤，不知有陛下。即如前曰忠贤已往涿州，一切政务，必星夜驰请，待其既旋，诏旨始下。天颜咫尺，忽慢至此，陛下之威灵，尚尊于忠贤否耶？陛下春秋鼎盛，生杀予夺，岂不可以自主，何为受制么芸小丑，令中外大小惴惴，莫必其命。伏乞大奋雷霆，集文武勋戚，敕刑部严讯，以正国法。并出奉圣夫人于外，用消隐忧，臣死且不朽。"文章作得非常激烈。同时左光斗、魏大中等都起来弹劾忠贤，就成了党祸的张本。我们知道孙鑨一班人，在天启初年他们要清查三案中李可灼等人，这时候反对东林党的人反倒要起来翻案，清查东林党了。自天启三年京察失败以后，东林已失去了实力，首辅叶向高、韩爌、赵南星等因为不得志也都退了职，杨涟、左光斗、魏大中等人也都免了官，工部郎中万燝被魏党廷杖打死了。那时候一班群小都想起来，争翻三案和万历朝历年的京察，于是就有重修《光宗实录》的诏令。御史杨维垣首先翻梃击一案，以为张差疯癫系属真情，王之寀过于多事，即碎其骨，也不足赎其咎。给事中霍维华并论三案东林处置得非当。乔应甲首翻京察，石三畏追论三变，谓万历三十九年、四十五年和天启三年的京察，因为归罪东林，名作三变。倪文焕参论党人，卢承钦请榜党籍，一切的罪过都归罪到东林党的身上，想借汪文言之狱把东林党的领袖都牵连到。但大理寺丞徐大化以为"但坐移宫罪则无赃可指，若坐纳杨镐、熊廷弼贿则封疆事重，杀之更有名"，忠贤听了非常喜欢，就重新更严治汪文言的罪，叫他招出来杨涟、左光斗贪赃的情形。文言受刑不过，仰天大呼说："世岂有贪赃之杨大洪哉！"我们可以知道东林诸贤的清白情形了。

说起来封疆一事，教我们非常的痛心。努尔哈赤氏是生在东北女真建州左卫的部落，在明代永乐年间远征军超过了库页岛，立永宁寺的纪念碑，建州三卫早归入我们的版图了。努尔哈赤氏是部落里面的一个酋长，他的祖父觉昌安，他的父亲塔克失，死于阿台之难。努尔哈赤氏自小就豢养在明代大将李成梁手里的，后来叛了明廷，屡次扰乱边疆，明廷对他没有办法。在万历四十六年（一六一八）先并有了南关哈达氏，就自立称金国汗，以七大恨出师来侵犯明朝。明廷派杨镐四路出师与努尔哈赤氏打仗，但不幸四路的官兵全都被建州打败了，在清朝历史上名作萨尔浒之役。努尔哈赤氏就此立定基础。我们要知道当明兵丧师的时候，就是齐、楚、浙三党与东林闹家务最厉害的时候。不久明廷就派熊廷弼经略辽东，未出关而开原、铁岭继陷。廷弼到了辽东很有一番作为，想培养兵力，再来作战，但为人所忌，说他因循不战，乃命袁应泰代他。但应泰刚到沈阳，沈阳就失守了。又命熊廷弼回任，廷弼建三方布置之策，广宁、登莱各设巡抚，而经略驻山海关以作三面进攻的计策。可是广宁巡抚王化贞与熊廷弼不和，广宁就此失守。化贞和廷弼就得了罪，下了监狱，然而王化贞反死在熊廷弼的后面，这是天下最冤枉的事情。廷弼性情虽然倔强，但他为人很精明，办事是很负责任的。廷弼是湖北人，本来不是东林党，但是现在把东林党人全拉到封疆重案里面去了。

在天启五年三月，以汪文言之狱逮前副都御史杨涟、佥都御史左光斗、给事中魏大中、御史袁化中、太仆寺少卿周朝瑞、陕西副使顾大章，下镇抚司狱，就说他们都受了熊廷弼的贿赂，杨涟、左光斗坐赃二万，大中、化中等均坐赃数千万不等。天启六年二月，因提督苏杭织造太监李实诬劾前应天巡抚周起元及前左都御史高攀龙，吏部员外郎周顺昌，谕德缪昌期，御史李应升、周宗建、黄尊素等皆遣缇骑前往逮之，这前后两次所逮的不下一二十个正人君子，全都被无情的刽子手许显纯用非刑打死在监狱里了。

同时忠贤的爪牙魏广微、顾秉谦等把正人赶掉了，点了一部《缙绅便览》，像叶向高、韩爌等百余人均目为邪党，而以黄克缵、王永光、徐大化等六十余人目为正人。东林本不过一讲学之所，本没有什么党的名称，这时候凡是正人君子，或与魏阉作对的，皆名为东林党。齐党的王绍徽以排挤东林为其党所推重，乃仿《水浒传》的本例，编东林一百八人为《点将录》。御史卢承钦求媚忠贤，乃仿王绍徽《点将录》，自顾宪成、李三才、赵南星等而外，如王图、高攀龙等谓之副帅，曹于汴、汤兆京、史记事、魏大中等谓之先锋，丁元荐、沈正宗、李朴等谓之敢死军人，孙丕扬、邹元标谓之土木魔神，请以党人姓名罪状榜示海内，谓之"东林党人榜"，在天启五年十二月把榜揭示天下。同时还著有《天鉴》《雷平》《同志》《稊稗》《点将》《蝇蚋》《蝗蝻》等七录，以表白东林党人的罪恶。并从逆党张讷的议，把东林、关中、江右、徽州、首善各书院全行拆毁。忠贤的意思以为捣毁东林的巢穴，跳梁的小丑自然可以无容身之地了。

乃于天启六年，从霍维华的请，命纂《三朝要典》。未几开馆，乃以顾秉谦、黄立极、冯铨为总裁。编这本书的意思是专门来骂东林，暴扬东林的罪恶。《明通鉴》卷八十云：

"其论梃击，以王之案开衅骨肉，为诬皇祖，负先帝。论红丸，以孙慎行创不尝药之说，妄疑先帝不得正其终，更附不讨贼之论，轻诋皇上不得正其始，为罔上不道。论移宫，以杨涟等内结王安故重选侍之罪，以张翀戴之功。于是遂以之棻、慎行、涟为三案罪首。时方修《光宗实录》，凡事关三案，命即据《要典》改正。"

这么一来，《三朝要典》就成了千秋的铁案，魏忠贤的话成一代不刊的圣典，凡是为杨涟、左光斗、熊廷弼说两句公平话的人都立刻诛死。据《明史》本传上说："民间偶语，或触忠贤，辄被禽戮，甚至剥皮刓舌，所杀不可胜数。"在天启的五六年间（一六二四——一六二五），忠贤封到上公，他的本家魏良卿封宁国公，凡是他的爪牙和二党的重要人物，像顾秉谦、崔呈秀、霍维华等都布满了朝局，魏忠贤就是太上皇帝。督抚大吏像阎明泰、姚宗文等，争请着为忠贤立生祠，监生陆万龄至请以忠贤配孔子，以忠贤的父亲配启圣公。《明史》卷三百五本传上说：

"凡忠贤所宿恨，若韩爌、张问达、何士晋、程注等，虽已去，必削籍，重或充军，死必追赃，破其家。或忠贤偶忘之，其党必追论前事，激忠贤怒。当此之时，内外大权一归忠贤，内竖自王体乾等外，又有李朝钦、王朝辅、孙进、王国泰、梁栋等三十余人为左右拥护。外廷文臣，则崔呈秀、田吉、吴淳夫、李夔龙、倪文焕主谋议，号五虎；武臣则田尔耕、许显纯、孙云鹤、杨寰、崔应元主杀戮，号五彪；又吏部尚书周应秋、太仆少卿曹钦程等号十狗，又有十孩儿、四十孙之号。而为呈秀辈门下者，又不可数计。自内阁六部至四方总督、巡抚，遍置死党。"

并且把熹宗的妃子李氏害死，堕了皇后张氏的胎。熹宗真如一个木雕泥塑的人，任着魏忠贤摆弄，所谓"亢龙有悔"。魏忠贤的毒焰虽然熏天，但他的死党魏广微、冯铨辈日夜相轧，已经起了纠纷。所以熹宗刚死之后，皇五弟由检即位，忠贤的势力就一败而不可收拾，政局上又起了大变化（以上所据为《明史》《明通鉴》《两朝剥复录》等书）。

像魏忠贤这样卑鄙恶浊的事情真是可以不说，但是在专制时代，士大夫犯了罪可以不经法律的手续由太监来随便地杀戮，真是一件怪事。而杨、左诸君这样高尚的人格，不怕恶势力的精神，却不可不特为地介绍一下。

杨、左诸君子无缘无故坐了贪赃的罪过，真是千古的冤狱，而他们所受的非刑真有人所不能堪的苦楚。据《明通鉴》卷七十九上说："涟、光斗、大中三人另发大监，其夕同为狱卒所毙。涟之死，土囊压身，铁钉贯耳，最为惨毒，光斗、大中亦皆体无完肤。越数日始报，三人尸俱已溃败不可识矣。"这在凄风苦雨、惨淡景象当中却有一段英雄识英雄的故事。原来明代的政治败坏于万历、天启两朝之手，群小当政，暗无天日，幸亏有杨、左诸君子的光芒才可以为士大夫的气节上增一点儿光彩。自明崇祯以后，清兵入关，明祀尚可以在江南支持了几年，这种伟绩不可不归功于史可法。可是史可法是左光斗在患难之中识得的一个知己，是一桩很有精彩的故事，我们因叙述杨、左不屈的精神，不妨略叙他们遇合的情形。顾公燮撰《消夏闲记摘钞》上"左光斗识史阁部"条云：

"桐城左光斗视学京畿。一日风雪严寒，从散骑微行，入古寺庑下，一生伏案卧，文方成草，公阅毕，即解貂覆生，为扃户，叩之寺僧，则史公可法也。及试，吏呼名至史公，公貌寝，左公瞿然注视，呈卷，即面署第一名，曰：'此他日社稷臣也。'既入泮，召入，使拜夫人，曰：'吾诸儿碌碌，他日能继吾志者，惟此生耳。'又谓史公曰：'童子勉之，前半节事在我，后半节事在汝。'及左公为逆阉害，下诏狱，史公冀求一见，逆阉防伺甚严。久之，闻左公被炮烙，旦夕且死，史公持五十金，涕泣谋于禁卒。卒感焉，使更敝衣草屦，伪为除不洁者。引至左公处，则席地倚墙而坐，面额焦烂不可辨，左膝以下筋骨尽脱矣。史公跪抱公膝而呜咽，左公辨其声，而目不可开，乃奋臂以指拨眦，目光如炬，怒曰：'庸奴，此何地也，而汝来前。国家之事糜烂至此，汝复轻身而昧大义，天下事，谁可支拄者。不速去，无俟奸人构陷，吾即先扑杀汝。'因摸地上刑械，作投击势，史噤不敢发声，趋而出，后常流涕述其事以语人曰：'吾师肺肝，皆铁石所铸造也。'"

这一节我们不但可以知道左光斗、史可法的遇合，并且可以知道他们所受人间所没有的苛刑了。我们知道这两次所逮的东林诸君子，除了高攀龙是投水死了，其余无一个幸免的。周顺昌本来与东林没有什么关系，但是因为把他的女儿许配了魏大中，所以也遭了毒刑。那时候亲戚朋友全远远地躲避，无耻的士大夫早投降到魏党的旗帜底下了。说一两句公道话，想替诸君子帮忙的只有几个书呆子，还有几个老百姓。

当周顺昌被缇骑擒往北上的时候，苏州的老百姓看着很不平，几乎引起了民变。其中有颜佩韦、马杰、沈扬、杨念如、周文元等五人，文元是周顺昌的轿夫，把缇骑打散了，事后把他们五个人杀了。到了崇祯初年，在苏州虎丘的旁边为他们立了一个五人墓，给他们立了一个祠堂。他们的祠堂就是把给魏忠贤立的生祠还没有完工改为五人祠了。并且轿夫周文元的大名也载入《明史》。在被难诸君子的子弟当中，奔走最力的要算是魏大中的儿子魏学洢，他为他父亲把性命牺牲了。朋友中间最帮忙的要算周顺昌的朋友朱祖文。同时在北方读书人中间，前后诸君子之被逮，他们没有不费尽心力营救的，就是孙奇逢、鹿太公、张果中，当时称为高阳三烈士。夏峰是清初的硕儒，我们是知道的了，鹿太公是鹿善继的父亲，张果中是夏峰的弟子。果中家住在白沟，是南北来往必由之地，果中家里遂成了被难诸君子聚会之所。那时鹿善继在孙承宗那边当幕僚，承宗督师在山海关，很有力量，是可以说话的人，善继请承宗与诸君子帮忙。《夏峰先生集》卷六收的夏峰与孙承宗的信上说：

"（左、魏）两君子清风大节，必不染指，以庇罪人，此何待言。独以善类之宗，功臣之首，横被奇冤，自非有胸无心，谁不扼腕？维桑与梓，固浮丘旧履地也。遗爱在人，不止门墙之士，兴歌《黄鸟》，能不慨然。昔卢次楩一莽男子耳，谢茂秦以眇布衣，为行哭于燕市，曰：'诸君子不生为卢生地，乃从千载下哀湘而吊贾乎！'"

孙承宗立刻就要到北京，觐君面议，但是被魏党说他要来清君侧，矫旨命孙承宗中止来京，这件事又算失败了。在这三烈士之中，孙夏峰最有谋略，营救的主意最多。杨、左诸君子是清廉自守的，家里哪有许多钱财？及至追赃之说起来，三日一比，五日一比，打得肉飞骨断，但是输款是毫无办法。可是左光斗曾做过屯田使，曾拿十三场子粒，为河北定兴开永赖之利。那时孙夏峰和鹿太公请定兴的老百姓，每亩捐钱一文，便可得钱数十万贯。老百姓听了这个消息，不到几天就凑足了钱，送到京去。并且定兴的县官王永吉也很帮忙，他亲自捐了百金，他说："金不于此处用，便为天地间无益之物。"王拱极是一个清贫的秀才，他把他妻子首饰当了十金，也助了捐。但款刚送给魏阉，杨、左诸君子早已毙在杖下了。

朱祖文自从周顺昌来到北京，各处奔走，他常住在张果中家里，夏峰很与他出力。金日升撰的《朱文学传》上说："文学私幸旦夕告完，或得议狱缓死，百计丐贷都门，不足则走定兴，定兴不足则走吴桥。"吴桥是范景文，清兵到北京第一个死节的——他凑款到了北京近郊地方，住在一个小店里，北方的风非常大，吹得已破的纸窗呜呜作响，一盏半明半灭的油灯被风刮得忽明忽灭，祖文在似睡不睡的时光，听见一缕冤魂凄凄的悲声，从远方而来。祖文情知有变，及至北京才知吏部早被许显纯打死了。祖文扶着周吏部的灵柩回到南方，不久朱祖文也就死去。他们虽然被屈死了，但他们的精神光彩是常照人的。（以上据《明史》，孙奇逢《乙丙纪事》《燕客具草》《诏狱惨言》，朱祖文《北行日谱》等书。末一段故事是据《北行日谱》附《朱祖文传》："文学夜宿野店，有声魂然，精诚相感，岂其诬耶！"稍微加以描写，可以见当日惨淡的情形，并非是主于迷信的。）

四、崇祯朝之党争

到了毅宗即位，时局大变，忠贤的党羽都栗栗自危。投机分子像杨所修、杨维垣等人首参崔呈秀来探听崇祯的意旨，崇祯趁着这个机会就罢了崔呈秀的官，并且宣魏忠贤、崔呈秀的罪状，把忠贤安插凤阳。忠贤刚出了都门不远，就在阜城店里自缢了。由此我们可以知忠贤本身并没有很大的本领，不过反对东林党的党人全都拥护他罢了。

于是韩爌、刘一燝等皆复了原官，钱龙锡、李标、来宗道、刘鸿训等都入了内阁。崇祯从了刘鸿训的请把附魏党杨维垣、杨所修等全都罢斥了，又成了清一色东林党人的内阁。当时编修倪元璐首请毁《三朝要典》，他述说政局的变迁很详，兹择抄其疏最要的地方于后：

"梃击、红丸、移宫三议哄于清流，而《三朝要典》一书成于逆竖，其议可兼行，其书必当速毁。盖当时起事兴议，盈廷互讼，主梃击者力护东宫，争梃击者计安神祖；主红丸者仗义之言，争红丸者原情之论；主移宫者弭变于机先，争移宫者持平于事后。数者各有其是，不可偏非，总在逆当未用之先，虽甚水火，不害埙篪，此一局也。既而杨涟二十四罪之疏发，魏广微此辈门户之说兴，于是逆当杀人则借三案，群小求富贵则借三案，经此二借而三案面目全非矣。故凡推辞归孝于先皇，正其颂德称功于义父，又一局也。网已密而犹疑有遗鳞，势已成而或忧翻局，崔、魏诸奸始创立私编，标题《要典》，以之批根，今日则众正之党碑，以之免死，他年即上公之铁券，又一局也。由此而观，三案者天下之公议，《要典》者魏氏之私书，三案自三案，《要典》自《要典》。今为金石不刊之论者，诚未深思，臣谓翻即纷嚣，改亦多事，唯有毁之而已。"（《明通鉴》卷八十一）

自此销毁了《要典》，在崇祯二年并命阁臣韩爌、李标、钱龙锡公布魏党的罪恶，诏定逆案。

毅宗刚即了位，便用迅雷不及掩耳的手段铲除了阉党，他的手段不能不算是敏捷，但是阉党的余孽仍然潜伏在中间，并没有完全除掉。因为明代东林及三党的争持根本有传统的观念，流传了几代，他们仍抱定党里的宗旨是坚牢而不可破的。我们举黄宗羲《汰存录》引的夏彝仲的话可以证明。他说："三党之于国事，皆不可谓无罪。公平论之，始而领袖者为顾（宪成）、邹（元标）诸贤，继为杨（涟）、左（光斗），又继为文（震孟）、姚（希孟），最后如张溥、马世奇辈，皆文章气节，足动一时；而攻东林者，始为四明沈（一贯），继为亓（诗教）、赵（兴邦），继为崔（呈秀）、魏（忠贤），又继为马（士英）、阮（大铖），皆公论所不与也。东林中亦多败类，攻东林者亦间有清操独立之人，然其领袖之人殆天渊也。"彝仲这种论调最为持平，本章不是讨论东林及三党的优劣，我们不去管它。但东林和三党的传统思想真是伟大惊人，他们可以由万历到崇祯一直闹了五六十年，不但到崇祯时代，而且北都覆没，偏安的弘光和局促一部分的永历，他们的党见仍然可以在那里闹着。明亡了，一部分的无耻之徒，觍颜事奉新朝，他们仍然互相倾轧，毫不知耻。我们一方面可以佩服他们的伟大，一方面又可以说他们太不知轻重了。

同时不能不归咎于崇祯皇帝，他不是没有聪明睿断的精神，但缺乏兼容并包的态度；有察人之明，而没有用人的手段。他只养成了一种刚愎自用、猜忌无常的性格。他天天怕大臣植党，而党反在他猜忌之下养成了。一般骨鲠的老臣自然是多得罪而去，一般无耻的下流即可以趁着毅宗猜忌的脾气，装成谨愿自守、庸懦无能的样子来取媚于他，而背着人的时候却贿赂公行，无所不为，因此时局大坏，一败而不可收拾。崇祯朝的朝政和天启朝实得其反，而他们的失败是一样的。崇祯朝的政治，可以分作数个时期，崇祯朝初年（一六二八——一六三二）是温体仁、周延儒合作的时期，六年到十年（一六三三——一六三七）是温体仁专政的时期，十年到十三年（一六三七——一六四〇）是薛国观当政的时期，十三年到十六年（一六四〇——一六四三）是周延儒再相的时期，十六年到十七年（一六四三——一六四四）是陈演、魏藻德等专政的时期。崇祯一代虽然入阁的有五十个人，后人遂名之为五十宰相，但实际当政的也不过这几个人。这几个人虽然有反对东林的，有与东林合作的，但对于政治都没有什么良好的结果。在毅宗的初年，以苛察为明，未尝没有一点儿作为，但到了一换再换之后，像魏藻德、陈演一流的人物，他们庸愚得真是可笑，毅宗已经失去了用人把柄，时局就此不可收拾了。如今我们分条详述于下。

（1）崇祯初年政治和温、周合作的时期。当毅宗初年，他也知道会推和京察这两件事很可能有发生党争的机会，所以他想出一种枚卜的办法（这种办法与孙丕扬的掣签办法差不多），以为可以杜绝植党这件事，但是实际上却不是这样。因为在崇祯刚即位的时候，像韩爌、李标、钱龙锡、乔飞升、刘鸿训和左都御史曹于汴商定逆案，他们的办法不为已甚，但一班魏党不得志的人仍然恨他。因为韩爌和曹于汴是山西人，所以一般反对派的人目他为西党（见《明史》二百五十四《曹于汴传》），所以是年十月刘鸿训不安于位，就罢了官。枚卜的方法，据《明史》卷二百五十一《钱龙锡传》云：

"庄烈帝即位，以阁臣黄立极、施凤来、张瑞图、李国𣚙皆忠贤所用，不足倚，诏廷臣推举，列上十人。帝仿古枚卜典，贮名金瓯，焚香肃拜，以次探之，首得龙锡，次李标、来宗道、杨景辰。辅臣以天下多故，请益一二人，复得周道登、刘鸿训，并拜礼部尚书兼东阁大学士。"

这一次的内阁不久即行改组。然温体仁和周延儒从中阻挠，极大的纠纷就行发生。原来这次的会推，阁臣里边的名单上有吏部尚书成基命及礼部侍郎钱谦益的名字，而没有礼部尚书温体仁、侍郎周延儒的名字，他们很不满意，就来告发钱谦益的秘密。钱谦益当时人都叫他作东林浪子，谦益人品的好坏我们不去管他，但这次被温、周告讦，实在是冤枉的。《明通鉴》卷八十一：

"体仁揣上意必疑，遂上疏讦谦益为考官时关节受贿，不当与阁臣选。先是谦益典试浙江，有奸人金保元、徐时敏伪作关节，用俚俗诗'一朝平步上青天'句，分置七义结尾，授举子钱千秋，遂中式。千秋本能文，同考官荐拟第二，谦益改置第四。千秋知为保元、时敏所卖，与之哄，事传京师，为给事中顾其仁所发。谦益大骇，即具疏劾二奸及千秋，俱下吏论戍，谦益亦夺俸。二奸寻毙，千秋遇赦释还，事已七年矣。至是体仁复理其事，上果心动。次日召对阁部科道诸臣于文华殿，命体仁、谦益皆至。谦益不虞体仁之劾已也，辞颇屈，而体仁盛气诋谦益，言如泉涌，因进曰：'臣职非言官，不可言，会推不与，宜避嫌不言。但枚卜大典，宗社安危所系。谦益结党受贿，举朝无一人言者，臣不忍见陛下孤立于上，是以不得不言。'上久疑廷臣植党，闻体仁言辄称善，而执政皆言谦益无罪。"

这一次的会推，钱谦益和温体仁、周延儒皆未能入阁，仍然以韩爌主持内阁大事。毅宗因为枚卜毫无结果，就连着两年没有用枚卜和会推的方法。但到崇祯二年十二月，周延儒就做了礼部尚书兼东阁大学士，入参机务。明年六月，温体仁也入了阁。到了九月里，延儒遂入首辅，这是温、周合作的时期，遂为东林党的劲敌。

同时我们要知道明廷自沈阳失守以后，清兵节节进攻，明廷只知道闹家务，已把心腹的外患置之度外。从熊廷弼被杀之后，所用的经略，如王在晋、王之臣等皆是忠贤的私党，更不知道防守的大计。在天启末年，有大将韬略的，仅有孙承宗、袁崇焕等人。孙承宗之修复大凌河，袁崇焕之守宁远、守锦州，他用西法的炮火来攻杀敌人，很有成绩。努尔哈赤氏就是中他的炮火，受伤而死的。崇焕不愧是一位勇将，所以当时钱龙锡很保举他。毅宗在平台召见崇焕，规划了五年兴复的大计划。毅宗非常高兴，就命他为兵部尚书兼蓟辽总督。但崇焕到任不久，还没有什么伟著的功绩，就把毛文龙杀了。文龙驻扎在朝鲜之西东江皮岛地方，是明廷东边的藩屏，文龙已死，清兵可以由海道直取山东，崇焕这种办法是与王在晋主张联络插汉一样的失计。崇焕杀了文龙不久，毅宗就中了清廷的间谍把崇焕下了监狱，处了死刑。因为崇焕是钱龙锡荐的，所以那时一班群小想把龙锡也置诸大辟。《明史·钱龙锡传》云：

"时群小丽名逆案者，聚谋指崇焕为逆首，龙锡等为逆党，更立一逆案相抵。谋既定，欲自兵部发之，尚书梁廷栋惮帝英明不敢任而止。乃议龙锡大辟，且用夏言故事，设厂西市以待。帝以龙锡无逆谋，令长系。"

梁廷栋是主持定逆案最力的人，趁着袁崇焕之狱来害龙锡，这是逆案中人的报复。及温、周上了台，逆党中人又用了别种方法来倾害东林了。

（2）温体仁专政的时期。温体仁和周延儒同入了内阁，体仁头一步的工夫就来排挤周延儒。《明史》卷三百八《周延儒传》云：

"体仁既并相，务为柔佞，帝意渐向之，而体仁阳曲谨媚延儒，阴欲夺其位，延儒不知也。体仁与吏部尚书王永光谋起逆案王之臣、吕纯如等，或谓延儒曰：'彼将翻逆案，而外归咎于公。'延儒愕然。会帝以之臣问，延儒曰：'用之臣，亦可雪崔呈秀矣。'帝悟而止。体仁益欲倾延儒。"

体仁并且屡用这种阴谋手段来倾陷正人，袁崇焕、钱龙锡之狱，体仁和周延儒、王永光都是主谋的人，将兴大狱，梁廷栋不敢任事而止，我们在上文已经说过了。后来龙锡得了特赦出狱，《明史》卷三百八《温体仁传》云：

"比龙锡减死出狱，延儒言帝盛怒，解救殊难。体仁则佯曰：'帝固不甚怒也。'善龙锡者，因薄延儒。其后太监王坤、给事中陈赞化先后劾延儒，体仁默为助，延儒遂免归。"

本来周延儒也有许多招权纳贿的地方，周氏下台之后，体仁遂做了首辅。体仁所以能讨毅宗喜欢的本领就是因毅宗性情猜忌，体仁装出一种朴忠的样子来试探毅宗的心理。《明史》本传云：

"体仁荷帝殊宠，益忮横，而中阻深。所欲推荐，阴令人发端，己承其后；欲排陷，故为宽假，中上所忌，激使自怒。帝往往为之移，初未尝有迹。"

体仁既然得了势，首先他想铲除东林，培植逆党，以做自己的爪牙。《明史》本传云：

"时魏忠贤遗党日望体仁翻逆案，攻东林。会吏部尚书、左都御史缺，体仁阴使侍郎张捷举逆案吕纯如以尝帝，言者大哗，帝亦甚恶之。捷气沮，体仁不敢言，乃荐谢升、唐世济为之。世济寻以荐逆案霍维华得罪去。维华之荐，亦体仁主之也。体仁自是不敢讼言用逆党，而愈侧目诸不附己者。"

体仁想起用逆案中人，既然办不成功，那么只有铲除在朝的东林党的领袖。我们知道崇祯朝东林党的闻人是姚希孟和文震孟。希孟为讲官，以才望迁詹事，体仁恶其逼，乃以冒籍武生事

夺希孟官，使掌南院。体仁最恨的是文震孟，他因给事中许誉卿
讦奏贼焚皇陵的故事，说体仁"纳贿庇私，贻忧要地，以皇陵为
孤注"的话，被削了职。文震孟抗疏挽救誉卿，体仁复谓："言
官罢斥为至荣，盖以朝廷赏罚为不足惩劝，悖理蔑法。"帝遂逐
震孟。顺天府尹刘宗周也因与体仁不和被斥为民。体仁排挤震孟
的方法与排挤周延儒差不多，《明史》卷二百五十一《文震孟
传》云：

"震孟既入直，体仁每拟旨必商之，有所改必从，喜谓人曰：
'温公虚怀，何云奸也？'同官何吾驺曰：'此人机深，讵可轻
信。'越十余日，体仁窥其疏，所疑不当辄令改，不从则径抹去，
震孟大愠，以诸疏掷体仁前，体仁亦不顾。"

东林的领袖被排去之后，体仁遂成了独裁制的内阁，他的大
政方针最可以叫人注意的就是郑鄤之狱、钳制复社及张汉儒讦奏
钱谦益之事。这都可以说是温体仁的德政。

诬害郑鄤杖母这件事，因为郑鄤是文震孟的好朋友，所以故
意与震孟为难，也可以说是与东林党人开的玩笑。《明史·温体
仁传》云：

"震孟既去，体仁憾未释。庶吉士郑鄤与震孟同建言相友善
也，其从母舅大学士吴宗达已谢政归，体仁劾鄤假乩仙判词，逼
父振先杖母，言出宗达。帝震怒，下鄤狱。其后体仁已去，而帝
怒鄤甚，不俟佐证，磔死。"

庶吉士黄道周是郑鄤的朋友，他上的疏上有"臣不如郑鄤"
一语，因此遂免了官。当时郑鄤杖母这件事，哄传于一时，是很
值得注意的。那时候记郑鄤杖母事的书很多，流传下来的有《扶

轮信史》《渔樵话》《郑鄤话》《郑鄤本末》《放郑小史》，侮辱他的很多。唯黄宗羲《南雷文约》卷二有《郑峚阳先生墓表》一篇，较为质实，兹录其原文于后：

"崇祯乙亥，入京待补，时温体仁当国，媢嫉异己，既排文肃去之，以公为文肃所援，必为己患，遂以惑父披剃，迫父杖母，特疏参公，下于刑部狱，嘱司寇杀之。司寇不可，改入锦衣狱，金吾亦不敢承，体仁乃使其门人主之。黄石斋先生召对，以为众恶必察，匡章弃于通国，孟子从而礼貌之。先师刘念台先生亦疏言杖母之狱，不可以无告坐，体仁之党，募公同乡之市侩以证之。己卯八月，拟辟，上命加等，公遂死于西市，从来缙绅受祸之惨，未有如公者也。公为奸相所陷，路人知之，而杖母流言，君子能亮之以理，未必验之于事也。水落石出，余详之公卿之贤者。仪部眷一妾，其夫人不能容，仪部遂挟妾以出，流转僧寺，颇为人所注目，公无可奈何。而夫人笃信佛乘，与一尼甚昵，公求尼为之劝解。尼神道设教，假箕仙言上帝震怒，将降祸于夫人，夫人受戒悔过，仪部始得安其室。一时好事相传以竹篦参话之法，讹为扑作教刑之事。当公之受诬，欲陈其本末，则恐有碍于父母，故宁隐忍就死，赍此冤于地下，岂非仁者之心欤。"

至于钳制复社这件事，复社是东林的后身，很可以代表一时的舆论，唯其要钳制舆论，所以非破除复社不可。《明史·温体仁传》云：

"庶吉士张溥、知县张采等倡为复社，与东林相应和。体仁因推官周之夔及奸人陆文声讦奏，将兴大狱。严旨察治，以提学御史倪元珙、海道副史冯元扬不承风指，皆降谪之。"

复社这件事，本篇当有专章讨论，所以在此处暂不细述。同时还有张汉儒讦钱谦益、瞿式耜居乡不法事，近人所刊《虞阳说苑》里面载有张汉儒的讦疏。明季绅士之横，赵翼《廿二史札记》卷三十四述之甚详，的确是社会风俗很重要的一件事。我草有《明季奴变考》，专讨论这件事情，在此处也不详细叙说了。

体仁的为人，《明史》本传上说得很好：

"体仁辅政数年，念朝士多与为怨，不敢恣肆，用廉谨自结于上，苞苴不入门。然当是时，流寇蹂躏畿辅、扰中原，边警杂沓，民生日困，未尝建一策，惟日与善类为仇。诚意伯刘孔昭劾倪元璐，给事中陈启新劾黄景昉，皆奉体仁指。礼部尚书陈子壮尝面责体仁，寻以议宗藩事忤帝指，竟下狱削籍。其所引与同列者皆庸材，苟以充位，且借形己长固上宠。帝每访兵饷事，辄逊谢曰：'臣夙以文章待罪禁林，上不知其驽下，擢至此位，盗贼日益众，诚万死不足塞责。顾臣愚无知，但票拟勿欺耳。兵食之事，惟圣明裁决。'有诋其窥帝意旨者，体仁言：'臣票拟多未中窾要，每经御笔批改，颂服将顺不暇，讵能窥上旨。'帝以为朴忠，愈亲信之。自体仁辅政后，同官非病免物故，即以他事去，独体仁居位八年，官至少师兼太子太师，进吏部尚书、中极殿大学士，阶左柱国，兼支尚书俸，恩礼优渥无与比。而体仁专务刻核，迎合帝意。"

又云：

"体仁虽前死（崇祯十年放归，逾年卒），其所推荐张至发、薛国观之徒，皆效法体仁，蔽贤植党，国事日坏，以至于亡。"

在崇祯年间，温体仁的内阁时期最久，因为体仁能迎合毅宗的意向，所以毅宗很信任他。及至太监曹化淳举发了体仁的奸状，毅宗方知体仁也结党营私，奉旨放归。体仁死了之后，毅宗仍然很惋惜他。所以一般投机的分子多效法体仁。王应熊本亦是周延儒一党，但体仁得了势，也就投在体仁的门下。张至发自崇祯八年入内阁，他也效法体仁所为，但是他远不如体仁的机警，也未做首辅，所以影响不很大。到了体仁放归，薛国观入阁，他越发阴险了。

（3）薛国观专政的时期。国观所以能入阁的缘故，据《明史》卷二百五十三本传上说："为人阴鸷溪刻，不学少文。温体仁因其素仇东林，密荐于帝，遂超擢大用之。……国观得志，一踔体仁所为，道帝以深刻，而才智弥不及，操守亦弗如。帝初颇信向之，久而觉其奸。"我们知道崇祯十年以后外患更迫切了，更加上农民军李自成、张献忠等占领了好几省，崇祯帝为了镇压农民军，唯有横征暴敛，弄得民困财乏已达到了极点。在崇祯十一年间，杨嗣昌曾一度入阁，他"剿贼"的唯一的方法就是筹饷。他筹饷的办法有四种：第一是因粮，第二是溢地，第三是事例，第四是驿递。《明史》卷二百五十二《杨嗣昌传》上说：

"'因粮'者，因旧额之粮，量为加派，亩输粮六合，石折银八钱，伤地不与，岁得银百九十二万九千有奇。'溢地'者，民间土田溢原额者，核实输赋，岁得银四十万六千有奇。'事例'者，富民输资为监生，一岁而止。'驿递'者，前此邮驿裁省之银，以二十万充饷。议上，帝乃传谕：'流寇延蔓，生民涂炭，不集兵无以平寇，不增赋无以饷兵，勉从廷议，暂累吾民一年，除此腹心大患。其改因粮为均输，布告天下，使知为民去害之意。'"

但是人民已穷到这步田地，哪能够再行加派？所以杨嗣昌的计划是失败的。薛国观当政的时期，唯一的大政方针就是助饷，这是没有办法当中想出来的办法。但是助饷这件事也是失败，并且得罪了皇亲李国瑞，同时中了吴昌时的奸计，反把一条命送掉了。《明史》卷二百五十三本传上说：

"帝初忧国用不足，国观请借助，言：'在外群僚，臣等任之；在内戚畹，非独断不可。'因以武清侯李国瑞为言。国瑞者，孝定太后兄孙，帝曾祖母家也。国瑞薄庶兄国臣，国臣愤，诡言'父赀四十万，臣当得其半，今请助国为军资'。帝初未允。因国观言，欲尽借所言四十万者，不应则勒期严追。或教国瑞匿资勿献，拆毁居第，陈什器通衢鬻之，示无所有。嘉定伯周奎与有连，代为请，帝怒，夺国瑞爵，国瑞悸死。有司追不已，戚畹皆自危。因皇五子病，交通宦官宫妾，倡言孝定太后已为九莲菩萨，空中责帝薄外家，诸皇子尽当夭，降神于皇五子。俄皇子卒，帝大恐，急封国瑞七岁儿存善为侯，尽还所纳金银，而追恨国观，待隙而发。国观素恶行人吴昌时，及考选，昌时虞国观抑己，因其门人以求见，国观伪与交欢，拟第一，当得吏科，迨命下，乃得礼部主事。昌时大恨，以为卖己，与所善东厂理刑吴道正谋，发丁忧侍郎蔡奕琛行贿国观事。帝闻之，益疑。……遂夺国观职，放之归，怒犹未已。国观出都，重车累累，侦事者复以闻。而东厂所遣伺国观邸者，值陛彦（王陛彦，中书，国观党）至，执之，得其招摇通贿状。……命下陛彦诏狱穷治。顷之，恺（袁恺，给事中）再疏，尽发国观纳贿诸事，永淳（傅永淳，吏部尚书）、奕琛与焉。……至十月，陛彦狱未成，帝以行贿有据，即命弃市，而遣使逮国观。国观迁延久不赴，明年七月入都，令待命外邸，不以属吏，国观自谓必不死。八月初八日夕，监刑者至门，犹鼾睡。及闻诏使皆绯衣，蹶然曰：'吾死矣！'仓皇觅小帽不得，取苍头帽覆之。宣诏毕，顿首不能出声，但言'吴昌时杀我'，乃就缢。"

明代大臣被戮，除了胡惟庸、夏言外，这是在明代仅见的事情。

（4）周延儒再相的时期。自从温体仁得了政，周延儒就失了势，回家闲居了。那时候东林的老前辈像郑三俊、刘宗周、黄道周，皆因得罪了时相去了官，内阁里可以说没有一个正人君子。张溥在吴下结盟复社，很为这一班正人君子不得其位发牢骚，可巧吴昌时是周延儒的知己，又是张溥的好朋友，张溥就请昌时游说周延儒说："公若再相，易前辙可重得贤声。"（据《明史》）延儒很以为然。同时吴昌时就为他交通内侍，冯铨也很为他帮忙。毅宗不见延儒也有好几年，看见历来的内阁还不如延儒，很有起复延儒的意思。在薛国观得罪以后，就起复了延儒的原官。崇祯十四年九月，延儒就做了首辅。

延儒虽然投降了东林党，但是与逆案的人并没有脱离关系。当延儒起复的时候，闲住在南京，好谈兵说剑的阮大铖就想因周延儒为他起复，周延儒的意思以他刚被东林党所提拔起来，怎么好意思再起复逆案中人。大铖就说："瑶草何如？"瑶草是马士英别字，延儒当时应允了。他刚得了政，就教马士英督师凤阳，遂成了南明福王之立主的张本，南明的翻逆案等事就因于此了（见钱秉镫《皖髯纪事》）。

延儒做了首相之后，他不能不敷衍东林，他初当政的时候就上疏请召还言事迁谪诸臣，并说"老成名德，不可轻弃"，一改以前所为。于是就请郑三俊掌吏部，刘宗周掌都察院，范景文掌工部，倪元璐佐兵部，皆起自废籍。其他李邦华、张国维、徐石麒、张玮、金光辰等布满九列，释在狱傅宗龙等，赠已故文震孟、姚希孟等官，中外翕然称贤。又把黄道周从谪所重新起用。这些全按着张溥所开的名单计划出来，但不幸延儒刚当了政，张溥已经死了。

延儒虽然引用了许多正人君子，但他本人的品行却不很高明，揽权纳贿是所不能免的。他引用了一位董廷献，在前门外开了一座珠宝店，是专为纳贿的所在。同时吴昌时的为人更不高明，虽然是东林党人，但为人倨傲，又好贪财，交通厂卫，把持政权，同朝的官吏没有不忌恨他的。因此就遭了反对党的嫉妒，造成二十四气之说，以指朝士二十四人，直达御前。毅宗就下诏谕，切责言路。礼科给事中姜采恐怕毅宗为小人所包围了，就上疏切谏。他的大旨是："二十四气蜚语，此必大奸巨蠹，恐言者不利己而思以中之，激至尊之怒，钳言官之口。人皆暗然缄默，谁与陛下言天下事者。"疏入，毅宗非常生气，说："二十四气之中，类匿名文书，见即当毁，何故累腾奏牍！"立下姜采诏狱拷讯。同时行人司副熊开元劾延儒纳贿，触帝怒，均廷杖下诏狱。毅宗的意思本想命卫帅骆养性把他们两人害死的，养性因为这件事很重大，秘密地询问同官怎么办，同官说："不见田尔耕、许显纯事乎？"养性害怕了，就没有敢把他二人害死。他二人虽然没死，可是姜采被杖伤势很重，已经昏厥过去。他的弟弟姜垓口里含着溺，才把他灌醒。十七年二月才把姜采释放，谪戍宣州卫，不久明朝就灭亡了。姜采受了这样的虐待，但他并没有忘了国耻，自己称宣州老兵，以示不忘故国的意思。熊开元字鱼山，他做过吴江的知县，与复社很有关系，明亡他当了灵岩山的和尚。

周、吴这两位的行为实在不能令人满意，后来就是东林党的人物对他也不满了。但延儒也有可取的地方，就是罢除了厂卫缉事，免去了许多惨无人道的行为，士大夫同情于他的很多。但一般厂卫的人失去了饭碗，没有不痛恨延儒的。那时候延儒的门生范志完督师讨贼，逗留不进，被雷缜祚所劾，下志完于狱。缜祚说："志完两载金事，骤陟督师，非有大党，何以至是。"因此毅宗对于延儒也起了怀疑。同时延儒又和同官陈演不对，因此陈演和锦衣的骆养性一块儿找延儒、昌时的私事。不久，就发现了周、吴贪赃的罪状，崇祯十六年十二月就把吴昌时弃市，周延儒赐自尽了。

（5）崇祯末期的政局。自周延儒得罪之后，陈演和魏藻德互相勾结着，就入了内阁。魏藻德是薛国观的门生，这可以说薛派又占了势力。但这时候时局大坏，已经到了没有办法的地步，虽毅宗以苛察为明，但已显出了手足无措的样子。魏藻德唯一的办法就是劝百官助饷，但他自己却一毛不拔。到十七年三月十九日，李自成进了北京，藻德被自成擒住，叫他输款万金，却还嫌少，酷刑五日夜，脑裂而死。陈演很知趣，每天献给刘宗敏银子四万两，但最终也遇害了。同时毅宗信用的大将就是李建泰。建泰本来是个文人，与陈演同时入阁的。他看见时局糟到这步田地，自请毁家讨贼，毅宗看见有这等热心的人，非常高兴，就命他督师，并且用古推毂礼御驾亲送他出征。《明史》卷二百五十三《魏藻德传》上说得很可笑：

"建泰以宰辅督师，兵食并绌，所携止五百人。甫出都，闻曲沃已破，家赀尽没，惊怛而病，日行三十里，士卒多道亡。至定兴，城门闭不纳，留三日，攻破之，笞其长吏。抵保定，贼锋已逼，不敢前，入屯城中。已而城陷，知府何复、乡官张罗彦等并死之。建泰自刎不殊，为贼将刘方亮所执，送贼所。贼既败，大清召为内院大学士。"

这样的督师，真可以算是儿戏。但这位督师，偏偏不死于贼人之手，后来到了清初姜瓖在大同造反，他又与姜瓖合作，被清廷杀了。

我们知道崇祯的末年不是没有办法，廷臣李明睿请毅宗南迁，陈新甲请与清廷议和，毅宗只要有一定的方针，不是没有缓冲的地步。但是毅宗早抱了死志，所以只成了大学士吴桥、范景文，户部尚书倪元璐，左都御史李邦华等十人殉难的美名。平心而论，毅宗自然是比宋代徽、钦二宗好得多了，但是他们岂知道，当明廷不守的时候，清太宗刚死去，世祖福临冲主即位，也是没有什么办法的时候呢！

至于崇祯朝入阁办事的大臣，俗称所谓五十宰相，我们可依曹溶所作的《崇祯五十宰相传》所附的《宰相年表》，略为更改一点儿。他是以年为经，我们拿一个人作一个单位，较为明了些，兹录其表于后。

崇祯五十宰相表

人名	入阁年月	罢官年月	备考
黄立极		天启七年丁卯十一月回里 崇祯二年己巳正月被察	由检天启七年即位，明年改元崇祯
来宗道	天启七年十二月入阁办事	崇祯元年六月驰驿回里 二年己巳议处	
杨景辰	同年入阁办事	同上	
李标	天启七年十二月为礼部尚书、东阁大学士	三年庚午回里	
周道登	同上	崇祯二年己巳致仕 五年壬申卒	
钱龙锡	同上	二年十月回里 三年庚午削籍	
刘鸿训	同上	崇祯元年十二月革职	
施凤来		崇祯元年戊辰以中极殿大学士为太傅回里	
张瑞图		同上年月为太保俱驰驿回里，二年议处	
韩爌	崇祯元年戊辰起复为中极殿大学士	三年庚午回里	
李国𣚈		崇祯元年五月回里 四年辛未卒	
成基命	二年己巳十月入阁	三年庚午回里	
孙承宗	二年己巳起复督师出镇通州		
何如宠	二年十二月入阁办事 三年庚午加太子太保进文渊阁 六年癸酉召不至	四年辛未回里 十四年卒	
钱象坤	同二年 同三年	四年辛未回里	

人名	入阁年月	罢官年月	备考
周延儒	同二年 同三年 五年壬申进建极殿 十四年再召入京进中极殿 十五年壬午入殿 十六年八月征入京校勘	六年癸酉驰驿回里 十六年癸未回里 是年十二月赐死	
温体仁	三年庚午入阁办事七月加太子太保进文渊阁 六年癸酉进建极殿 七年甲戌进中极殿	十年驰驿回里 十一年卒	
吴宗达	三年庚午入阁办事七月加太子太保进文渊阁 七年进中极殿	八年十一月回里 九年卒	
郑以伟	五年壬申入阁办事	六年癸酉卒	
徐光启	五年壬申进东阁大学士		
王应熊	六年癸酉以礼部侍郎兼东阁大学士 七年进文渊阁 十五年召入朝赐金帛还	八年乙亥驰驿回里	
何吾驺	同上 七年甲戌入文渊阁	八年十一月回里	
钱士升	六年癸酉入阁办事	九年驰驿回里	
文震孟	八年乙亥以刑部左侍郎入阁办事	八年十一月回里 九年十一月卒	
张至发	八年乙亥以礼部左侍郎入阁办事 十四年辛巳再召入京不至	十一年戊寅回里	
孔贞运	九年丙子以礼部尚书入阁办事	同上	

人名	入阁年月	罢官年月	备考
黄士俊	同上 是年十一月进文渊阁	十年丁丑回里	
贺逢圣	九年丙子以礼部尚书入阁办事 十四年再召入京 十五年入殿	十一年戊寅回里 十五年驰驿回里	
林钎	同年以礼部左侍郎入阁办事	是年五月卒	
刘宇亮	十年丁丑升吏部侍郎入东阁办事 十一年戊寅进文渊阁改为兵部尚书督察各镇兵马	十二年己卯回里	
傅冠	十年丁丑以礼部尚书入阁办事 同年进文渊阁	十一年戊寅回里 清顺治三年被执不屈死	
薛国观	十年丁丑礼部侍郎入东阁办事 十一年戊寅升尚书 十二年进文渊阁 十三年进武英殿	十三年庚辰闲住 十四年八月赐死	
程国祥	十一年戊寅为礼部尚书兼东阁大学士	十二年己卯回里	
杨嗣昌	十一年戊寅为礼部尚书兼东阁大学士 十二年己卯八月督师	十四年辛巳卒于任	
方逢年	同上	十一年回里	
蔡国用	同上 十二年己卯进文渊阁 十三年进武英殿	十三年庚辰卒	
范复粹	十一年戊寅以礼部侍郎入阁办事 十二年进文渊阁	十四年辛巳回里	

人名	入阁年月	罢官年月	备考
姚明恭	十二年己卯俱为礼部尚书兼东阁大学士 十二年进文渊阁	十二年庚辰回里	
张四知	同上	十五年壬午驰驿回里	
魏炤乘	同上 十四年进文渊阁	同上	
谢升	十三年庚辰以吏部尚书兼东阁大学士 十三年进建极殿 十五年入殿	十五年削籍	
陈演	十三年庚辰以吏部左侍郎兼东阁大学士 十四年进文渊阁	十七年三月乞休，京师陷被掳掠死	
蒋德璟	十五年壬午以礼部尚书兼东阁大学士	十七年甲申二月致仕	
黄景昉	同上		
吴甡	同上	十六年癸未遣戍	
魏藻德	十六年癸未五月以侍读入阁办事 十七年二月进文渊阁总督河道屯练	十七年三月京师陷被掳掠死	
李建泰	十六年以礼部右侍郎入阁办事 十七年加太子太保督师	十七年三月被执	
方岳贡	同十六年 十七年二月进文渊阁总督河道屯练	十七年三月京师陷被掳掠死	
丘瑜	十七年甲申正月以礼部尚书入阁办事		
范景文	十七年甲申正月以工部尚书入阁办事	十七年甲申三月京师陷死之	是年北都不守

就这五十个宰相来看，可分为三个系统：第一是东林党，像文震孟、钱龙锡、孙承宗、范景文等人，可以当得沉重，皆不愧一时的正人；第二是周延儒一派，像王应熊可以归入此类，后来周派依附了东林，就与东林党人混合了；第三是温体仁一派，这派势力最大，流传很远，像薛国观是他的嫡传，像陈演、魏藻德是传薛国观的衣钵，可以说是温体仁的再传弟子，崇祯一代的政治都误在他们几个人的手里。除了这三派以外，杨嗣昌比较有点儿作为，其余诸人可以说碌碌无足数了。

五、南明三朝之党争

自崇祯殉国，北都不守之后，皇太子慈烺不知跑到哪里去了，一班王孙贵胄都纷纷南下。那时南方有势力的人物可以分为两派：一派是史可法，凡东林党人都附和他；一派是马士英，像阮大铖等逆案中人都附和他，显然成了两个大系统。当北都不守的消息传来，南方自然纷扰不堪。史可法正督师勤王，他和姜曰广、吕大器都主张立潞王常淓为主，马士英却听了阮大铖、刘孔昭的话，主张立福王由崧。那时士英正督师凤阳，因近水楼台的缘故就立了福王由崧，诏以明年春天改元弘光。故在他们两派未合作以前已有了鸿沟。

当福王即位之后，像史可法、高弘图、姜曰广、王铎、马士英均做了东阁大学士，可以说是两派混合的内阁。同时起用废籍，刘宗周为左都御史，徐石麒为右都御史，张慎言为吏部尚书，黄道周为吏部左侍郎，张国维为兵部尚书，吕大器为兵部侍郎，阮大铖因为被马士英、刘孔昭所拥护也起复了原官。但是这样混合的内阁，意见既不相同，根本不能合作，不久马士英就攫得实权，把史可法排挤到扬州去督师，当时就有"秦桧留之在朝，李纲驱之在外"的话（见朱一是《为可堂集·周雷赐死始末》）。原来在江北地方设有四镇，四镇是高杰、刘良佐、黄得功、刘泽清等四人，分布在淮扬、徐州、睢州一带，做江南的藩屏。高杰是一个粗暴的武夫，刘泽清等是马士英的旧部，史可法初到扬州很费了一番工夫，首先说服了高杰，命高杰驻瓜扬、刘泽清驻淮安、刘良佐驻寿春、黄得功驻仪真，秩序才慢慢地安定。

那时候江南的士大夫听到北都失守，国家遭了这样大的变故，像刘宗周、朱大典、章正宸、熊汝霖都招募义旅，来克复神京，及至福王在南京即位他们都起复官爵。但刘宗周以大仇未报不敢受职，自称"草莽孤臣"，疏陈时政，言："今日大计，舍讨贼复仇，无以表陛下渡江之心；非毅然决策亲征，无以作天下忠义之气。"所说的话极为痛切。但弘光自南京定都数月以来，一矢不发，毫无动静，两派的人们只知道排除异己，勾引死党，把兴复的大计早置诸脑后。史可法很愤激地上疏说：

"自三月以来，大仇在目，一矢未加。昔晋之东也，其君臣日图中原而仅保江左；宋之南也，其君臣尽力楚蜀而仅保临安。盖偏安者，恢复之退步，未有志在偏安而遽能自立者也。"（《明通鉴》附篇卷一下）

可法虽然有这样痛激的言论，但他们并没有把他的话搁在心上。马士英唯一的政策是一味与清廷求和，共同镇压农民军，偷安苟活，建立江南的小朝廷。为了组织政权就起复阮大铖，在弘光元年二月里大铖就做了兵部尚书。同时吏部尚书张慎言要起复吴甡、郑三俊，被刘孔昭、赵之龙所排挤，目吴甡等为奸邪，张慎言就去了官。高弘图、姜曰广与马士英不对，也自行告退，马士英指使了刘泽清参劾刘宗周，宗周也告退了。一班正人像黄道周、陈子龙之流，皆被排挤而去。逆案中张捷、杨维垣、虞廷陛一流人皆入了政府，钱谦益因为恭维阮大铖也起复了原官。凡是当时不得意的人现在皆有了势力。

他们在国难时期所办的事情就是兴复了东厂缉事，重翻刻《三朝要典》，宣付史馆，把霍维华等人皆赐了谥。又将因北都失守投降李自成的人定了六等的刑罚，更立了顺案。顺案的意思是李自成的国号叫顺，因为与逆案相对，所以名作"顺案"。顺案里面有周钟、项煜等人，周钟是复社的领袖，他曾为李自成草了登极的诏书。这顺案的成立完全是为着报复。

在弘光帝由崧初立的时候，两党不是没有合作的机会，但为什么两党的感情坏到这步田地？平心而论，他们各有不是的地方。《明通鉴》附篇卷一下云：

"初，高弘图力言逆案不可翻，阮大铖及马士英并怒。一日阁中言及故庶吉士张溥，士英曰：'吾故人也，死酹而哭之。'姜曰广笑曰：'公哭东林，亦东林耶？'士英曰：'我非畔东林，东林拒我耳。'弘图因怂恿之，士英意解。会刘宗周劾疏上，大铖宣言曰广使之，于是士英怒不可止，朝端益水火矣。"

由上节来看，逆党实在有示好东林的意思，但东林实在相迫过甚了。又如阮大铖与雷缜祚本来很要好，朱一是《为可堂集·周雷赐死始末》云：

"大铖数谒雷金事不报。一日携酒过，雷逾墙避之，故置逆案几上，大铖愧且骇。"

所谓君子不为已甚，东林党人这种办法实在教人太难堪了，因此：

"大铖遂谋杀周、雷，乘间潜告士英曰：'检相君者史同谋也，周、雷实主之，日夜谋不利于相君。不击南昌（姜曰广）无以杀周、雷，不杀周、雷无以遏诸生之横议，而东林祸君未有已也。'士英心动，风奸人朱统𨰥攻南昌姜相曰广去，次周、雷，又次士大夫及七郡清流，如黄道周、杨廷麟、吴甡、刘宗周、周孝廉、茂才、杨廷枢、顾杲、吴梦笙、沈寿民、沈士柱、白梦鼎、梦鼐等七十二人皆不免，大指谓谋立疏藩，别图拥戴，于是缇骑遍七郡，而周、雷投狱刑部矣。"

所谓周、雷之狱，周是周镳，雷是雷縯祚，全是东林党人。《明通鉴》叙述极为简要，兹抄录如下：

"初，镳以其伯父应秋、叔父维持俱因媚阉列逆案，深耻之，通籍后即交东林，矫矫树名节。阮大铖居金陵，诸生顾杲等出《留都防乱公揭》讨之，以示镳，镳力任，大铖以故恨镳。会马士英以逮治从逆之周钟并及镳，大铖复罗致镳与縯祚曾主立潞王，为姜曰广之私党。于是朱统𨰥疏劾曰广并及二人，而縯祚前以劾范志完、周延儒等，廷臣交忌之，遂有是逮。镳等既下狱，大铖憾不已，复修《防乱揭》之怨，逮捕复社诸生吴应箕、黄宗羲、陈贞慧、侯方域等。狱未成而南都难作。"

周、雷二公，遂成了党争中的牺牲者。是狱平复未久，就有南渡三疑案发生。所谓南渡三疑案，就是僧大悲之狱和伪太子、伪皇妃的故事。钱秉镫《藏山阁集》卷六《南渡三疑案》云：

"甲申年，南渡立国。十二月有僧大悲踪迹颇异，至石城门，为逻者所执，下锦衣卫狱。据供称先帝时封齐王，又云吴王，以崇祯十五年渡江，又言见过潞王，其语似癫似狂，词连申绍芳、钱谦益等。于是阮大铖、杨维垣等令张孙振穷治之，欲借此以兴大狱，罗织清流。遂造为十八罗汉、五十三参之名，如徐石麒、徐汧、陈子龙、祁彪佳等，皆将不免，东林、复社，计一网尽之。……谦益、绍芳各具疏辩。士英亦不欲穷其事，遂以弘光元年三月，弃大悲于市。是时方有北来太子一案，真伪莫辨，而又有伪妃童氏之事。……"

据徐鼒《小腆纪年》卷九谓："先是，阮大铖作正续《蝗蝻录》《蝇蚋录》，盖以东林为蝗，复社为蝻，诸和从者为蝇为蚋。"把东林、复社的罪名都加在大悲狱里面。后来审问太子的结果，伪太子系故驸马都尉王昺侄孙王之明，诈称太子，乃把他下了监狱。童氏则弘光帝坚不承认是他的妃子，也把她下了监狱。童氏陈说："失身之妇，无敢复生，非望上偶圣躬，但求一睹天颜，诉述情事，归死掖廷。"可是弘光帝始终不肯见她。我们想夫妇的恩爱是人情所不能免的，弘光帝虽然薄情，何至负心如此！当时的人就很起了怀疑。因为以前说过那位福王被李自成作了福禄酒，福王的世子也早殁了，德昌郡王以序当立。由崧以前本不与士英认识，由崧南来，士英看见他有一颗福王的印，就把他认为福王的世子，北都不守，就拥护他做了皇帝。所以这伪太子、伪童妃之狱发生以来，一般神经过敏的人以为弘光帝不承认童妃和太子，反倒不疑心童妃和太子，而对于弘光帝的本身反发生了疑惑。所以钱秉镫说："童氏但知德昌即位，以故妃诣阙求见，而不知今日之德昌非昔者之德昌也。"这种传说一直到了明末遗老，像黄宗羲、钱秉镫皆主这样的话。仅仅有李清的《三垣笔记》，他虽然反对马、阮，但于弘光帝却还有相当敬意，讨论还能持平，这是不可及的。

弘光帝的真伪我们不去管他，但弘光朝的政治真是闹得一塌糊涂。马、阮一流人物揽权纳贿，只要有了钱，就可以做官，所以当时有"职方贱如狗，都督满街走"的话。而弘光帝的为人又庸愚荒淫得可笑。《明通鉴》附篇卷一云：

"时工费无度，荒酒渔色，阉人田成等擅宠，士英辈亦因之窃权固位，政以贿成，论者皆知其不可旦夕。而阮大铖以乌丝阑写己所作《燕子笺》杂剧进之。岁将暮，兵报迭至，王一日在宫中愀然不乐，中官韩赞周请其故，王曰：'梨园殊少佳者。'赞周泣曰：'奴以陛下或思皇考先帝，乃作此想耶！'时宫中楹句有'万事不如杯在手，一年几见月当头'，旁注'东阁大学士王铎奉敕书'云。"

这样儿戏的小朝廷中忽然发生了伪太子事，人民更起了恐慌。黄得功极力上疏力争以太子为真。那时左良玉坐镇武昌，在长江的上流率师东下，来清君之侧，国内遂起了内讧。史可法那方面早就不给饷了，清兵趁着这个机会率师南下，史可法一旅孤军哪能抵抗，就在扬州殉了国。弘光帝于甲申三月在南京即位，到元年五月里清兵就到了南京，弘光帝跑到芜湖被执，与伪太子囚在一块儿，后来弘光帝被押到北京被害了。明末遗老著有《弘光北狩纪闻》一书，可惜我没有看见。同时明廷派到北方去议和的使臣左懋第也被清廷所害。清兵得了南京，死节的只有高倬，还有逆案中人张捷、杨维垣等，我们不能因为他们是逆案中人就菲薄他们。

在明代的末年，政府里的人们虽然这样的庸懦，但是士大夫和老百姓的气节却是非常的激昂。他们眼看着国破家亡，他们不以为自己的力量薄弱，就不去抵抗。清兵节节前进，他们节节困守，他们可以牺牲全家乃至全城的性命来保存中华民族的精神。所以像嘉定的黄淳耀、侯峒曾，江阴典史阎应元、陈明遇，他们可以拿一个小小的城池与清兵抗敌好几个月，清兵南下势如破竹，但江阴等处一两个小小的城市却几个月都攻不下来，由此我们知道不在兵力的多寡，只在人民团结的精神。阎典史这样人看来似乎关系很小，但在我们中华民族史的光荣是很大的。同时高弘图流寓会稽也死了节，刘宗周在山阴听见南都失守就饿死了，这都是一代中流砥柱，不可及的人物。

至于南都那些献媚的臣子王铎、钱谦益等都投降了清朝，成了新贵。那时马士英因为南都失守，就奉着他的母亲假充皇太后，跑到方国安军里去，因此又生出伪太后一案来。后来士英投降清朝也被害了。阮大铖从弘光跑到太平，看见弘光帝在芜湖被清兵擒住，就逃奔浙东，后来投降到清兵某贝勒博洛的帐下。因有冯铨的关系，命他做军前内院，从征立功，但他的豪兴又大发起来，谈兵说剑，不减当年。他觉着咫尺功名，又可直上青云了。《藏山阁文存》卷六《皖髯事实》云：

"……是时北兵所过，野无青草，诸内院及从征官无从得食。大铖所至，必罗列肥鲜，邀诸公大畅其口腹，争讶曰：'此于何处得来？'则应曰：'小小运筹耳。吾之用兵，不可测度，盖不翅此矣。'其中有黑内院者，满人，喜文墨，大铖教以声偶，令作诗，才得押韵协律，即拊掌击节，赞赏其佳，黑大悦，情好日笃。诸公因闻其有《春灯谜》《燕子笺》诸剧本，问能自度曲否，即起执板顿足高唱，以侑诸公酒。诸公北人，不省吴音，乃改唱弋阳腔，始点头称善，皆叹曰：'阮公真才子也。'每夜坐诸公帐内剧谈，听者倦，既寐有鼾声，乃出遍历诸帐皆如是。诘朝天未明，又已入坐帐中，聒而与之语，或诵其枕上诗。诸公劳顿之余，不堪其扰，皆劝曰：'公精神异人，盍少睡一休息。'大铖曰：'吾生平不知倦欲休，六十年犹一日也。'及诸公起，鼎烹悉陈，复人人餍饫，盖豫饬厨人以夜备矣。一日忽面肿，诸内院忧之，语献忠（耿氏，明金华知府）曰：'阮公面肿，恐有病，不胜鞍马之劳。老汉不宜肿面，君可相谓，令暂驻衢州，俟我辈入关取建宁后，遣人相迓何如？'献忠以语大铖，大铖惊曰：'我何病？我虽年六十，能骑生马，挽强弓，铁铮铮汉子也。幸语诸公，我仇人多，此必有东林、复社诸奸徒，潜在此间，我愿诸公勿听。'又曰：'福建巡抚已在我掌握中，诸公为此言，得毋有异志耶？'献忠复诸内院，内院曰：'此老亦太多心，我甚知东林、复社与渠有仇，因见渠面肿，劝其在此少休息耳。既如此疑，即请同进关可耳。'于是与大铖同行。既抵关下，皆骑，按辔缓行，上岭，大铖独下马徒步而前，诸公呼曰：'岭路长且骑，俟到险峻处乃下。'大铖左牵马，右指骑者曰：'何怯也，汝看我筋力，百倍于汝后生。'盖示壮以信其无病也。言讫，鼓勇而登，不复望见。久之，诸公始至五通岭，为仙霞最高处，见大铖马抛路口，身踞石坐，喘息始定。呼之骑不应，马上以鞭掣其辫，亦不动，视之死矣。……"

这位活宝，才算是了结。

未几，清兵到了杭州，潞王常淓投降了清朝。这时候明代的后裔唐王聿键即位于福州，建元隆武，鲁王以海监国于绍兴。他们都是明代的华胄，叔侄的关系宜乎要和衷共济了。但我们来看唐王的内部，武臣是郑芝龙、郑鸿逵，芝龙的儿子郑成功那时还年幼；文臣是黄道周、苏观生、张肯堂，文武根本不能相容。《明史》卷二百五十五《黄道周传》云：

"道周学行高，王敬礼之特甚，赐宴。郑芝龙爵通侯，位道周上，众议抑芝龙，文武由是不和。一诸生上书诋道周迁，不可居相位，王知出芝龙意，下都学御史挞之。当是时，国势衰，政归郑氏，大帅恃恩观望，不肯一出关募兵。道周请自往江西，图恢复，以七月启行，所至远近响应，得义旅九千余人，由广信出衢州，十二月（顺治二年）进至婺源，遇大清兵战败，被执。"

鲁王所以能监国于绍兴，幸亏是鄞县的诸生董志宁、陆宇㒲、毛聚奎等，当时号为六狂生，与本地的绅士钱肃乐约好在鄞县起义，划江而守，鲁王才能立国（据全祖望《鲒埼亭集》卷七《钱公神道第二碑》）。鲁王监国绍兴之后，就以张国维为太傅督师，保守着钱塘江，熊汝霖、孙嘉绩、钱肃乐并为右佥都御史，分防江上。总兵方国安自金华来，总兵王之仁自定海来，文臣沈宸荃、冯元飏，武臣黄斌卿、张名振皆起义师，援助鲁王。当时浙江地面似乎很有起色，但经济则极为困难，就有分饷分地之议起。徐鼒《小腆纪年》卷十一云：

"……方（国安）、王（之仁）兵既盛，反恶当国者有所参决，因而分饷分地之议起。分饷者，正兵食正饷，田赋之所出也，方、王主之，义兵食义饷，劝捐无名之征也，熊（汝霖）、孙（嘉绩）诸军主之；分地者，某正兵支某邑正饷，某义兵支某邑义饷也。监国令廷臣集议，方、王司饷者，皆至殿陛哗争。……"

以唐、鲁两王的局势来看，唐在福州，鲁在绍兴，唯其有鲁王的监国，唐王才可以居守，他们两方应该互相借重的。但两方因为名分关系又起了冲突。在是年十月里隆武命给事中刘中藻颁诏浙东，鲁王不受。钱肃乐、朱大典谓宜权称皇太侄报命，大敌在前，未可先仇同姓，议大不合，后来卒从了张国维的主见。国维遂上疏闽中曰：

"国当大变，凡为高皇帝子孙，咸当协心并力，誓图中兴，成功之后，入关者王，监国退守藩服，礼制昭然。若以伦序，叔侄定分，在今日原未假易。且监国当人心涣散之日，鸠集为难，一一退就藩服，人无所依，闽中鞭长莫及，猝然有变，唇亡齿寒，悔将何及？臣老矣，岂若朝秦暮楚者，举足左右为功名计哉！"

隆武帝看了这个疏，非常不高兴，唐、鲁遂成了水火。后来隆武帝的使者至浙东，鲁总兵方国安纵兵夺其饷，留清源于军中，且出檄数唐王罪，张国维说："曲在我矣！"（据《明通鉴》）不久，鲁王的使臣陈谦到隆武那里去，又被隆武杀了。陈谦是郑芝龙的朋友，芝龙为他营救，隆武帝不听，因此芝龙与隆武帝意见不和，不久就投降了清朝。据董廷献《闽事纪略》云：

"时东南民望渐属鲁藩，划钱塘为界，烽火相望，说者谓胡越也而吴越矣。会中州侯若孩携家往赣，询及世事，摇手蹙额，谓'此时宜枕戈待旦，勠力一心，乃处累卵之危而修笔舌之怨，忘敷天之忿而操同室之戈，吾其济乎！'时浙、闽瓯脱，自分彼此，官两地者各不自安。朱大典以一旅处两大间，左右瞻顾。九江关外，声援既绝，钱塘兵力不支，时事难言之矣。"

所谓鹬蚌相持，渔人得利，唐、鲁这样的局势偏偏还要争意气，哪能有长久的道理？所以在隆武二年（一六四六），清兵就由福州把隆武帝赶到汀州，隆武被擒遇害。鲁王也保不住绍兴，退守到舟山一带，山堂水殿作了他的行朝，整天漂泊海岛，拿舟楫作生涯，与海鸥落日为伍了。

自唐、鲁二王失败以后，江、浙的地方遂非明廷所有。在隆武二年七月，两广总督丁魁楚、广西巡抚瞿式耜奉桂王由榔监国于肇庆，丁魁楚、吕大器、瞿式耜都入了阁，湖广总督何腾蛟、巡抚堵胤锡都奉表劝进，并以马吉翔、郭承昊等为锦衣卫使。不久即皇帝位于肇庆，改元永历。同时大学士苏观生奉隆武帝的兄弟聿溿监国于广州，国号绍武。但不久就被降将李成栋所害，观生自缢。那时广东的乡官张家玉、陈子壮等起兵于东莞，声气很为浩大，但不到几个月就被李成栋所败。

命运不幸的永历帝自即位于肇庆为清兵所迫，同时奔波于肇庆、梧州、全州各地，又为强臣所把持。那时瞿式耜留守桂林，他劝永历帝到桂林去，但同时强臣刘承胤以兵入卫，就占据了全州。那时马吉翔、郭承昊等与刘承胤通气，承胤就请永历封郭承昊为伯爵，御史毛登寿、刘湘客等都以为不可，承胤就劫永历帝到了武冈。在危急存亡之中，又起了内讧，瞿式耜在那里独守空城，桂林更是危急了。清兵得到这个消息，就连忙去打桂林，而且高、雷、廉三州已被清兵所据，幸亏守将焦琏极为勇敢，算是把清兵打败了。同时何腾蛟又克复了全州，江西的金声桓也叛了清廷归顺明朝，李成栋也把广东归顺了永历。永历帝所以能支持十几年，首先是由于瞿式耜和焦琏抗拒清兵桂林永昌门的大捷，连着有几次大胜仗和金声桓、李成栋归顺了明朝。尤其是大西农民军领袖李定国，大敌当前，主张联明抗清，收复了西南八省的失地，其功尤多。

于是瞿式耜就把永历帝接到桂林，成了一个偏安的局势。当时从难诸臣各自矜功，里边的党派分歧，党争的情势又形发生。倪在田《续明史纪事本末》卷十四《永历党祸》云：

"上下尸素而各自为党，严起恒、朱天麟、王化澄、堵胤锡、吴贞毓等从患难蔑降臣为一党，洪天擢、袁彭年、潘曾纬、毛毓祥、李绮于归附凌朝士为一党，吴燝、刘湘客、陆世廉、马光仪、丁时魁、蒙正发、金堡、李用楫、徐世仪、施召征皆自诸路赴行在为一党，陈世杰、杨邦瀚、王应华、李贞、高赍明、吴以连、唐元楫皆广东人官本州为一党。"

同时永历朝的武臣，自刘承胤去后，李成栋归附了明朝，他的养子李元胤也做了吏部尚书，还有陈邦傅也手握兵权，他们两个最有实力。刘湘客、金堡一辈与李元胤极为要好，朱天麟、吴贞毓又比附陈邦傅，因此朝臣就分成两大派。《续明史纪事本末》云：

"已为吴、楚两党，吴党以朱天麟、王化澄、吴贞毓、李用楫、张孝起、万翔、程源、郭之琦主之，皆内援马吉翔，外倚陈邦傅；楚党以金堡、刘湘客、丁时魁、蒙正发、袁彭年主之，皆外联瞿式耜，内恃李成栋。"

在这两党之中，要算金堡最有名节，他不顾忌一切，敢于发言。《小腆纪年》卷十六云："给事中金堡尝劾陈邦傅十可斩，马吉翔、庞天寿、严起恒、王化澄并与焉。吉翔气焰方张，至是颇惧，尽谢诸务，化澄、起恒并疏乞休，由是堡直声大震。诸轻剽喜事者，自元胤、彭年以下，少詹事刘湘客，给事中丁时魁、蒙正发咸与交欢。……"因此遂为敌党所忌，目为五虎。《小腆纪年》云：

"……当时有假山图五虎号。假山图者，绘假山一座，朝官数百人，有首戴者，肩负而手托者，仰望远听，指点而话言者，惊恐退避，两手掩耳而疾走者。又谓之假虎丘，以袁彭年为虎头，时魁为虎尾，正发为虎喉，湘客为虎皮，堡最可畏为虎牙。堡与时魁等相继攻起恒、吉翔、天寿无已。太后召天麟面谕曰：'武冈之危，赖吉翔左右之。'令拟旨严责堡等，天麟为两解之，卒未尝罪言者，而彭年辈怒不止。……王知群臣水火甚，令盟于太庙，然党益固不可解。……"

五虎的势力，虽然嚣张，但同时堵胤锡辈对于他们极不满意，所以到永历四年李成栋被清兵所害，李元胤镇守肇庆，陈邦傅入卫全州，五虎派就失去了势力。吴贞毓、郭之奇辈得了做，欲修旧怨，就上疏说："袁彭年等五人，把持朝政，罔上行私，朋党误国十大罪。"永历帝就把他五人治了罪，并且仿杨、左之狱追赃的故事，把他们都追赃遣戍，对于金堡用刑尤惨，几至折了股。《小腆纪年》卷十七云：

"都督张凤鸣受密旨，欲因是杀堡于古庙中。陈刑具，用厂卫故事，严鞫之。堡大呼二祖列宗，余皆叩头哀祈，招赃数十万。狱成，堡、时魁并谪戍，湘客、正发赎配追赃。"

本来金堡极有锋芒，不愧一个君子，所以瞿式耜上疏相救。同时严起恒是金堡的敌党，他也竭力来挽救他，这在党局最纷乱的时候，尚可以见到一点儿公平，起恒也不愧一个有识量的人了。

自此南明的形势更加隳败。在永历四年十二月桂林不守，瞿式耜殉了节，李元胤被清兵所擒，陈邦傅也投降了清朝。那时候四川的张献忠已死，他的部将孙可望、李定国、白文选、刘文秀等都骁勇善战，出没于云南、四川之间，苦于名义不正，不能号召群众，所以都投降了永历。于是李定国破沅、靖、武冈三州，旋下全州，入了桂林，直逼衡州，明廷的气象很为振作，恢复了西南八省之地，且率师东下，直到广东，与郑成功之军会师，虽然没有成功，然声势极为雄壮。李定国虽然帮助明廷，但是孙可望看见李定国势力强了，就与李定国成了仇隙。可望目中本来是没有永历的，他最初的开衅是勒迫着永历封他为秦王，大学士严起恒、杨畏知很反对封王的事情，可望就把他们杀了，把永历劫到安隆，可望自己称了王。起先待永历还好，后来越发不像样子。可望的银米报册上称："皇帝一员，皇后一口，月支若干。"即此一端，就可以知道永历当时的情形了。

那时从难的臣子仅留下了吴贞毓、张镌和马吉翔、庞天寿等两派，吴贞毓等是帮着永历帝的，马吉翔辈就勾通了孙可望，想着教永历帝禅位于可望。吴贞毓等看着永历帝太受虐待了，就命林青阳秘密通信到南宁，教李定国来安隆勤王。但事情办得不秘密，被马吉翔所发觉，可望就把吴贞毓、张镌、郑允元、林钟、赵赓禹等十八人都正法了，因此后人就叫作十八先生之狱。那时党中的分子只剩了马吉翔、庞天寿一派。永历十年李定国把孙可望打败了，奉永历帝到了云南，吉翔等又投降到定国的门下。不久清廷派吴三桂来征讨云南，吴三桂把李定国打败，永历帝跑到缅甸。开始缅甸对他还好，后来缅王的弟弟莽猛白弑兄自立，他对于永历的态度大变，在永历十五年七月里就出了咒水的事情。《小腆纪年》卷二十云：

"月之十六日，缅人来邀当事大臣渡河，辞不行。逾二日，缅使再至曰：'我王虑诸君立心不好，请饮咒水，令诸君得自便贸易，否则我国安能久奉刍粟邪？'沐天波欲辞焉，马吉翔、李国泰曰：'蛮俗敬鬼重誓，可往也。'乃行。日向午，缅人以兵围行帐，呼诸臣出，诸臣仓卒无寸兵可恃，又虑震惊宫闱，不得已相将并出，出则缚而骈杀之。"

永历帝的从臣只有邓凯，他因为有脚气，没有去，算是免了这场祸，他作了一部书名作《也是录》，记载咒水之事甚详。自马吉翔死后，明代的党祸就算完结，而永历帝也被缅甸所执，送到吴三桂那里去，不久被吴三桂所杀，死于昆明城内的逼死坡，后来改名为币制波。南明的名将李定国也在交趾病死，白文选投降清朝。只有郑成功仍奉永历的正朔，在永历十四年即清顺治十七年（一六六〇），郑成功和张煌言由福建沿海一带率兵直上，占据了镇江等地，安徽、池州、芜湖、英、霍山诸寨都响应了明朝。但是昙花一现，也归于失败了。

六、清初顺治康熙间之党争

到了明廷覆亡之后，那一班缙绅先生们都摇尾乞怜入仕了新朝，而清廷内部党争这件事就因此发生。但是在清朝未入关以前，他们满人里面也有党争的事情，像清太祖努尔哈赤死了之后，皇太极得立为皇帝，他们内幕里面也有党争之事。据日人内藤虎次郎著的《清朝初期之继嗣问题》，论清初继嗣甚详。他的大旨谓蒙古之风俗，成吉思汗死后，其遗产分配，嫡妻孛儿帖之少子拖雷得遗产最多，而为全版图之主。太祖生子共十有六人，其最主要的兹依其母系分配如下：

福晋佟甲氏——褚燕、代善

继福晋富察氏——莽古尔泰、德格类

孝慈高皇后叶赫纳喇氏——皇太极（太宗）

大福晋吴喇纳喇氏——阿济格（英亲王）、多尔衮（睿亲王）、多铎（豫亲王）

其中长子褚燕谋叛被杀。太祖在日，令大贝勒代善、二贝勒阿敏、三贝勒莽古尔泰、四贝勒皇太极每月轮流互管国政。阿敏是太祖之弟舒尔哈齐的儿子。但太祖很爱多尔衮，有立他为嗣的意思。《燃藜室记述》卷二十七引《日月录》云：

"或曰奴儿赤临死，谓贵永介曰：'九王子应立而年幼，汝可摄位，后传九王。'贵永介以为嫌逼，遂立洪太氏（皇太极）云。"

又《燃藜室记述》引《丙子录》云：

"丙寅五月，建州奴酋奴儿赤疽发背死，临死命立世子贵荣介（荣一作"永"，二王子）。贵荣介让位弘他时（一作"弘太始"）曰：'汝智勇胜于我，汝须代立。'弘他时略不辞让而立。"

太宗即位之后，不久阿敏因放弃永平四城被诛。太宗和代善、莽古尔泰共当国政，号三尊佛的制度。后来莽古尔泰因谋逆革贝勒尊号，代善听了他儿子萨哈廉的话，知几而退，太宗才大权独揽，成了一代帝业。后来太宗病逝，又起了继嗣问题，但太宗手下的将官都一致拥护太宗之子，所以多尔衮等就乘机拥护福临做了皇帝。后来多尔衮之得罪与这个问题很有关系。这个问题虽然不在我们研究范围以内，但可以看见清初继嗣纠纷的情形和清初党争的发生。

我们研究清初的党争，第一要明白清初党争是由明代传播而来的，第二我们要明白汉人的互相倾轧。我们要揭破这一班假道学的把戏和清初士大夫的植党是怎么一回事。晚近虽然发现了不少这样的史料，但是仍然不能完备，此不过研究清初党争的发轫罢了。

在清初的党争我们可分为顺治和康熙两个时期，在顺治时代是南人与北人之争，康熙时代是南人与南人之争。这种痕迹是很显然的。

1. 清顺治间之党争。在清朝顺治时代的党争，我为什么说他是南北人的互斗呢？因为清代定鼎的初年，汉人像范文程、金之俊、洪承畴都入了内阁。清廷用的是以汉人治汉人的方策，所以汉人很能得到权力，《清史稿·高宗本纪五》顺治的遗诏上说：

"满洲诸臣，或历世竭忠，或累年效力，宜加倚托，尽厥猷为。朕不能信任，有才莫展。且明季失国，多由偏用文臣。朕不以为戒，委任汉官，即部院印信，间亦令汉官掌管，致满臣无心任事，精力懈弛，是朕之罪一也。"

这可见汉人能得到一部分权势的情形。同时我们要明白，清代内阁的官制是依着明代而稍变更的。天聪年间清廷在关外的时候，内阁叫作内三院，为国史院、秘书院、弘文院，各置大学士一人。顺治二年以翰林院隶内三院，每院置汉大学士各二人。到康熙九年以后，改内三院为内阁，满、汉大臣都可以入阁做大学士。

所以汉族的大臣，他们一方面勾结满洲的大臣，一方面厚植自己的党羽，这样植党的情形很显明的就是冯铨和陈名夏。冯铨是涿州人，陈名夏是溧阳人。冯铨是魏忠贤的逆党，名夏是东林的后裔。冯铨所引用的人是北方魏党的余孽，名夏所引用的人多系东林的子孙。我们知道东林和魏党根本不能合作，并且有传统的思想，因此他们两人因东林和魏党的关系，引用的人就分成南北二派。而冯铨和陈名夏素相矛盾的话载在顺治的上谕，颇哄传一时。《清史稿·高宗本纪五》：

"顺治十三年三月癸卯，谕曰：'朝廷立贤无方，比来罢谴虽多南人，皆以事论斥，非有所左右也。诸臣毋歧方隅，毋立门户，毋挟忿肆诬，毋摭嫌苛讦，庶还荡平之治。'"

《清史列传》卷七十九《冯铨传》云：

"铨奏曰：'人有优于文而无能无守者，有短于文而有能有守者。南人优于文而行不符，北人短于文而行或善，今取文行兼优者用之可也。'上是其言，仍授弘文院大学士。"

这可以见南北两派分裂的情形，那一般南方的人皆由陈名夏所引用而来。《清史列传》卷七十九《冯铨传》云：

"十一年正月，与大学士陈名夏等合疏荐原任少詹事王崇简、巡按御史郝洛、给事中向玉轩、中书宋征璧、知县李人龙可擢任。前明翰林杨廷鉴、宋之绳、吴伟业、方拱乾，中书陈土本，知县黄国琦可补用。"

名夏本是社局中人物，早年曾入几社，他曾著有《五十大家之刻》，在南中是佼佼的人才，所以他所引荐的陈之遴、宋征璧、吴伟业皆是社局中的人物。伟业曾为《陈百史文集》作序，称引备至。因此那一般南方社局人物在顺治初年都得到了科名，飞黄腾达。到后来科场案、逆书狱发生，"江上之得免者，赖主盟者皆在朝列"。杜登春《社事始末》记之甚详。这都与陈名夏辈很有关系。名夏和冯铨能得到政权，同是谄媚多尔衮，但他们意见既然不和，就互相倾轧。及多尔衮事败，御史张煊就参名夏"结党行私，铨选不公"，列举有十大罪状，有依附邪党一款。那时吏部尚书谭泰独袒名夏，以张煊所劾诸款，皆赦前事，语多不实，煊坐诬论死。到顺治十一年大学士宁完我又参名夏结党营私等罪状，名夏获罪处绞，冯铨就营运入了内阁。那时南人很受他的打击，当时有"何人当国怜孤掌，有客还山畏老拳"的话，这可以见当时的情形了。

2. 清康熙间之党争。玄烨即位年才八岁，福临的遗诏就命索尼、苏克萨哈、遏必隆、鳌拜四大臣辅政。但康熙是很英明的人，到了康熙八年就治了四辅臣的罪。自此以后，满大臣入阁专权的人就分索额图、明珠两派，他们互相植党把持政权。那一班无耻的汉人，像余国柱、李光地、徐乾学、熊赐履、高士奇等全是出于明珠之门，李光地初事索额图，后来也趋附明珠。同时还有噶礼之党。《清史稿》列传五十六《明珠传》云：

"（明珠）与索额图互植党相倾轧。索额图生而贵盛，性倨肆，有不附己者显斥之，于朝士独亲李光地。明珠则务谦和，轻财好施，以招来新进，异己者以阴谋陷之，与徐乾学等相结。索额图善事皇太子，而明珠反之，朝士有侍皇太子者，皆阴斥去。荐汤斌傅皇太子，即以倾斌。"

那时满人之中除了索、明两党外，还有争立太子之事。原来玄烨共有三十五子，自太子胤礽被废之后，胤禛、胤禩等都想争立为太子，全都招纳宾客，厚植党羽。胤禩、胤禟、胤禔、胤禵、胤祉为一党，胤禛、胤祥为一党。胤禩的门客有阿灵阿、鄂伦岱、揆叙、王鸿绪等，胤祉的门客有陈梦雷、周昌言、杨文言等。胤祉长于历法，玄烨很称赞他，康熙朝敕修之《律历渊源》《图书集成》都出于胤祉门客之手。后来胤禛得立，把胤禩、胤禟改名为阿其那、塞思黑，将自己的兄弟改名为猪为狗不齿于人类，同时胤禵、胤祉也削了爵，依附诸臣也都治了罪（据《清史稿》列传七）。

我们再说这一班依附满人的士大夫，他们谄媚满洲的大臣，悦媚取容也就罢了，而他们又要自己互相倾轧暴露汉人的弱点。玄烨是一个比较英明的皇帝，他看问题很清楚，自以为智珠在握，通达世故，群臣钩心斗角之计都在其掌握之中。他反利用他们的倾轧来刺取汉人的情势。所以清圣祖说："蛮子哪有一个好人？"又说，"你们相倾相害，满洲谁害汝？"（据《榕村语录》续集卷十三、卷十四）亡国的士大夫竟厚颜无耻到这步田地，真可为之太息。因此我不惮烦地把李光地、徐乾学、熊赐履、高士奇等几个表表的人物、道学的名家，将他们互相倾轧的现象简单地分析一下。并且这些材料大半出于李光地的《榕村语录》续集，可以说他是自招的口供，拿他来作党争的结束。兹先述李光地和陈梦雷互讦的历史。

（1）李光地与陈梦雷互讦事件。光地字晋卿，安溪人，顺治九年进士。他和陈梦雷是很好的朋友。耿精忠在福建反正，李光地和陈梦雷蜡丸告密，光地身赴北都，梦雷仍留福建。他们二人好像同做一种投机的事业，无论哪方成功，他们都可以得到胜利。但蜡丸书寄到北京，光地仅写了自己的名字。事平之后，光地得到圣祖的宠信，反把梦雷埋没了。后来梦雷被逮，光地并没有切实地救他。这件事当时传说不一，自有李光地《榕村语录》续集、陈梦雷《松鹤山房集》发现后，两下比较，他们的事实才可以得其究竟。兹先述清代传记的传说。《清史稿》卷二百六十九《李光地传》云：

"陈梦雷者，侯官人。与光地同岁举进士，同官编修。方家居，精忠作乱，光地使曰地潜诣梦雷探消息，得虚实，约并具疏密陈破贼状。光地独上之，由是大受宠眷。及精忠败，梦雷以附逆逮京师，下狱论斩。光地乃疏陈两次密约状，梦雷得减死戍奉天。"

钱仪吉《碑传集》所收陈寿祺撰《陈梦雷传》云：

"李光地为同年生相善。及难，光地亦在假，因蜡丸密疏致通显。而梦雷方干严谳，无以自明，引光地为助，光地密疏救之。语载国史本传。梦雷不知故，怨怼愤懑，牢愁哽咽，往往诡激，于文词虽过其实，然志足悲也。"

在表面看起来似乎都是梦雷的不是，其实光地不但埋没了当时的事实，并且把历史上的是非也改变了。我们且看陈梦雷的叙述，《松鹤山房集》卷十三有《与李厚庵绝交书》《抵奉天与徐健庵书》，卷十九有《孺人李氏行述》，均说这件事情。《绝交书》说得尤为痛切，兹录于后：

"昔甲寅之变，不孝遁迹僧寺。逆党刃胁，老父追寻，不孝挺身往代。刀铍林立，蹀尸践血，不孝恬不为动。见贼不跪，语不为屈，以为苟得全亲，一身死不足恨耳。逆怒将置于刑，已复放归。不孝即削发披缁，杜门旬日，逆贼分曹授官，不以相及，自幸得免。贼臣教以遍加网罗，防杜不测，遂胁以伪官。然不孝就拘而往，不受事而归，辞其印札，不赴朝贺，瘠形托病，三年一日，此通国所共闻，有心所共叹，不假不孝一二谈也。年兄家居安溪，在六百里之外，万山之中，地接上游。举族北奔，非有关津之阻；徜徉泉石，未有征檄之来。顾乃翻然勃然，忘廉耻之防，徇贪冒之见，轻身杜策，其心殆不可问。而不孝以素所钦仰之心，犹曲为解谅，谓不过为怯耳。故年叔初来，不孝即毅然以大义相责，令速归劝阻。又恐年叔不能坚辞，不足动听，复遣使

辅行。而年兄已高巾褒袖，投见耿逆，遂抵不孝家矣。不孝方食
骇懑，投匕而起，然思只手回天，孤立无辅，举目异类，莫输肺
腑，冀年兄至性未灭，愚诚可感，庶几将伯之助。故严词切责，
怒发上指，声与泪俱。先慈恐不孝激烈难堪，遣人呼入。家严出
以婉词相讽，至自述老朽以布衣受封，已甘与儿辈阖门共毙，年
兄亦为改容。家严乃呼不孝出，与年兄共议，促膝三日，凡耿逆
之狂悖，逆帅之庸暗，与夫虚实之形，间谍之计，聚米画灰，靡
不备悉。不孝又谓以皇上聪明神武，天道助顺，诸逆行次第削
平，矧小丑区区，运之股掌者哉，年兄忧以为落落难合。及不孝
引杨道声与年兄抵足一夕，年兄既深服其才，且见其胜国衣冠之
遗，犹有不屑与贼共事之意，始信前言。不孝于是定计，不孝身
在虎穴，当结杨道声以溃其腹心，离耿继美以隳其羽翼，阴合死
士以待不时之应。年兄遁迹深山，间道通信，历陈贼势之空虚，
与不孝报称之实迹，庶几稍慰至尊南顾之忧。年兄犹虑既行之
后，逆贼有意外之诛求，欲受一广文以归，不孝谓不得一洁身事
外之人，军前不足以取信，若后有征召，当坚以病辞。万一贼疑
怒至发兵拘捕，吾宁扶病而出，以全家八口为保，年兄始慨任其
事。临行之日，不孝诀曰：'他日幸见天日，我之功成则白尔之
节，尔之节显则述我之功。倘时命相左，郁郁抱恨以终，后死者
当笔之于书，使天下后世知国家养士三十余年，海滨万里外，犹
有一二孤臣，死且不朽。'呜呼！当此之时，不孝扬眉怒目，陨
涕歔欷，天地为之含愁，鬼神为之动色，凡有血气，闻之当无不
扼腕酸心，捐躯赴义者。呜呼！息壤在彼而忍忘之乎？年兄既
行，耿、郑构兵，音耗莫通，不孝两次遣人出关，终不得达，意

年兄当已代陈天听，而年兄犹豫却顾。及至耿逆败衄，闻招抚之令，始遣纪纲抵省，谓不孝能劝谕归诚，乞与其名。噫嘻！不孝托病拒逆，何由进帷幄之言；年兄身在泉郡，何由预劝降之策，其为术岂不疏乎？然不孝所喜者，年兄已乃心王室，意在见功，事蔑不济，而彼时耿逆猜忌方深，城柝严密，片纸只字，不能相通。且纪纲颇称解事，可宣心腹，因备告以耿逆势未穷蹙，不肯归诚。今幸耿继美已被离间，出镇浦城，内生疑端，海贼虽已连和，彼此未忘瑕衅，不若各散流言，使二逆相图，以分兵势。一面遣人由山路迎请大兵，道由杉关，一鼓可下，临城不顺，则内应在我。反复叮咛，两日遣归。盖自张诰回后，不孝方幸年兄之克有成功，而不虞其万一相负也。亲王入境，年兄抵省相见，乃诡言谓尔时假道汀州，恐为耿氏捉获，则我可幸全，尔立赍粉矣。今幸同见天日，尔报国之事非一，吾当一一入告，尔俟吾奏闻之后，然后进都。又作诗相赠，不讳省中誓约之言，美不孝反周为唐之功，不孝亦遂安心以待，岂疑有护短贪功之意乎？丁巳之秋，与年兄束装赴阙，而年兄以闻讣归。不孝见年兄方寸已乱，不复与商，遂以戊午之春入都请罪。盖亦自信，三年心迹，舆论共嗟，不必待人而白，初不料道路阻隔之先，京师之讹言百出也。及到，始知以陈昉姓名之故，误指不孝曾为伪学士，殊为骇然，而铨部无据呈代题之例，吾乡抚军又易新任，于是遣人具呈归家，盖将以具疏可否请于抚军，然后诣阙席稿。在都僦邸闭户，公卿大臣未通一刺。一二师友通问，不孝一语不及年兄，今从前在都诸公历历可问耳。不孝家人归时，值年兄以通道迎请将军事闻。上重年兄从前请兵之劳，温纶载锡，晋秩学士。亲王亦信年兄昔日之节，亲属子弟皆借军功，给札委官。昆从显荣，僮仆焜耀，是不孝无功于国家，而所造于年兄者岂鲜浅哉？夫酌清泉者必惜其源，荫巨枝者必护其根，年兄当此清夜自省，宜如何报德也。乃功高不赏，但思抑不孝以掩其往事之愆。时家严以抚军在泉，遣使具呈请咨到京，而年兄竟留其呈词不令投致，巧延家人，三月不遣。又恐同人别为介绍，贻书巧说，阻其先容。不孝在都，半载不闻音耗，五千里远道，彷徨南归，呜呼！年兄竟用心至此耶？"

如今再看李光地的辩说，《榕村语录》续集卷十云：

"陈则震（梦雷字）同年中最相善，予请告于十月回，陈腊月归，予与相订云：'福州荔枝不足吃，明年五月可至吾泉吃荔枝。'陈允诺。及滇将乱，耿王日日练兵，声息甚恶。予遣人至省，写一札与之，言耿精忠甚可虑，省城逼近，恐不可保，君可托谐荔枝之约，至予邑同商保全之道。陈大言云：'此竖子焉敢有此！'盖轻耿也。不数日，遂变起，而陈已戴纱帽矣。陈后以书招予云：'耿大不能置君于度外，恐不测，奈何？君可来同商。'予密札云：'一至不能还，奈何？'陈云：'君骑一驴子，似行客，至予家，语毕即去，谁知君者？'予如其言，至其家，无他语。予次日辞欲去，陈曰：'君安得去！一入城门，门卒即有报某某进城矣。'予曰：'奈何？'陈曰：'且见耿王再商。'不多时，耿精忠即谕其大臣传予至衙前，问予何故反？予立答云：'以予为反，兵马何在，反迹何据？且予信反，何故在此？'其大臣回复，耿言既不反，当留用。予急甚，回至陈处，知其意颇不善。后有家书至，言父病危在旦夕，予即诣耿，见其少年传宣哀恳以父病告，求暂省视即还。传宣入言，耿言：'此自大事，命伊暂归速来。'予即出城，行兵间几危。后予复进计于陈曰：'君陷于贼非得已，但既如此，须求自脱。如今耿虽与海贼暂和，然耿之不能远出者，畏海上之乘其后也。如今本朝所恃者，海澄公（黄梧）耳，海澄公与海贼有父兄之仇，虽屈于兵力与海通，然一心归向本朝。今海兵五万攻之，此局坏，本朝无望全闽矣。君何不劝耿逆救海澄，与之协力败灭海贼，耿无后患，可以进前，即大胜海贼，贼势阻，亦无能为。海澄公必归心于耿，耿亦可由此恃海澄公而前进。君怂恿耿出征远处，乃可思自脱。'陈不听，且对予使张来言：'吴逆之强，本朝天下四分五裂，京师多变，无复可望。'张仆信其言，回即辞予他往。先是随余仆役者皆去尽，惟张仆随，至是亦去矣。后蜡丸进表自通，蒙有优旨。耿逆平，予至福州，陈反责予表上何不挂其名？予唯唯而已。予劝其携家至予处居住，予尚能供馈之。且言闽乱正未已，可伺便为君计，陈言本朝用兵如儿戏，焉能有机可乘？后亦随予至安溪，适值泉州山贼起，陈即归，以为安溪不可居也。后宁海将军及予平山贼，将军曰：'若陈翰林在此，于叙功内开列，可以除罪，而陈一时孟浪。'到京师，将军为予上疏言供馈接应大兵，又蒙优旨。陈踉跄归，求予。予言，且缓图之。后庚申予同先慈入京，陈言必欲随至京，予曰：'近姚总制重予言，有同年张雄者亦曾事伪，予托之于姚，姚即特疏叙其功，竟以部属用。君来，吾命舍弟送君至姚处，恳切专托，必得当。吾见上再乘机言之于内，君事必济。'陈回书不以为然。予后行至衢州，见李武定询予云：'君知贵乡已平乎？'予曰：'有报乎？'曰：'有，姚总督已于某日破海贼，走归台湾矣。陈若在此，大有机会也。'陈屡不听予言，坚欲上京，为东海（徐乾学）所构，遂与予为仇，言予不肯上章奏，所云面奏，皆诈耳。东海又复至予处，为陈言，予曰：'予非惮章奏，恐无济于事耳。'东海云：'君不必求其有济，但上章奏，为朋友之事毕矣。'予曰：'信若此乎？'东海曰：'然。'予云：'予作疏稿，恐有不尽心，君可为我代作一稿。'徐即成，予一字不移，写上。上对北门云：'李某何为饶舌。'不喜者久之。"

由这网段自叙的供状，梦雷倒可以看见他的肝胆，光地是处处说假话，处处可以看见光地的饰词。姚启圣既然信光地的话，光地为什么不保举陈梦雷？陈、李的是非不问可以自明。这件事当时闹得很大，就是康熙帝也知道了。后来梦雷遣戍到奉天去，有一次康熙帝到关外召梦雷谈话，《榕村语录》卷十记得很详细，兹抄录于下：

"……后来陈则震自关东回，曰杨道声劝他不要闹，他说我在铁岭，皇上放进帐房，屏左右曰：'汝屡次告李某，你今日在我前，有什么话，一总奏来。'我因说他欺君卖友事，上曰：'还有什么话？'我又说他如何害我，如此两三番，上作色曰：'你是个罪人，如何见得我？你今日有话不说，自此后终无见我之日矣。'我因说：'皇上要奴才说什么话？'上曰：'就是李某的话。'我说：'李某负奴才千般万般，要说他负皇上却没有，奴才怎敢妄说？'上色即和，仰屋以舌抵齿，作啧啧声，已曰：'汝出去罢！'"

这是康熙帝有意挑拨，还是梦雷老实，不然梦雷与他说上几句坏话，李光地也要担一部分的罪名了。但光地始终没有挽救梦雷，由光地自己的话可以证明。他说：

"皇上在永定河舟中，又提起这话云：'他要你一救，救他个完全才快活。'予略奏云：'他说臣别的都可不辩，惟有两端：说臣要做耿精忠教官，为何不做他的大官，就当一名兵，也是从逆，何苦既从逆，又要做个教官？他又说臣上蜡丸书是他定的稿，实无此事。果然如此，臣亦负心，实无此事，臣即为朋友，也不敢捏造无影的事欺君父。'上往关东谒陵，又厉其辞色以问之，屡问而则震不过还是将那绝交书上的话回奏。"

光地上蜡丸书的事情本来与梦雷合作，后来光地得意了，不但不救他，反下井投石，把他排挤出去。由以上这段话可以见光地根本没有救梦雷的证据。因此梦雷就依附了徐乾学，《松鹤山房集》中有不少与徐乾学的信。在光地回籍的时候，乾学就因光地荐德格勒掌院库私抹《起居注》事来参劾光地。幸光地在太皇太后的丧事时赶快奔丧到京，才没有把官参掉。《榕村语录》里面说得很详细，可以参阅原书，兹不复举。光地和乾学都恭维明珠，《榕村语录》里面称明珠为明公的地方很多，后来却彼此倾轧成了极大的仇隙。

光地当日很得康熙帝的信用，所以一般的大臣都依附他，江南的士大夫出于他门下的很多，遂成了一部分的势力。汪景祺《西征随笔》"宿迁徐用锡"条云：

"徐用锡选馆后，扫安溪相国之门，社鼠城狐，无所不至。乙未分校礼闱，恃安溪之势一手握定，四总裁咸怡声屏息，听其所为。榜发，士论大哗，安溪亦不能安其位。台臣董之燧劾其苞亘关节，安溪力救之。董之白简虽非至公，然所言不可以人废也。"

光地的声名狼藉，品节恶劣。全祖望《鲒埼亭集外编》卷四十四《答诸生问榕村学术帖子》称："其初年则卖友，中年则夺情，暮年则居然以外妇之子来归。"又谓："吾乡陈大理心斋，尝令漳浦，以为所苦，莫如相门子弟，应接不暇。"谢山所说虽不免言过其实，然也可见光地品行之不端了。

至陈梦雷纂修《图书集成》一事，是梦雷由辽东释归在诚亲土胤祉门下所纂的。梁章钜《归田琐记》卷四云：

"吾乡相传国朝《图书集成》一书，成于陈省斋之手，实未核也。恭读康熙六十一年十一月谕内阁九卿等：'陈梦雷原系叛附耿精忠之人，皇考宽仁免戮，发往关东。后东巡时，以其平日稍知学问，带回京师，交诚亲王处行走。累年以来，招摇无忌，不法甚多，京师断不可留，着将陈梦雷父子发遣边外。或有陈梦雷之门生，平日在外生事者，亦即指名陈奏。杨文有乃耿逆伪相，一时漏网，公然潜匿京师著书立说，今虽已服冥刑，如有子弟在京者，亦即奏明驱遣，尔等毋得徇私隐蔽。陈梦雷处所存《古今图书集成》一书，皆皇考指示训诲，钦定条例，费数十年圣心，故能贯穿古今，汇合经史，天文地理，皆有图记，下至山川草木，百工制造，海西秘法，靡不备具，洵为典籍之大观。此书工犹未竣事，原稿内有讹错未当者，即加润色增删，仰副皇考稽古博览至意。'据此，则《图书集成》之全帙非省斋所能专其功，而省斋之负才跅弛，读此亦可见其概矣。"

这是胤禛的上谕，时胤禛即位，陷害诸弟，陈梦雷、杨文有以党附胤祉，故又重遭谴责。但《图书集成》实非出于梦雷一人之手。顾惇量《金东山（门诏）文集序》云："圣祖朝，命大臣开馆辑《古今图书集成》，招试辇下诸生，见先生首列，独纂经籍。书成凡五百卷，藏之册府，登之琬琰，以垂万世。"恐怕纂修者尚不止陈梦雷、金门诏等人。

胤禛谕中所说的杨文有，就是陈梦雷、李光地书中所记的杨道声。道声是梦雷最要好的朋友，《松鹤山房集》里面他的评语很多。道声长于历算，也客于胤祉的门下。《清史稿》列传卷七云：

"圣祖邃律历之学，命胤祉率庶吉士何国宗等辑律吕、算法诸书，谕曰：'古历规模甚好，但其数目岁久不合。今修历书，规模宜存古，数目宜准今。'五十三年十一月书成奏上，命以律吕、历法、算法三者合为一书，名曰《律历渊源》。"

据说《律历渊源》一书实出道声之手。《大亭山馆丛书·南兰纪事诗》小传云：

"杨道声名文言（文有系文言之误），武进人，父瓃字雪臣。子四人，承志偕隐，尽传其学，而道声为最著。道声幼有神悟，于学无所不窥，尤通历算。长洲何焯用西法推《尚书》'辰勿集房'不合，道声以《大衍》《授时》二历推之皆合，一时称为绝诣。少游闽中，值耿藩乱起被羁，事平得出。圣祖夙知之，尝问于李光地，对曰：'杜门高蹈，李颙之流。'晚依徐尚书乾学最久，终隐于家。著有《图卦阐义》《易俟》《书象图说》《书象本要》《握奇发微》若干卷，《南兰纪事诗》十五卷。"

这篇把他从耿藩和客胤祉事迹全都删去，但可以看见他编

《律历渊源》的痕迹。我将拟作《李光地陈梦雷事迹辨》，此不过叙述其大概罢了。

（2）熊赐履嚼签子的事件。赐履字敬修，湖北孝感人，顺治十五年进士，是一位道学家，他曾说："圣贤之道，不外乎庸，庸乃所以为神也。"他著有《闲道录》，是一部有功世道之书，但这位圣人的门徒却做出嚼签子不平庸的故事来。嚼签子这件事《清史稿》列传卷四十九云："赐履改草签欲诿咎同官杜立德，又取原草签嚼而毁之。立德以语索额图，事上闻。吏部议赐履票拟错误，欲诿咎同官杜立德，改写草签复私取嚼毁，失大臣体，坐夺官归。"由此段看来，《榕村语录》说他嚼签子的故事当不至于诬了。《语录》续集卷十四云：

"予初入翰林时，孝感望甚重。就是嚼签子事，天下都不信，还说是索公害他，没有这事，使孝感不落东海套，竟不出，其声名到后代了不得，却被此再用丑了。予问嚼签子事，曰：'那时三藩乱，中堂阁学时常错批，议罚俸。'上都免曰：'他们心乱了，本无大事。'当时冯益都、李高阳、杜宝坻与孝感同在内阁。孝感偶然拟批错了一件，被皇上检出来问，孝感颇心动。次日五鼓，便先到阁，叫中书挈本来，又命中书退。看是自己错的，见宝坻（杜立德）平素糊涂些，因将自己签子嚼了，裁去宝坻别本一条批签，易书此错批于上，将宝坻不错本入自己数内，而自书其批。宝坻来，孝感迎谓之曰：'老先生昨又错批了本了。'宝坻这日却又精明，即取本看，自己摇头作色曰：'学生不曾见这个本。'孝感曰：'老先生忘记了，非公而谁？'宝坻又审视曰：'昨日不曾见此，是何缘故？'厉声呼中书林麟焻至前骂曰：'吾不曾见此本，都是汝等作弊，予将启奏，先夹起你来审。'林大惧，跪白曰：'与中书不干，中书为何作弊？'杜问曰：'为何这一条签独短些？'林曰：'不知。'又问曰：'这一条是你的字么？'曰：'不是。'曰：'别签是你字么？'曰：'是。'曰：'这必定有弊了。'索在旁知觉曰：'这容易，查昨日几本，几原签，即可知是谁错。'查少一原签字，问熊，熊岔然曰：'这样难道是我作弊不成！'喧争太甚。一学士觉罗麻沙出曰：'熊阿里哈达何苦如此？某今夜在亲戚家丧事守夜，过来得更早，在南炕上倒着，看见阿里哈达检本，口内嚼了一签字，如何赖得？'熊语塞。索遂必欲启奏，众劝不止。索遂拉宝坻竟启奏，下吏部。那时北门为冢宰（明珠）问口供，中堂都到，熊不出一语，曰：'公等如何落供即如何，某无可说。'索曰：'这本无大事，就是审贼犯，也毕竟要他自己亲供，方可定罪。老先生不言，如何定案？'熊仍不语，索又曰：'老先生不要怕，就是如今吴三桂、耿精忠自己说出真情来降，皇上也只得歇了，赦了他，何苦不言。'窘辱备至，因说：'罢了，就是如此罢了！'遂落职回……"

这件事在寻常人做来倒还没有什么，不过圣人的门徒做出嚼签子的故事的确有点儿不大名誉。清代理学家人格的破产叫后人很起了怀疑，未始不因于此。所以江藩的《宋学渊源记》记述清代的理学家，对于名公巨卿皆摈而不书，未始不因为这些缘故吧！到了后来的理学家反倒为虎作伥，成了皇帝的护身符，程、朱的本旨岂是如此？理学的末路糟到这样，我真要为理学叫屈了。

（3）徐乾学起复熊赐履及倾害汤斌事。乾学字健庵，昆山人。顺治间进士，是顾宁人的外甥。他们兄弟三人均致通显，尤以乾学恭维了明珠，招权纳贿，纵使豪奴，欺诈良民。告发乾学劣状的奏疏不下数十百件，现在故宫博物院已把这项奏疏渐次发表在《文献旬刊》上。他结党的状况在此处已不必详细地介绍，但他有两件事载在《榕村语录》上，是很可注意的。一件是起复熊赐履，一件是倾害汤斌，兹抄之于下：

"及予为学士时，东海方开坊。一日皇上出门，东海来邀予曰：'明公平素来往否？'予曰：'相认。'东海曰：'予今日欲同年兄一往谒，还有话说。'予曰：'予来时已往见过，今日又无事，不欲去。'又曰：'年兄为人，不肖所深知者，假如有一毫不正之事，不正之言，如何敢拉年兄同行？明公亦是可与为善之人，还有心胸，毕竟求同一往。'予被缠不已，遂同行。中途问渠何语，因告予曰：'熊老师不出，天下何以治？其去之之事，全是椒房（索额图）害之，绝无影响。今日吾辈通是老师门生，非为私情，乃是公议，求明公一言起之。所关不小，年兄其助我乎？'予默然。至明处相见，东海因言：'自古进贤为国，大臣之上功，果能进得一大贤，即千古之美名归之。'因言熊如何人品，如何学问，天下苍生非此莫救。皇上已有要用的意思，求之之言，刺刺不休，明曰：'熊老师亦是小儿老师，学生岂不欲其复用？但向日嚼签子事，是学生承问，也太做得丑些，上要用的话不确。'徐曰：'甚确。'明曰：'学生也曾提起，上曰："莫提起，提到这里，连我还羞不过。"徐老师，汝是好人，报师恩自是厚道，他待你未必好。'徐曰：'待门生很好。'曰：'不确，他在上前说坏你了。'徐曰：'那有此，熊老师每常说门生学问第一。'曰：'何尝不说你学问好，但别处不好奈何！'至此，徐亦色变而别。出门，东海见责曰：'年兄总一言不发，何也？'予曰：'予生平不求人，亦不代人求。若是皇上问，自当以实对，觉得向此老说何为？'徐曰：'老师比别老师不同，此非私，乃公也。方才此老所说，上不欲用熊，又说熊在上前说坏小弟，皆没影。而年兄始终不发一言，殊为负老师矣。'不怡而别。"

这一节可以见李光地的阴谋谲诈高出徐乾学以上。高士奇也是以阴谋柔媚取悦于康熙帝的人物，所以他们在康熙朝都可以得宠的地方在此。

再论徐乾学倾害汤斌的故事。《榕村语录》续集卷十五云：

"汤（斌）之入也，上意甚重之，北门（明珠）、大冶（余国治）知徐东海与之为难。上意方向东海之学问，因内召汤以挡徐。汤为大冶同年，又外不甚露锋棱如魏环溪，故二君欲借一用。徐恐出己上，遂必挤之下石，即发动海关事。值廷议，东海先语汤云：'今日之事，苏州数百万生灵悬于老公祖，主此议者非老公祖而谁？'汤云：'某已进来，何力之有。'徐曰：'虽然，老公祖皇上倚重，又新在地方上来，知此事之切者莫如老公祖，合郡生灵敬以相属。'及廷议，徐却不言。梁真定（清标）天真烂漫，即发此论，'汤老先生宜主此议。'汤遂云：'与民争利的事，岂有与地方有益的，但只得其人还好，若不得其人，四处巡拦，害民无穷。'回奏，大家含糊，也不入此一段言语，不过是闲论语。东海入南书房，即增饰此段话，入在皇上耳，谓汤言此事民甚劳苦。上召明公云：'汤某是道学，如何亦两口。彼进京时，予问以海关事，彼云无害，今日九卿议，如何又说害民，你问他。'汤被传问，在途，大冶附耳云'有人害年兄，到阁可只伸说，得其人便无害'语。汤如其言以对，明公即云：'我晓得了，是了，公请回。'时予正为内阁学士也。明又将此语修饰回奏，上以为是，大怒东海，着人切责云：'都是汝苏州乡绅欲做买卖，恐添一关于己不便，上牟公家之利，下渔小民之利，死不肯设此。而又赖汤斌说害民，汤斌何尝有此语？他说得其人便无害，元是，天下何事不是不得其人便有害。'徐健庵绝不慌，言：'汤如何赖得，九卿实共闻之，不然，可问梁清标。若此语是臣造的，难道他在苏州出告示安慰百姓，上有钤的印，也是臣造的不成？'上问云：'告示何在？'健庵云：'臣家就有。'上云：'你明日带告示来。'明日果将此送进，上大怒云：'元来假道学是如此，古人善则归君，过则归己，如今的道学，便是过则归君，善则归己。'彼时满洲詹事府是尹泰，上即命尹泰传旨责问：'你是大臣，你说海关不好，部议不准，我依部议是常事，果然不好，何妨再三争，我未必就把你问罪。古大臣不避斧钺，为民请命，何遽不言，卸过于我，而云"汝爱民有心，救民无术"，将谓我无心爱民耶？'汤彼时还可解说，汤讷于言，只磕头谢罪而已。此事由南书房转奏，北门、大冶皆不知。徐又向汤云：'此告示是大冶挈进，北门、宛平不相容。'而他为之愤懑不平，涕泪交流，一日一遍去安慰潜庵，汤至死不知其由东海也。如今人将此狱归之北门、大冶，又移之翁宝林、王俨斋，全无干。翁、王不过见皇上怒，廷叱之，参劾之，以助上威怒而已，非起祸之由也。汤既死，健庵又激郭华野（琇）为汤报仇，华野乃汤荐举门生也。"

我很疑这件故事与《红楼梦》上王熙凤之害死尤二姐很有关系。《红楼梦》这部书虽不必全有影射，但孤鸿断影曹雪芹必有所见闻，在无意之中就把当日的事实描写出来了。

（4）高士奇倾害索额图事。士奇字淡人，号江村，出身本来微贱。他流落北京，在报国寺廊下卖字糊口，祖泽深看见他写得一笔好字，就荐到索额图某奴的门下作客。后来由某奴荐与索额图，因索额图才得幸于康熙帝。后来祖泽深又拉拢士奇与徐乾学结合，士奇得了宠之后，反倒把索额图倾害了。祖泽深后为荆南监司，与巡抚都御史张汧通同作弊被参。康熙命于成龙查验，成龙在康熙时是比较清廉有气节的人，徐乾学和高士奇因这件很受张汧的累，至此乃稍微敛迹。汪景祺《西征随笔》"高文恪遗事"条云：

"高文恪之与索额图，固有德而无怨者也。索额图死于宗人府，籍没资财，全家受祸，皆高为之。索以椒房之亲，且又世贵，待士大夫尚不以礼，况高是其家奴狎友。其召之幕下也，颐指气使，以奴视之，高方苦饥寒，得遇权相，拜跪惟谨，殊以为荣。后高受知先帝，洊历显官，而见索犹长跪启事，不令其坐。且家人尚称为高相公，索则直斥其名，有不如意处则跪之于庭而丑诋之。高遂顿忘旧恩，而思剚刃于其腹中。癸酉年高随驾北上，时高已叛索而比明珠矣。往谒索于其家，索祖裸南向坐，高叩头问起居，索切齿大骂，辱及父母妻子，高免冠稽颡不敢起，若崩厥角，泥满额。总兵曹曰玮在京候补，先帝命索饮食之。高见索时，曹侍立帘外，思曰：'高知我见其情状，必迁怒于我矣。'遽引疾归。索有门客曰江黄者，绍兴人，索之委任十倍于高。高虽揽重权，江视之蔑如也。其时仪同开府于高称门生者，指不胜屈，而江仅以弟畜之。高不胜愤，遂欲杀江以除索，而江竟不免。江死之日，高已告归，方渡江，忽曰：'江老且至矣。'口中喃喃若与人晤对而谢过者。即目不见一物，抵平湖不数日死。或曰：'大学士明既与定计杀江以除索，然于高仇颇深，因钱而毒之。如俗之所谓慢药者。'高始也因索以得官，旋合明珠倾索，又合徐以倾明，又合明、王（原注：鸿绪）以倾徐。市井小人，出自粪土，致身轩冕，乌知所谓礼义廉耻者哉？又有所谓徐安士者，松江人，自比于张留侯、李邺侯，葛衣芒屦，满口皆丧身灭族之言，果得奇祸。江多髯伟貌，以奇男子自居，所谓小有才，适足以杀其躯者。徐委琐龌龊，不类人形，而惟利是图，又江所羞与同传者。徐居碧山堂，士大夫相见必称碧山先生，常开筵召客，以得与者为荣。梁园小山未尝不征歌命酒于碧山堂上也。江、徐横时，朝贵争候其门，有因之以取卿相者。如索、如明、如徐、如王、如高、如江、如徐，猿鹤沙虫，君子与小人俱化，此时之墓木俱拱，数十年恩怨荣枯，不过留为后人话柄而已。"

赵翼《檐曝杂记》卷二谓："江村初入都，自肩襆被，进彰义门，后为明相国家司阍者课子。一日相国急欲作书数函，仓卒无人，司阍者以江村对。即呼入，援笔立就，相国遂属掌书记。后入翰林，直南书房，皆明公力也。"这与汪景祺所叙稍有不同处，但我看以汪说为是。以上所述诸条不过举一个大概。然就此数端，我们可以知道满洲大臣里面有索额图之党、明珠之党，汉族大臣里面有李光地之党，有徐乾学、高士奇之党，有熊赐履之党。词臣里面，像潘耒、朱彝尊、尤侗、严苏友等人，因人微言轻，就处处受人排挤。当时高士奇在南书房时，地位不过与朱竹垞不相上下，士奇便深衔竹垞，要赶他出去。《榕村语录》续集卷十五云：

"一日（高）语予曰：'如此等辈，岂独不可近君，连翰林如何做得？'予曰：'如此等人，做不得翰林，还有何人可做？次耕略轻些，至朱锡鬯还是老成人。'高往年还在监中考，为吾所取，称老师，是日便无复师生礼，怂然作色曰：'什么老成人？'将手炉竟掷地大声曰："似此等还说他是老成人，我断不饶他。……'"

不久朱锡鬯便为徐乾学劾他"毫无所知，动不得笔，而人又轻躁"，遂被斥去。潘次耕也被徐乾学所参。这些掌故全载在李光地的《榕村语录续编》"本朝时事"卷内，这本书一直没有刻本，所以他们的公案也没人发觉。到清光绪季年缪荃孙把他这本书节抄在《云自在龛笔记》里面，掠为己有。现在江安傅氏才为他刊刻，他们的公案可以明白于天下了。我们再述康熙时索额图、明珠两党，索额图既为高士奇所倾害，明珠也被佥都御史郭琇所劾，罢任候用。未几郭琇又劾高士奇与王鸿绪表里为奸，植党招摇，俱着休致回籍。在顺治、康熙间的御史要算是张煊和郭琇。张煊他参陈名夏，可是不幸他自己坐诬论死。郭琇他参明珠背公营私，上谕吏部有云："今在廷诸臣，自大学士以下，惟知互相结引，徇私倾陷，凡遇会议，一二倡率于前，众议附和于后，一意诡随，廷议如此，国是何凭！"（《清史稿》列传五十六明珠本传）不久，明珠就改为内大臣，不复柄用。而这一班江南名士党局余裔也都老死首丘，明季结党的风气经康熙、雍正两朝的屡次严禁可说是告一段落。下面我们要研究的就是社。后来我写有《清初利用汉族地主集团所施行的统治政策》一文，载在拙著《明末清初的学风》论文集，可以参考。

七、复社始末上

结社这件事本来是明代士大夫以文会友很清雅的故事。他们一方面学习时艺来揣摩风气，一方面来择选很知己的朋友。所以侯方域《壮悔堂集》卷三《癸未去金陵日与阮光录书》说："及仆稍长知读书，求友金陵。"杜登春《社事始末》记："杨维斗先生设帐于沧浪亭内，为其子焞择友会文。"求友的故事见于记载很多。所以明季几社的成立，他们只师生通家子弟在一块儿结合，外人是不能参加的。后来才门户开放，"社集之日，动辄千人"。不意一件读书人的雅集却变成了一种社会上政治的运动。

那时候对于社事的集合有"社盟""社局""坊社"等名称。"坊"字的意义不容说就是书铺，可见结社与书铺很有关系。说起书坊来倒是很有趣的故事。原来他们要揣摩风气，必须熟读八股文章，因此那应时的制艺必须刻版，这种士子的八股文章却与书坊店里做了一批好买卖，而一般操选政的作家就成了书坊店里的台柱子，因此一般穷书生也可以拿来作生活维持费。王应奎《柳南续笔》卷二说："本朝时文选家惟天盖楼（吕留良）本子风行海内，远而且久。尝以发卖坊间，其价一兑至四千两，可云不胫而走矣。"但是他们并不读什么书，作什么实学，每天不过高头讲章，批批八股，黄宗羲骂他们为"时文批尾之世界"是毫不为过的。

所以我们可以知道，在明代万历末年江西的艾南英、陈际泰等人的八股选本风行一时，苏、杭的书坊店里可以由上江把他们请到苏、杭去选文章，可见评选文章之风极一时之盛。那时候书坊店里应时的出版品约有三种，第一是制艺，第二是时务书籍，第三是小说。制艺这一类之书，有社稿房书课艺、文选会议等名称，在万历、天启间操选政的名家就是艾南英、陈际泰等一流人物；时务书籍代表的人物是许重熙、冯梦龙等一流人物；小说的作家就是兰陵笑笑生即空观主人、冯梦龙等一流人物。他们遗留下的作品除去制艺我们另当别论外，在以下的两类，我们可以知道的时务书籍一类就是许重熙的《嘉靖以来五朝注略》，金日升的《颂天胪笔》，佚名撰的《玉镜新谭》《圣朝清政》，冯梦龙的《甲申纪事》《中兴伟略》；小说书一类就如冯梦龙的"三言"（《警世通言》《喻世明言》《醒世恒言》），凌蒙初写的"二拍"（《拍案惊奇》《续拍案惊奇》）。虽然代远年湮，这一班当时的闻人埋没了不少，但是由现在遗留下的书里面我们还可以看见他们的痕迹。

譬如说吧，在崇祯的初年刚除了逆党，于是那一班书坊店里老板就赶快来做骂魏忠贤的书，就有《玉镜新谭》《皇明忠烈传》《颂天胪笔》这一类应时的作品出版。在天启年间辽事日急了，人人都要明白东北的情形，所以就有程开祜的《筹辽硕画》，陆云龙撰《辽海丹忠录》等书出版。我们可以拿《玉镜新谭》作一个例子，它的封面上有一段告白很有趣，可以抄下来，看一看：

"逆当势灼滔天。忤之者立遭惨死褫夺。媚之者忽致富贵。今蒙优恤。冀劲节刚。赐享千秋之美誉。附之者虽叨富贵宠荣。适戮尸籍产。犹晨露夕晖。遗万祀之秽名。其得失如何。同涂共辙。诚然话柄。和璧殷誉。辑以世箴云尔。

大来堂"

我们由这个例子，就可以知道书坊店里做投机事业的情形了。

在这个乌烟瘴气当中，艾老先生正在那里操选政，最得意的时候忽然来了张溥、张采和周钟等人，他们另打旗鼓来夺他们的旗帜，使艾老先生的维舟再不敢东下。同时张溥等聚集了成千成万的人成了一个社会的运动，并且参与政治，把当朝的宰相薛国观赶掉了。一般的人都目复社作"小东林"，这是怎样叫人惊讶的事情。所以我们在未说复社以前，不可不先述两张的历史。陆世仪《复社纪略》卷一云：

"张溥字天如，号西铭，太仓人。父太学生翊之，翊之兄辅之，以进士由兵垣历官大司空。翊之子十人，溥以婢出，不为宗党所重，辅之家人遇之尤无礼。尝造事，倾陷于翊之，溥洒血书壁曰：'不报仇奴，非人子也。'奴闻而笑曰：'塌蒲屦儿（指庶出的意思）何能为？'溥饮泣，乃刻苦读书，无分昼夜，尝雪夜已就寝，复兴，露顶坐向晓，因病疡。时三吴文社，人人自炫，溥一不之省，独与张采订交。"

"采字受先，号南郭，以善戴氏学，有声黉序。溥延为馆宾，读书七录斋。时娄文卑靡，两人有志振起之。溥矫枉过正，取法樊宗师、刘知几，岁试乃颛。闻周介生倡教金沙，负笈造谒之，三人一见，相得甚欢，辩难五昼夜，订盟乃别。溥归尽弃所学，更尚经史，试乃冠军。溥矜重名，采尚节概，言论丰采，目光射人，相砥濯自砺。时魏当败，鹿城顾秉谦致仕家居，方秉铎于娄中。溥与采率诸士驱之，檄文脍炙人口。郡中五十余人，敛赀为志镌石，由是天下咸重天如、受先两人矣。"

天如的文集名《七录斋集》，明崇祯间刻有六卷本和七卷本。因为他幼年读书，每篇须抄录七遍，这可以见他勤苦的情形了。两张的交情本来很深，张采《知畏堂集》卷九《祭张天如文》云：

"忆弟友兄，始庚申岁。既癸亥，延我七录斋，逮丁卯，凡五年中，兄每辰出，夜分或遇子刻入，两人形影相依，声息相接，乐善规过，互推畏友。时设疑难，必尔我畅怀归于大理。金母从窗户窥听，每称二子不但勤学，乃从未见惰容嬉色。嗟夫！两人而同乳，亦可不愧友于也。……"

天如有刻苦自励的精神，并且有兼容并包的态度。《知畏堂集》卷二《西铭近集序》：

"张子日高起，夜分后息。起即坐书舍，拥卷丹黄，呼侍史缮录，口占手注，旁侍史六七辈，不暇给。又急友声，书生故人子，挟册问询，无用剥啄，辄通坐恒满。四方尺牍且咄咄酬应，而张子俯仰浩落，未尝逾时废翰墨。今阅兹集者，第见仪观都美，慎静尔雅，复按节度字，周情孔思，欣此良工敦琢，抑知皆得诸广坐对客，谈谐繁溷之下者乎。……"

天如是一个干练的人才，很有做领袖之修养，所以能把几个读书人办的应社变成了社会上群众的运动。

两张的历史既然明白了，如今我们再述应社和复社结合的变迁。应社的成立时间是很早的，在万历末年苏州的拂水山房社就是应社的起源。计东《上吴祭酒书》云："应社之本于拂水山房、浙中读书社之本于小筑，各二十余年矣。"李延是《南吴旧话录》卷二十三云：

"范文若字更生，万历丙午（三十四年，一六〇六）举于乡。美姿容，以风流自命。与常熟许士柔、孙朝肃，华亭冯明玠，昆山王焕如五人为拂水山房社。而尸跂文坛，必推更生为最。一日东南风大起，拂水岩如万斛珍珠，从空抛撒，更生把酒揖之曰：'始觉吾辈诗文负于此。'"

近人朱倓撰《明季南应社考》说："拂水山房倡于瞿纯仁，其同社皆常熟人，继之者许士柔、孙朝肃亦常熟人。承其遗风，乃与上海范文若、华亭冯明玠、昆山王焕如，仍用旧址，相结为社。此二十余年中，拂水文社之见于记载者仅此九人。应社始于天启甲子（四年，一六二四），亦倡于常熟。"朱彝尊《静志居诗话》卷二十一云：

"杨彝字子常，常熟儒学生。附录：'张受先（采）云：甲子冬，与天如同过唐市，问子常庐，麟士（顾梦麟）馆焉。遂定应社约，叙年子常居长。'"

天如少年时代文学的艺术本不见高明，他取法樊宗师、刘知几那一类古典的文学，所以岁试乃大蹶，而他所交的朋友也不过邑中的大户沈氏、吴氏罢了（《复社纪事》）。后来看见金沙周介生（钟）的文章妙绝一时，他所以愿意弃其所学，来学周介生的

方法，岁试竟考取了第一名。于是天如与周介生合作，请匡社诸
名士也加入了应社。《复社纪略》卷一云：

"先是，贵池吴次尾应箕与吴门徐君和鸣时合七郡十三子之
文为匡社，行世已久。至是，共推金沙（周钟）主盟。介生乃益
扩而广之，上江之徽、宁、池、太，及淮阳、庐、凤，与越之
宁、绍、金、衢诸名士，咸以文邮致焉，因名其社为应社。与莱
阳宋氏、侯城方氏、楚黄梅氏遥相应和，于是应社之名闻于
天下。"

在明代，安徽一带名作上江，江苏一带名作下江。那时安徽
的南社也加入应社。洪亮吉《嘉庆泾县志·文苑·万应隆
传》云：

"应隆字道吉，号三峰，少敏慧负捷才。补诸生，与贵池吴
应箕、宣城沈寿民、芜湖沈士柱等倡文会名南社，而与寿民交尤
笃。张溥等倡复社于吴门，复率同邑诸才士往会于虎丘，激扬声
气，为朝贵所忌。"

又《郑廷佐传》云：

"廷佐字明时，汝敏字鲁若，兄弟六人，皆有才而能文，在
南社中。"

万应隆、沈寿民、吴应箕、沈士柱皆加入应社，因此可以知
道南社是有一部分人与应社合作的。当应社初立仅十有一人。朱
彝尊《静志居诗话》卷二十一云：

"文社始天启甲子，合吴郡、金沙、槜李，仅十有一人，张
溥天如、张采耒章、杨廷枢维斗、杨彝子常、顾梦麟麟士、朱隗
云子、王启荣惠常、周铨简臣、周钟介生、吴昌时来之、钱梅彦

林，分主五经文字之选，而效奔走以襄厥事者，嘉兴府学生孙淳孟朴也。"

又王应奎《柳南随笔》卷三云：

"自二张外，在社中者又有八人，为应社十子；吴门自维斗外，在社中者又有十二人，为应社十三子。"

那时应社的势力逐渐扩大，同社吴昌时以为应社当其始取友尚隘，想把应社推广起来，于是就有广应社之作。"应"字的意义，《七录斋集》卷一《广应社序》云：

"应之为名，有龙德焉。予昔尝一序其说，多恢愕怪宕，不可究诘之辞，及今视之，益杂而弗举矣。乃来之、彦林，欲因其社而推大之，讫于四海，则将引意以自明，夫亦言其可信者焉。何则？人之变化，其理在天，穷达屈伸，移于朝暮，得则有吉祥之容，失则有沱若之涕，任性之未能，而寓言乎生命，此则其不可信者也。若夫立德以善有，弘衷而考义，择然后履，履然后安，无竞乎人称，而秉恒以一，此则其可信者也。"

因此应社的范围既广，就有南北之分。《七录斋集·刘伯宗稿序》：

"予之务察于应社也，与道吉、伯宗、眉生、昆铜论之详矣。宁俭于人之数，而无受其多；宁舒其时以得其所以为人，而无伤于亟。故阅时而其人至焉，又阅时而其人之文至焉。大约江以南自予与介生、受先、维斗之数人者，无乎不良也；江以北自道吉、伯宗、眉生、昆铜之数人来者，无乎不良也。苟其一辞之可，凡数人者，无不与闻焉。以文及实，以实及文，皆以为可。……"

计东《上吴祭酒书》一说:"大江以南主应社者张受先、西铭、介生、维斗,大江以北主应社者万道吉、刘伯宗、沈眉生。娄东有应社十子,吴郡有应社十三子。"黄宗羲《南雷文约》卷一《沈耕岩墓志》云:"一时声名之盛,吴中二张与江上二沈相配,二张谓天如、受先,二沈谓昆铜、耕岩,不以名位相甲乙也。"到了后来,张溥获隽入都,在京师也有应社的结合。《七录斋集·江北应社序》云:

"予与杨子伯祥(廷麟)在京师,时从游者数十辈,皆北方豪杰之士,何子印尼时为学官,悉礼而致之,便朝夕治文字,谭经书。今年夏遇印尼于吴门,出选文一帙,皆燕中诸子之作,题曰《正告》,倪鸿宝先生之所命名也。……既而合故城、莱阳、商丘为一家,兼以应社为名,取余始事数子之约,期于白首,兄弟无间言。"

由上看来,应社可分为三部分,第一是江南的应社,第二是江北的应社,第三是河北的应社。因为那些士大夫们居官北方,差不多都有社集,像几社中人物在北京有燕台十子社,艾南英在北京有都门广因社。天如之在北京结应社,也和他们两家是一样的情形,要是仅分南北二类还不能包括应社的完备。

以上我们把应社的大概情形叙述完了。但是后来应社改为复社,这复社之兴起与应社有什么关系呢?原来应社与复社的感情本不很好。计东《上吴祭酒书》云:

"始庚午之冬,因鱼山熊先生(熊开元)自崇明调宰我邑,最喜社事,孙孟朴乃与我妇翁(吴玥)及吕石香辈数人始创复社,颇为吴门杨维斗先生所不快。孟朴常怀刺谒杨先生,再往不得见，呵之曰：'我社中未尝见此人。'我社者应社也。盖应社之兴久矣，时天下但知应社耳。……"

杨凤苞《秋室集》卷五云：

"玥（吴玥）与同志孙淳等四人创为复社，义取剥穷而复也。太仓张溥举应社以合之。"

我们可以知道孙淳和吴玥创立的是复社，不是应社。但后来张天如竟把应社合并到复社里，王应奎《柳南随笔》："赖天如先生调剂其间，而两社始合为一。"后来复社的兴起很得了这两位的力量。这样化干戈为玉帛，能够海涵一切，使天下人皆为我效奔走，我们不能不佩服张天如气度的伟大。

复次，我们再说与复社反对的社盟。原来在应社未成立以前，江西的社事本来很发达了，就是杭州读书社也很有名气。我们读陈际泰的《太乙山房集》、艾南英的《天佣子集》，里面记载江西和蜀中的社事很多，他们最有名的社集就是豫章大社。在这两部文集里面所叙的社事我们择要抄录于下。《太乙山房集》卷四所记载：

豫章大社　《序》："先是，诸生中有合豫章大社者，而严其人。每郡推一人为祭酒，有佚人者比于盗地以下敌之罚，既而公所选士，大都皆其推为祭酒之人，所脱者十才二三耳。"

君子亭合社　《序》："尝忆南州大社，主是役者为云将、美叔、仲延诸君子，而予与罗中鲁、叶当时与焉。尔时麻城李百药以其文入社，称兄弟，实非其手足也。百药尊公孟白老师爱好人伦，实尽物宗之责，社中兄弟半出其门，而社文传播特甚。越十数年而瑞芝亭社出，主是役者为茂先门人，芜城沈昆铜，其尊人为青屿先生，有孟白老师之风焉。社文为海内传诵亦如之，自后寥寥未有是。今君子亭社，则西蜀雷荣予、陈石柱二子之为之也。"

豫章九子社　《序》："杨伯祥为主。"

新城大社　《序》："忆予庚子之役，既罢归，因邀同人为社，二十年间，先后扬去，如丘毛伯、游太来、曾隆吉、祝文柔、管龙跃、傅旋履，而其最亲厚者为艾千子、章大力、罗文止，独二三人与仆骑玉牛耳。"

禹门社　《序》："介临、金之间，是诸隽之所走集也。其得名张顺斋先生实为之先后，社于是者翔去，不可枚举。中辍者数年近乃复有。……"按此社为张天如、周介生与陈大士所合办。

合社　为张采知临川时所立。

偶社　《序》："盱中之士毕集羊城，其中尤妙之材，是为同人。临场有作，作辄佳汇而刻之，题曰'偶社'，明非有所主也。"按《天佣子集》亦有《偶社序》。

芳社　黎干生所主办。

在艾南英《天佣子集》里面有：

平远堂社　有《社艺序》。

瀛社　《序》："吴山伭焕璧、黄良冶虞萧、喻立生中立、陈子蚩英、龚叔升俊选、聂惠甫侨，六君子新旧课文若干首。"

国门广因社　《序》："戊辰春，会稽徐介眉、蕲州顾重光、宜兴吴圣邻，纠合四方之士聚辇下者，订定因社。是年社中得曹允大为礼部第一人。庚午年末之试，旧社皆集，乃复寻盟而增之为广因社，于是中礼部试者复六人，而予罢归，过济上，则圣邻行馆寓也。圣邻方裒集社稿，以纪盛事，而属于予。"

陈、艾两部文集中所记载的社事在江西的社盟品类有这样的多，但他们的首领不过是陈际泰、艾南英、罗万藻、章世纯等四人。他们这一派我们可以叫作豫章派。在万历末年和天启初年他们很可以创造一时风气的。他们两派接触的机会，是张天如得中之后来到北京，彼此见面的时候很多，所以在张天如的江北应社里面提到杨伯祥，豫章九子社里面也有杨伯祥，因知此艾千子立的国门广因社，他们两派在北京的时候是合作的。后来到艾千子三吴选文，就与张天如复社起了冲突。虽然后来张采做了临川知县，融合两派的感情，但有一部分江西的文社响应了复社，可是艾千子终始不与复社合作，因为他们两派立场不同、主张也不一样。艾千子的主张是"其书一主曾、欧、程、朱，其法一宗成、弘"。而张天如却是要"文必六经，诗必六朝"的。换句话说，艾千子是开今派，张天如是复古派。现在我们把他们两家的主张稍微择要抄录于下。

艾千子的主张是"以今日之文，救今日之为文者"（《房书删定序》），《天佣子集》卷五《与周介生论文书》云：

"夫文之通经学古者，必以秦汉之气行六经、《语》《孟》之理，即间降而出入于韩、欧、苏、曾，非出入数子也。曰是数子者，固秦汉之嫡子嫡孙也。今也不然，为辞章者不知古文为何物，而猎弇州、于鳞之古以为足，不知此非古也，六朝之浮艳，而割裂补缀饰之以《史》《汉》之皮毛者也。为制艺者不知古文为何物，而袭大士、大力轻俊诡异之语以为足，不知此非古也，晋魏之幽渺纤巧，当世以为清谭为佞慧者也。最陋则造为一种似子非子，似晋魏非晋魏，凿空杜撰之言，沾沾然以为真大士、大力矣。弟旧岁于《陈兴公稿序》稍一言之，而同气者颇相怪责，不知弟于此道，浅深甘苦备尝之矣。夫文之之古者，高也、朴也、疏也、拙也、典也、重也；文之卑而为六朝者，轻也、渺也、诡也、俊也、巧也、排也。此宜有识者所共知矣，无怪兄之釆然忧之，而有裒集先辈大家之举也。"

《天佣子集》与周介生、张天如辩论文体的文章很多，此不过举其大概。张天如论文之旨却没有艾千子这样的显明。他常说："应社之始立也，所以志于尊经复古者，盖其至也。"《七录斋集》卷二《房稿表经序》云：

"今则经文忽彰，而圣人作焉，治气之感，证效不惑，顾念向时之言有其预者，未尝不相对以怡也。然而人之为言，命意在彼则尽于彼，命意在此则尽于此。以今日而言经，所谓在此者也；言经而底于为人，所谓尽此者也。试以经质之于人，观乎字形不离三才，则知其无邪矣；观其拟言不逾五伦，则知其近人矣。故予尝谓使今日有武健之子，日取五经摹而书之，左右周接，无非巨人之名、大雅之字，趋而之善也疾焉。矧相渐于意，尤有神明者哉。然则为之若是其易，而人与文俱难之何也？盖其始病于作法之异，而其既危于疑人之甚，则言有不能入者焉。抑知善无不可为，经无不可学，即人之好名者，而实其所用，慕君子而从之，初而事其话言，久之而其行是焉，又久之而性情无非是焉。若夫学者之通经，由奇以反平，因辞以达本，其道亦犹是也。……"

自从李东阳、王弇州前七子后七子等人主张复古，弄成似子非子，似魏晋非魏晋，一般似通不通的文章出来，真有改革的必要。所以艾千子主张由欧、曾以取法成、弘，把文章弄得清清楚楚的，不要用支离的文句和琐碎的典故，他的主张本来是很不错的。但张天如却主张祖述六经来矫正时弊。他这个主张我们倒很怀疑。所谓尊经复古者是不是学圣人的品行，要是"祖述尧舜，宪章文武"那也没有什么不可以，但是要效法六经的字句，拿他这种主张与王、李七子"文必汉魏，诗必六朝"比较，却是同样不识时代性，同样的失败。所以我们一翻开《七录斋集》里面的标题，像《房稿霜蚕》《房稿香却敌》《房稿文始经》，这种模仿六经谶纬，似通不通的文字，比王、李七子还要可笑。而天如的手笔在模仿古文当中，夹杂些八股的文调，倒还不如艾千子的文章清通可喜呢！但天如很有政治的手腕，他有周钟、张采为他社里选文章，有孙淳、吴玥为他社里效奔走，所以"陈卧子在七录斋中，与艾千子肆论朱、王异同，以手批千子颊"（据《社事始末》），而艾千子的好朋友陈际泰也做依附之论。他说："吾友千子忧其然，因以成、弘之所为为救，而矫枉既过，谤书盈箧。嗟夫！使不善用之，数传之后而失其本，即成、弘之所流，独无弊也哉。"（《太乙山房集》）因此东南的社集全归到复社，社局的势力遂成了张家的天下。

那时应社的课艺是宗尚六经，所以就有五经应社之选。《七录斋集》卷二《五经微文序》云：

"是以五经之选，义各有托，子常、麟士主《诗》，维斗、来之、彦林主《书》，简臣、介生主《春秋》，受先、惠常主《礼》，溥与云子则主《易》，振振然白其意于天下，夫天下亦已知之矣。”

平心而论，天如的文章虽然不脱八股习气，但他整理旧籍，如所抄《汉魏百三名家集》等类也有相当的伟绩。

应社和复社合并的情形我们已经明白了，复次我们再讨论复社的组织。大概是在一个大社之内有许多小组织，对外是用复社的名义，对内是各不相谋的。那种拉拢各社会集成复社的功夫，孙淳、吴玥之力为多。陈去病《五石脂》云：

“孟朴名淳，吾邑之田义村人也（原注：其地今隶震泽）。地与吴娄月港相近。晚岁居南浔，日梅绾居，诗集名凩之，少为嘉兴府学生。复社之盛，先生实为媒介，故当时有孙铺司之目。又时有为孟朴口号云：‘案头一部《汉书》，袖中一封荐书，逢人便说我哩天如天如。’其风趣可想矣。”

又张鉴《冬青馆甲集》卷六《书复社姓氏录后》云：

“扶九（吴玥）居吴江之荻塘，籍祖父之赀，会文结客，与孟朴最厚。奔走社事，扶九实出白金二十镒、家谷二百斛，以资孟朴之行，阅岁群彦胥会于吴郡。……”

那时复社的集会（各社全到复社里来）是一件很伟大的举动，记载这件事情的共有数家，陆世仪《复社纪略》、朱彝尊《静志居诗话》、佚名《研堂见闻杂记》、王应奎《柳南随笔》。陆、朱两家较有异同，其他两家是传抄陆、朱之说而来的。现在把陆、朱两家的记载抄在下面。

陆氏之说，《复社纪略》卷一云：

“是时，江北匡社，中州端社，松江几社，莱阳邑社，浙东超社，浙西庄社，黄州质社与江南应社，各分坛坫，天如乃合诸社为一。"

朱氏之说,《静志居诗话》卷二十一云:

"崇祯之初,嘉鱼熊开元宰吴江,进诸生而讲艺,于时孟朴里居,结吴玥扶九、吴允夏去盈、沈应瑞圣符等,肇举复社。于时云间有几社,浙西有闻社,江北有南社,江西有则社,又有历亭席社、昆阳社、云簪社,而吴门别有羽朋社、匡社,武林有读书社,山左有朋大社,金会于吴,统合于复社。"

张溥《七录斋集》里面有洛如社、云簪社的序,这些社集虽不能个个地考出,但他们招集的力量是很大的。同时天如又把这几个社以区域的分类来征各处的文章,以通各处的声气。《七录斋集·国表四选序》云:

"《国表》之文凡更四选,其名不易,虽从天下之观,以志旧日,示不忘也。往者始事之秋,予与介生约四方之文,各本其师,因其处。于是介生、维斗、子常、麟士、勒卣主吴,彦林、来之主越,眉生、昆铜、伯宗、次尾、道吉主江以上,大士、文止、士业、大力主豫章,曦侯主楚,昌基、道掌、仲谋主闽,澄风主齐鲁之间。凡以文至者,必书生平,先乡党而次州邑,考声核实,不谋而同,是以人无滥登,文无妄予。"

这是复社组织的方法。至于复社的规程,陆世仪《复社纪略》卷一云:

"自世教衰,士子不通经术,但剸耳绘目,几幸弋获于有司,登明堂不能致君,长郡邑不知泽民,人材日下,吏治日偷,皆由于此。溥不度德,不量力,期与四方多士,其兴复古学,将使异日者务为有用,因名曰复社。又申盟词曰:'毋蹈匪彝,毋读非圣书，毋违老成人，毋矜己长，毋形彼短，毋巧言乱政，毋干进辱身。嗣今以往，犯者小用谏，大则摈，既布天下皆遵而守之。'又有各郡邑中推择一人为长，司纠弹要约，往来传置。天如于是裒十五国之文而诠次之，目其集为《国表》，受先作序冠弁首。"

朱彝尊《静志居诗话》卷二十一云：

"是役也，孟朴渡淮泗，历齐鲁，以达于京师，贤士大夫必审择而定衿契，然后进之于社。故天如之言曰：'忘其身，惟取友是亟，义不辞难，而千里必应。三年之间，若无孟朴则其道几废。盖先后大会者三。复社之名动朝野，孟朴劳居多，然而敛怨深矣。'"

复社大会共有三次，第一次是崇祯二年己巳（一六二九）尹山大会。陆世仪《复社纪略》卷一云：

"吴江令楚人熊鱼山开元，以文章经术为治，知人下士，慕天如名，迎致邑馆。……于是为尹山大会，苕雪之间，名彦毕至。……远自楚之蕲、黄，豫之梁、宋，上江之宣城、宁国，浙东之山阴、四明，轮蹄日至，比年而后，秦、晋、闽、广，多有以文邮置者。"

第二次是崇祯三年（一六三〇）金陵大会。《复社纪略》卷二云：

"崇祯庚午乡试，诸宾兴者咸集，天如又为金陵大会。是科主裁为江西姜居之曰广，榜发，解元杨廷枢，而张溥、吴伟业皆魁选。"

第三次崇祯五年（一六三二）虎丘大会。这时张天如已会了进士，假归太仓，在虎丘开复社大会，刊《国表社集》行世。

《复社纪略》卷二云：

"癸酉春，溥约社长为虎丘大会。先期传单四出，至日，山左、江右、晋、楚、闽、浙以舟车至者数千人，大雄宝殿不能容，生公台、千人石鳞次布席皆满，往来丝织……观者甚众，无不诧叹，以为三百年来，从未一有此也。"

复社的同志，本来仅集合太仓等七郡的人物，后来由江南而蔓延到江西、福建、湖广、贵州、山东、山西各省，吴应箕编《复社姓氏录》二卷，其孙吴铭道又为《续录》一卷，著录复社同志共二千二十五人，那真可以说是秀才造反了。

那时候复社的同志，像张溥、吴伟业、杨廷枢、吴昌时、陈子龙等都成了进士，一般在朝的要人也来拉拢复社，培植自己的势力，凡是士子只要进了复社就有得中的希望。那时一般读书人呼天如为西张先生，呼张采为南张先生，谁也不敢称呼他们的名字。而两张拉拢士子，图得科名，又有公荐、独荐、转荐等名词，这与后来通关节及科场狱之发生很有关系，我们不可以不注意。《复社纪略》卷二云：

"溥亦以阙里自拟，于是好事者，指社长赵自新、王家颖、张谊、蔡伸为四配，门人吕云孚、周肇、吴伟业、孙以敬、金达盛、许焕、周群、许国杰、穆云桂、胡周鼒为十哲。溥之昆弟十人，张潘、张源、张王治、张搏、张涟、张泳、张哲先、张甽、张涛、张应京为十常侍。又有依托门下，效奔走展财币者，若黄、若曹、若陈、若赵、若陶，则名五狗。而溥奖进门弟子亦不遗余力，每岁科两试，有公荐，有转荐，有独荐。公荐者，某案领批，某科副榜，某院某道观风首名，某郡某邑季考前列，次则门弟子某公弟，甚至某公孙、某公婿、某公甥，更次则门墙某等，天如门下某等，受先门下某等。转荐者，江西学臣王应华视荐牍发时，案抚州三学，诸生鼓噪，生员黜革，应华夺官，后学臣相戒不受竿牍，三吴社长更开别径，开通京师权要，专札投递，如左都商周祚行文南直学宪，牒文直书'仰甘学润当堂开拆'，名为公文，实私牍也。独荐者，公荐虽已列名，恐其泛常，或有得失，乃投专札，尔时有张、浦、许三生，卷已经黜落，专札投进，督学倪元珙发三卷于苏松道冯元倅，达社长另换誊进，仍列高等，是大妨贤路。局外者复值岁科试辄私拟等第名数，及榜发十不失一，所以为弟子者争欲入社，为父兄者亦莫不乐其子弟入社。迨至附丽者久，应求者广，才俊有文倜傥非常之士，虽入网罗而嗜名躁进，逐臭慕膻之徒亦多窜于其中矣。"

复社既然握了极大的黜陟之权，所以一般士子、士大夫都想与复社联合，而那一班够不上与复社联合的就竭力造谣与复社作对。然而复社的领袖又借着民众的势力来把持政权，膨胀社中的势力。因此复社本来是士子读书会文的地方，后来反变成势利的场所。

像吴伟业得中会元，本来是受时相的提拔，后来就遭了薛国观的忌。幸亏崇祯帝看中了吴伟业的卷子，所以没有闹出科场案来。但复社的领袖就怀恨在心。所以张天如授意吴伟业参温体仁结党援私，伟业因立朝未久不敢妄动，只有上疏改参蔡奕琛了。那时复社的旗帜渐渐鲜明，凡是东林的后裔都援助复社，凡是逆党的余孽都与复社作对，而那一般与复社有私憾的人，或为社局所摈的人，都趁火打劫，与复社为难了。所以求入复社而不得的陆文声及与张天如作对的周之夔都起来告讦复社。据杜登春《社事始末》谓："时辛未同年周之夔者心窃非之，又以《国表二集》选渠文一首，评无褒称，遂奋身作难，以复社为欲倾覆宗社，以天如为名号比天。"又有奸人托名徐怀丹作《讨复社十大罪》的檄文来彰复社的罪恶。杨彝《复社事实》云：

"十年正月，苏州民陆文声疏陈风俗之弊，皆原于士子，庶吉士张溥、知临川县事张采，倡立复社，以乱天下，思陵下提学御史倪元珙察核。倪公言诸生诵法孔子，引其徒谈经讲学，互相切劘，文必先正，品必贤良，实非树党。文声以私憾妄讦，宜罪。阁臣以公蒙饰，降光禄寺录事。苏州推官周之夔者，与溥同年举进士，初亦入社。至是希阁臣意，墨缞诣阙，复讦奏溥等树党挟持。案久未结，谗言罔极，至有草檄以伸复社十大罪者。大约谓派则娄东、吴下、云间，学则天如、维斗、卧子。上摇国柄，下乱群情。行殊八俊三君，迹近八关五鬼。外乎党者，虽房、杜不足言事业；异吾盟者，虽屈、宋不足言文章。或呼学究智囊，或号行舟太保，传檄则星驰电发，宴会则酒池肉林。至十五年，御史金毓峒、给事中姜埰各上疏白其事，始奉旨，朝廷不以语言文字罪人，复社一案准注销。"

由以上诸事看来，复社那样的党同伐异实在有取咎之点。所以像温体仁的兄弟温育仁作了一部《绿牡丹》传奇，描写选家选文的丑态，虽然言过其实，然而也有相当的理由。艾千子《与闻子将书》说：

"若仅便衣曲体，与后生附会，今日介生，明日天如，言莱阳则曰东海大观，言豫章则曰吾社兄弟。其父即剽窃真腐，置之不问。如此则天何贵生子将，如此则同声倡和，与市井狎邪、屠沽博寒，其道虽殊，其心则一。……"

这封信写得很痛快。各处反对复社的空气既然这样的恶劣，于是天如不能不由社会上的活跃而变为积极的政治运动。那时当国的是薛国观，因此他不能不窥伺国观的破绽来倒薛国观的政权，重组织东林党的内阁。于是就用了吴昌时的阴谋打倒薛国观的内阁，周延儒就借着与复社拉拢的关系重新上台。杜登春《社事始末》云：

"门下或有私附杨、薛以图显荣者，以故西铭得以逍遥林下，批读经史为千秋事业，而中夜不安，唯恐朝端尚以党魁目之也。彼为小人者，即无吹求之端而窃窃自疑，非起复宜兴终是孤立之局。与钱蒙叟、项水心、徐勿斋、马素修诸先生谋于虎丘之石佛寺，遣干仆王成赍七札入选君吴来之先生昌时邸中。吴先生者，一时手操朝柄，呼吸通帝座之人也。辇毂番子，密布内外，线索难通，王成以七札熟读，一字一割，杂败絮中，至吴帐为裹衣裱法，得达群要。此得之王成口，最详确，时是辛巳二月事。"

崇祯果然得到薛国观的赃证，就把国观治之罪，在崇祯十四年周延儒就入了内阁。延儒未入阁以前，天如就替他开了一个名单，像黄道周、刘宗周等人都列在单内，尽先任用。所以周延儒入了阁，把一班东林党人都委任了重要职位，但是延儒本来是与东林反对的，他现在为东林所拥护，他不能不用东林党人。逆党的名流阮大铖想找一个位置就被他拒绝了。大铖既不能如愿，就推荐马士英，延儒终于听大铖的话让马士英做了凤阳总督。后来拥立福王，起复阮大铖，重定逆案，杀戮复社名流，都中了这小小的因果。时事的循环怎知道有这样的快！可惜延儒四月里入了阁，张天如五月里就暴病身亡，以后的事不及见了。

那时天如虽死，但南张先生张采尚健在，他立刻上疏为复社洗刷。张采《知畏堂集》卷一《具陈复社本末疏》云：

"惟复社一案，责张溥及臣回奏，惜溥已死，臣谨斋沐陈之。我朝制科取士，因重时文，凡选乡会中式文曰程墨，选进士文曰房书，选举人文曰行卷，其诸生征文汇选曰社稿，从来已久。若复社之起，臣已为县令，不预书生事。张溥时犹未第，故选社文，以臣向同砚席，代臣作序。及溥成进士，而臣已病废矣。岂意臣里中奸人私隙中伤，有复社一款，下苏松提学。前学臣倪元珙曾经具覆，奉旨再察。既学臣亓玮以丁忧去，张凤翮以外转去，悬案未结，事会致然，罪不在溥与臣也。及夏五月初八日溥病身死，惟臣仅生，谓复社是臣事则出处年月不符，谓复社非臣事则溥实臣至交。生同砥砺，死避罗弋，负义图全，臣不出此。窃惟文者昭代之所重，社者古义所不废。推广溥志，不过欲楷模文体，羽翼经传耳，未尝有一毫出位跃冶之思也。至于《或问》及《罪檄》，此忌溥者罗织虚无，假名巧诋，不惟臣生者不闻，亦溥死者不知。若使徐怀丹果有其人，臣愿剖心与质；倘其人乌有，则事必诬构。独念溥日夜解经论史，矢心报称，曾未一日服官，怀忠入地。即今严纶之下，并不得泣血自明，良足哀悼。臣虽与世隔越，孤立杜门，而兢兢勉学，颇知省察，不欲一字自欺，岂敢一字欺皇上？谨据实回奏，臣无任战兢待罪之至！崇祯某年月日。"

这件奏疏奏上之后，周延儒很为复社帮忙，告讦复社这一案才算平息。

到崇祯十五年壬午（一六四二）的春天，由郑超、李雯召集在虎丘重开大会，天如、介生的弟子和云间几社的同志到会的不少，但自此后复社遂没有这样大的举动。

八、复社始末下

复社的势力既然这样的膨胀，那时逆党的人物也想立社与复社对抗，因此阮大铖就在安徽怀宁地方立了中江社。大铖本来有号召的能力，他的同社人物虽不可考，但复社的名流钱秉镫曾入过中江社，南海邝露也称过他的门人，就像为大铖《咏怀堂集》作序的叶灿也很有文采。除此数人之外，我们知道的还有潘次鲁、方圣羽等人。

钱秉镫少年时代，他本入了里中的石屋寺文社。秉镫少子执禄撰《田间府君年谱》云：

"戊辰，里中石屋寺为文社，是年府君始得与。每文出，中表方圣羽见之曰：'石屋一会，独有此子。'同社大怪之，已而名渐起。姑父方伯颖每会，览府君文，必叹为不及。"

后来才入中江文社，《年谱》云：

"壬申，是年邑中举中江文社，六皖知名士皆在，府君与三伯与焉。首事潘次鲁、方圣羽也。次鲁为阉党汝桢子，圣羽则皖髯门人。皖髯阴为之主，以荐达名流饵诸士，由是一社皆在其门。皖髯与余家世戚，门内人素不以为嫌，府君乡居，不习朝事，漫从之入社。会方密之吴游回，与府君言曰：'吴下事与朝局表里，先辨气类，凡阉党皆在所摈，吾辈奈何奉为盟主？曷早自异诸。'因私结教子课文，其中江社期，谢不至，诸公即知有异心矣。其冬，汇试生童俱集，大铖治酒，大会社友，独不报君。既试毕，府君往谒其封君柱麓翁，翁语曰：'子为谁荐？'府君曰：'未有。'翁曰：'小儿云方仁植（孔炤）已荐子矣。'府君曰：'不知。'揖而出。仁植者，密之父也。府君第一，大铖居为己功。"

秉镫因方密之劝解才脱离了中江社的关系，邝露也叛了本师，与复社一流人物接近，阮大铖本来想借着结社的势力大肆活动，但是终究敌不过复社的势力，社里的同志纷纷四散，中江社就无形地解散了。

那时崇祯初立，刚定了逆案，士大夫和老百姓都想望着承平。我们上章所说的东林被难杨、左诸君子的孤儿全都长大了，都到金陵来赶考，还有那些豪华的公子和复社的名士都聚集在金陵。当时的形势表面上看着似乎承平，但清兵刻刻地直入，农民军占领了上江，内地闹得已经不像样子，那一班绅士都跑到金陵来避难，阮大铖也来到金陵。钱秉镫《皖髯事实》云：

"会流寇逼皖，大铖避居白门，既素好延揽，见四方多事，益谈兵，招纳游侠，希以边才起用。惟白门流寓诸生，多复社知名士，闻而恶之。"

我们述说东林被难的诸孤吧。当逆案初定的时候，周顺昌的儿子周茂兰两次刺血，手书贴黄，申诉他父亲的冤枉。魏大中的儿子魏学濂也刺血上疏。黄尊素的长子黄宗羲，当对簿的时候拿锥刺逆贼许显纯的股，这是何等激昂慷慨呀！当崇祯九年，他们都到金陵来应南京的乡试，于是魏学濂发起在桃叶渡大会同难兄弟。那时如皋冒襄最有才华，少年好事，他很替东林的后裔帮忙。桃叶渡的大会辟疆是提倡最有力的人物。冒襄《同人集》卷九《往昔行跋》云：

"乙亥冬，嘉善魏忠节公次子子一、余姚黄忠端公子太冲以拔贡入南雍，同上下江诸孤以荫送监者，俱应南京乡试。当日忤当诸公虽死于逆阉，同朝各有阴仇嫁祸者，魏忠节死忠，长子子敬死孝，崇祯改元，子一弱冠，刺血上书者至再，痛述父兄死于怀宁。怀宁始以城旦入钦定逆案，时流氛逼上江，安池诸绅皆流寓南京。怀宁在南京，气焰反炽，子一洸洸就试。传怀宁欲甘心焉，金坛孝廉杨俨公（良弼）赁寓马禄街，以身翼子一避之。适余与陈则梁、张公亮、吕霖生、刘渔仲四兄，刑牲顾楼，则梁兄曰：'吾郡魏子一忠孝才人，吾弟不可不交。'觅俨公寓以余言实之自见。盖当日送逮吴门，则梁兄身在魏、周两公间。余即往访俨公，出，箕踞傲睨，询客何为者，余曰：'访兄及子一，吾兄则梁氏命之来。'俨公一笑，呼子一与相见，秀挺清奇，不可一世。余曰：'两兄何为者？旧京何地，应制何事，怀宁即刚狠，安能肆害？夫害有避之转逼，撄之立却者。我因四方同人至，止出百余金，赁桃叶河房前后厅堂楼阁凡九，食客日百人，又在通都大市，明日往来余寓，怀宁敛迹矣。'两君是余言，犹鳃鳃虑怀宁挟恨中伤，场毕果亡恙也。于是子一于观涛日，大会江阴缪文贞公子采室，李忠毅公子逊之，吴县周忠介公子子洁、子佩，桐城左忠毅公子子正、子直、子忠、子厚，常熟顾裕愍公子玉书，吴江周忠毅公子长生，余姚黄忠端公子太冲，无锡高忠宪公孙永清于余寓馆。则梁兄、方密之与余各长歌纪事，子一出血书《孝经》共展观。后仿大痴画于扇题赠云：'辟疆远性风疏，逸情云上，吾党中喜而不比，昵而思正者，不得俦俪之矣。丙子观涛日，不肖学濂欲大会同难兄弟，同人皆咋舌，无所税止。辟疆置酒高会，假荫寓亭因即席画层峰数朵赠之。谓峨峨淡峻，有类于其人也。'缪采室以诗赠，且述洪武初，我两家始祖为兄弟，各变姓，一隐江阴、一隐如皋，今得相见，合是兄弟一拜联谱，余有以诗赠者，以书法留数行者，则梁兄长歌结句云：'只恨杨家少一人。'盖应山杨忠烈公子在楚不至。一时同人咸大快。余此举而怀宁饮恨矣。"

我们提到冒襄，他是明季四公子之一。那明季四公子就是桐城方密之以智、阳羡陈定生贞慧、归德侯朝宗方域和如皋冒辟疆襄。他们都是名父之子，又都早年入了复社。侯朝宗的风流倜傥，侑酒必以红裙，冒辟疆的慷慨好士，桃叶渡大会诸孤，是何等的豪举！侯朝宗和李香君恋爱故事，冒辟疆和董小宛旖旎风光，孔尚任谱的《桃花扇》和冒辟疆自作的《影梅庵忆语》，这都是极脍炙人口的文章，早传遍人寰了。还有那沈寿民、沈士柱、吴伟业一般的名士和李香君、卞玉京、顾横波一般北里的佳人，那是怎样的足使人留恋呢！余怀《板桥杂记》上说得好：

"秦淮灯船之盛，天下所无，两岸河房，雕栏画槛，绮窗丝障，十里珠帘。客称既醉，主曰未归。游楫往来，指目曰某名姬在某河房，以得魁首者为胜，薄暮须臾，灯船毕集，火龙蜿蜒，光耀天地，扬枹击鼓，蹴顿波心。自聚宝门水关至通济门水关，喧阗达旦。桃叶渡口，争渡者喧声不绝。余作《秦淮灯船曲》中有云：'遥指钟山树色开，六朝芳草向琼台。一园灯火从天降，万片珊瑚驾海来。'又云：'梦里春红十丈长，隔帘偷袭海南香。西霞飞出铜龙馆，几队蛾眉一样妆。'又云：'神弦仙管玻璃杯，火龙蜿蜒波崔嵬。云连金阙天门回，鹤舞银城雪窖开。'皆实录也。嗟乎！可复见乎？"

那时阮圆海正潜居金陵，也立了一个社名叫群社，想借此招揽名流（见《咏怀堂外集》甲部卷二），但士子们都裹足不前，只有贵州马士英常到他那里去。因为士英也是失志流落白门的人，因此他们两人来往得很密切。

说起阮圆海和马瑶草（士英字），他们都是有才华的人。马瑶草的诗如"深机相接处，一叶落僧前"和《徐俟斋诗》的"序"都是很有见道之语。阮圆海的《春灯谜》《燕子笺》也是极有名的传奇，他的《咏怀》诗是师法陶、杜，出语自然。他本与侯朝宗有世代交谊，很想借着自己的才华与复社拉拢，所以他不惜千方百计想找出自己的出路。所以大铖第一步的手段就想示好于侯朝宗，不惜千金来撮合侯朝宗和李香君的恋史。侯方域《壮悔堂集》卷五《李姬传》云：

"初，皖人阮大铖者，以阿附魏忠贤论城旦，屏居金陵，为清议所斥。阳羡陈贞慧、贵池吴应箕实首其事，持之力。大铖不得已，欲侯生为解之，乃假所善王将军，日载酒食与侯生游。姬曰：'王将军贫，非结客者，公子盍叩之。'侯生三问，将军乃屏人述大铖意。姬私语侯生曰：'妾少从假母识阳羡君，其人有高义，闻吴君尤铮铮。今皆与公子善，奈何以阮公负至交乎？且以

公子之世望，安事阮公，公子读万卷书，所见岂后于贱妾耶?'
侯生大呼称善，醉而卧。王将军者殊怏怏，因辞去，不复通。未
几，侯生下第，姬置酒桃叶渡，歌《琵琶词》以送之曰：'公子
才名文藻，雅不减中郎。中郎学不补行，今《琵琶》所传词固
妄，然尝昵董卓，不可掩也。公子豪迈不羁，又失意，此去相见
未可期，愿终自爱，无忘妾所歌《琵琶词》也。妾亦不复歌矣。'
……"

所谓王将军，恐怕就是《桃花扇》中的杨龙友。这件事破裂
以后，他又想借着他的歌曲来邀好于复社的名士。

陈维崧《冒辟疆寿序》云：

"维崧犹忆戊寅、己卯（崇祯九年、十年）间，而怀宁有党
魁居留都云：'时先人与冒先生来金陵，饰车骑，通宾客，尤喜
与桐城、嘉善诸孤儿游，游则必置酒召歌舞。金陵歌舞诸部甲天
下，而怀宁歌者为冠，所歌词皆出其主人。诸先生闻歌者名，漫
召之，而怀宁者素为诸先生诟厉也。日夜欲自赎，深念固未有路
耳，则呕命歌者来，而令其老奴率以来。是日演怀宁所撰《燕子
笺》，而诸先生固醉，醉而且骂且称善，怀宁闻之殊恨。'"（《同
人集》卷二）

又吴伟业《梅村文集》卷三十六《冒辟疆五十寿序》云：

往者天下多故，江左尚晏然，一时高门子弟，才地自许者，
相遇于南中，刻坛墠，立名氏，阳羡陈定生、归德侯朝宗与辟疆
为三人，皆贵公子。定生、朝宗仪观伟然，雄怀顾盼，辟疆举止
蕴藉，吐纳风流，视之虽若不同，其好名节持议论一也。以此深
相结，义所不可，抗言排之，品核执政，裁量公卿，虽甚强梗，

不能有所屈挠。有皖人者，流寓南中，故阉党也，通宾客，蓄声伎，欲以气力倾东南，知诸君子唾弃之也，乞好谒以输平，未有间。会三人者置酒鸡鸣埭下，召其家善讴者，歌主人所制新词，则大喜曰：'此诸君子欲善我也。'既而侦客云何，见诸君箕踞而嬉，听其曲，时亦称善，夜将半，酒酣，辄众中大骂曰：'若奄儿媪子，乃欲以词家自赎乎？'引满泛白，抚掌狂笑，达旦不少休。"

那时阮大铖虽然这样取媚于复社，但复社的名流以为有这样一个逆案中的祸首在南京谈兵说剑、招摇过市，还要与逆党暗通声气，成什么样子？假若时候久了，恐怕遗祸无穷，那更没法办了。所以吴应箕、陈贞慧、侯方域、黄宗羲、沈寿民这一般复社的名士，就想作一篇宣布阮大铖罪状的文字——《留都防乱公揭》来驱逐阮大铖出境，因此就推吴应箕起草。陈贞慧《书事七则·防乱公揭本末》云：

"崇祯戊寅（十一年），吴次尾有'留都防乱'一揭，公讨阮大铖。大铖以党崔、魏，论城旦，罪暴于天下，其时气魄尚能奔走四方士，南中当事多与游，实上下其手，阴持其恫喝焉。次尾愤其附逆也，而鸣驺坐舆，偃蹇如故，士大夫缱绻，争寄腹心，以为良心道丧。一日言于顾子方杲，子方曰：'杲也不惜斧锧，为南都除此大憝。'两人先后过余，言所以，余曰：'铖罪无籍，士大夫与交通者虽未尽不肖，特未有'逆案'二字提醒之。使一点破，如赘痈粪溷，争思决之为快，未必于人心无补。'次尾灯下随削一稿，子方毅然首倡……卧子极叹此举，为仁者之勇。独维斗报书，以铖不燃之灰，无俟众溺，如吾乡逐顾秉谦、吕纯如故事，在乡攻一乡，此辈窘无所托足矣。子方因与反复辨论有书，书不载。时上江有以此举达之御使成公勇，公曰：'吾职掌事也。'将据揭上闻。会杨与顾之辨未已，同室之内，起而相牙，揭迟留不发，事稍稍露矣。阮心此事仲驭主之，然始谋也，绝不有仲驭者。而铖以书来，书且哀，仲驭不启视就使者焚之，铖衔之刻骨。……"

当时宣布《防乱公揭》署名的人共议推东林子弟无锡顾端文公之孙杲居首，天启被难诸家推黄宗羲列次衔，以后以次列复社和几社的名士。全祖望《鲒埼亭集·梨洲先生神道碑文》云：

"逾时，中官复用事，于是逆案中人，弹冠共冀燃灰，在廷诸臣，或荐霍维华，或荐吕纯如，或请复涿州（冯铨）冠带，阳羡（周延儒）出山，已特起马士英为凤督，以为援阮大铖之渐。即东林中人如常熟（钱谦益）亦以退闲日久，思相附和。独南中太学诸生，居然以东都清议自持，出而厄之。乃以大铖观望南中，作《南都防乱揭》。宜兴陈公子贞慧、宁国沈征君寿民、贵池吴秀才应箕、芜湖沈上舍士柱，共议以东林子弟无锡顾端文公之孙杲居首。天启被难诸家推公（太冲）居首，其余以次列名，大铖恨之刺骨，戊寅秋七月事也。荐绅则金坛周仪部镳实主之。说者谓庄烈帝十七年中善政，莫大于坚持逆案之定力，而太学清议亦足以寒奸人之胆。使人主闻之，其防闲愈固，则是揭之功不为不巨。"

不久，《留都防乱公揭》就宣布出来，兹将原文披露于后：

"为捐躯捋虎，为国投豺，留都可立清乱萌，逆当庶不遗余孽，撞钟伐鼓，以答升平事。杲等伏见皇上御极以来，躬戡党凶，亲定逆案，则凡身在案中，幸宽铁钺者，宜闭门不通水火，庶几腰领苟全足矣。矧尔来四方多故，圣明宵旰于上，诸百职惕励于下，犹未即睹治平，而乃有幸乱乐祸，图度非常，造立语言，招求党类，上以把持官府，下以摇通都耳目，如逆党阮大铖者可骇也。大铖之献策魏珰，倾残善类，此义士同悲，忠臣共愤，所不必更述矣。乃自逆案既定之后，愈肆凶恶，增设爪牙，而又每骄语人曰：'吾将翻案矣，吾将起用矣。'所至有司信为实然，凡大铖所关说情分，无不立应，弥月之内，多则巨万，少亦数千，以至地方激变，有'杀了阮大铖，安庆始得宁'之谣。意谓大铖此时亦可稍惧祸矣。乃逃往南京，其恶愈甚，其焰愈张，歌儿舞女充溢后庭，广厦高轩照耀街衢，日与南北在案诸逆交通不绝，恐喝多端。而留都文武大吏半为摇惑，即有贤者，亦嗫不敢发声。又假借意气，多散金钱，以至四方有才无识之士，贪其馈赠，倚其荐扬，不出门下者盖寡矣。大铖所以怵人者曰'翻案也'，曰'起用也'。及见皇上明断超绝千古，以张捷荐吕纯如而败，唐世济荐霍维华而败，于是三窟俱穷，五技莫展，则益阳为撒泼，阴设凶谋，其诪张变幻，至有不可究诘者。姑以所闻数端证之，谓大铖尚可一日容于圣世哉。丙子之有警也，南中羽书偶断，大铖遂为飞语播扬，使人心惶惑摇易，其事至不忍言。夫人臣狭邪行私，幸国家有难以为愉快，此其意欲何为也？且皇上何如主也，春秋鼎盛，日月方新，而大铖以圣明在上，逆案必不能翻，常招求术士，妄谈星象，推测禄命，此其意欲何为也？呆等即伏在草莽，窃见皇上手挽魁柄，在旁无敢为炀灶丛神之奸者，而大铖每欺人曰：'涿州能通内也。在中在外，吾两人无不朝发夕闻。'其所以劫持恫喝，欲使人畏而从之者，皆此类。至其所作传奇，无不诽谤圣明，讥刺当世。如《牟尼合》以马小二通内，《春灯谜》指父子兄弟为错，中为隐谤，有娘娘济、君子滩，末诋钦案，有'饶他清算，到底糊涂'，甚至假口□□，为'咒泄天关，陇住山河，饮马曲江波，鼾睡朝玄阁'等语，此其意抑又何为也？夫威福，皇上之威福也。大铖于大臣之被罪获释者，辄攘为己功，至于巡方之有荐劾，提学之有升黜，无不以为线索在己，呼吸立应。即如乙亥庐江之变，知县吴光龙纵饮宛监生家，贼遂乘隙破城，杀数十万生灵，光龙奉旨处分，大铖得其银六千两，至书淮抚，巧为脱卸，只拟杖罪，庐江人心至今抱恨。又如建德何知县两袖清风，乡绅士民戴之如父母，大铖使徐监生索银二千两于当事开荐，何知县穷无以应，大铖遂暗属当事列参褫职，致令朝廷功罪淆乱，而南国之吏治日偷。至于挟骗居民，万金之家不尽不止，其赃私数十万，通国共能道之，此不可以枚举也。夫陪京乃祖宗根本重地，而使枭獍之人日聚无赖，招纳亡命，昼夜赌博，目今闯、献作乱，万一伏间于内，酿祸萧墙，天下事将未可知，此不可不急为预防也。迹大铖之阴险叵测，猖狂无忌，馨竹莫穷，举此数端，而人臣之不轨无过是矣。当事者视为死灰不燃，深虑者且谓伏鹰欲击，若不先行驱逐，早为扫除，恐种类日盛，计划渐成，其为国患必矣。夫孔子大圣人也，闻人必诛，恐其乱治，况阮逆之行事，具作乱之志，负坚诡之才，惑世诬民，有甚焉者，而陪京之名公巨卿，岂无怀忠报国，志在防乱以折衷于《春秋》之义者乎？呆等读圣人之书，附讨贼之义，志动义慨，言与愤俱，但知为国除奸，不惜以身贾祸，若使大铖罪状得以上闻，必将重膏斧锧，轻投魑魅。即不然，而大铖果有力障天，威能杀士，昊亦请以一身当之，以存此一段公论，以寒天下乱臣贼子之胆，而况乱贼之必不容于圣世哉！谨以公揭布闻，伏维勠力同心是幸。"

大凡一般青年人的心理，他不知道什么是利害，什么是恩惠。他心里洁白无私，只知道世界上有"公理"，不知道有藏奸营私的事情。他能代表民众的舆论，成了一时的清议。唯其世界上的人类，他怕清议的责备，所以不敢为恶，社会的秩序也因此能维持上轨道，不至于毫无顾忌。所以顾炎武很主张清议，他常说："清议亡而干戈起矣。"复社名士驱逐阮大铖这件事，无论他们办得是否太过，但他们不顾利害，不恋小惠，这样纯洁无伪的举动是值得佩服的。所以他们身无寸丝，用"清议"两个字就把阮大铖赶跑到南门外的牛首，再不敢出头露面了。陈贞慧《书事七则》云：

"揭发而南中始鳃鳃知有'逆案'二字，争嗫嚅出恚语曰逆某逆某，士大夫之素鲜廉者，亦裹足与绝。铖气愈沮，心愈恨。未几，成御史以论杨武陵嗣昌逮，遂不果上。铖遂有'酬诬琐言'一揭，语虽鹊起，中实狼惊。至己卯，窜身荆溪相君幕中，酒阑歌遏，襟解缨绝，辄絮语贞慧何人，何状必欲杀某，何怨，语絮且泣。……铖归潜迹南门之牛首，不敢入城，向之裘马驰突，庐儿崽子，焜燿通衢，至此奄奄气尽矣。"

那时复社的同志和东林的诸孤集合起来，共举了国门广业之社，黄宗羲《南雷文约》卷一《陈定生先生墓志铭》云：

"崇祯己卯（一六三九）金陵解试，先生、次尾举国门广业之社，大略揭中人也，昆山张尔公、归德侯朝宗、宛上梅朗三、芜湖沈昆铜、如皋冒辟疆及余数人，无日不连舆接席，酒酣耳热，多咀嚼大铖以为笑乐。"

他们的社集自崇祯己卯以后，一直到弘光初立，还是在那里举行。吴翌凤《镫窗丛录》卷一云：

"南都新立，有秀水姚浣北若者，英年乐于取友，尽收质库所有私钱，载酒征歌，大会复社同人于秦淮河上，几二千人，聚其文为《国门广业》。时阮集之填《燕子笺》传奇，盛行于白门，是日句队末有演此者，故北若诗云：'柳岸花溪淡泞天，恣携红袖放镫船。梨园弟子觇人意，队队停歌《燕子笺》。'"

他们在金陵的社集真是一时的盛会。不意弘光即位不久，马、阮就当了政，重修旧怨，周镳、雷缜祚都被大铖所害。据吴翌凤《镫窗丛录》卷一，适有王鼎实"东南利孔久洇复社渠魁聚敛"一疏，大铖语马士英曰："孔门弟子三千，而维斗等聚徒至万，不反何待？"至欲陈兵于江次，以为防御，想把复社的名流一网打尽（已详于"崇祯朝之党争"章）。那时候陈贞慧被捕入锦衣卫，仅免于死，侯方域几为所擒，沈士柱、吴次尾都偷偷地跑了，黄宗羲跑到余姚，为了抗清起兵黄竹浦，沈寿民老死金华山中，冒襄回到如皋水绘园归隐。从此复社的名流都风流云散了。

由上看来，张溥等在尹山、虎丘三次的大会是复社的本根，侯方域、吴应箕在金陵的草《防乱公揭》是复社的分局。因天如死了之后，复社里没有相当的领袖，所以有复社分局的局面出来。复社从崇祯六年戊辰周钟选应社十三子之文，一直到侯、吴等人的出走，相持了十六七年，这复社的集会就算中止。于是社事的集合，由大组织而又变为小组织的运动，这样洋洋大观，几千人的运动，是不可得见了。

九、几社始末

当应社成立的时候，吴昌时要把应社推广起来，声势煊赫非讫于四海不止。因此复社声势虽然弥漫，但造忌也不少。几社的成立，就是鉴于复社的前车，不专事务外，所以几社的声势没有复社那样大，但流传的时代比复社久。

创办几社的共有六个人，号为"几社六子"，那六个人是夏允彝、杜麟征、周立勋、徐孚远、彭宾、陈子龙。那时创办几社的还有李雯，因为他后来投降清廷，所以杜登春《社事始末》没有把李雯列入。据李雯著《林屋洞稿》说，明末士子的结社原是为着科名。在明代得不到科名，就在清朝得到科名，也可以作为进身之阶了。这也说明地主绅衿求功名的性质。松江的文会本来很盛，在几社未立之前就有张霔、李凌云、莫天洪等办的昙花五子之会，后来莫洪的儿子寅、庚、俨、皋和杜麟趾有小昙花之约，不久麟趾与夏允彝才有几社之约。杜登春《社事始末》（据"昭代丛书"本）云：

"先君与彝仲谋曰：'我两人老困公车，不得一二时髦新采，共为熏陶，恐举业无动人处。'遂敦请文会，并与讲明声应气求大法旨，情谊感孚，比亲兄弟。时先祖延燕又先生于馆席授诸叔古学颇才颖，凡得五人，同笔砚为快。卧子先生甫弱冠，闻是举也，奋然来归。诸君子以年少讶之，乃其才学则已精通经史，落纸惊人，遂成六子之数。"

又李延昰《南吴旧话录》卷二十三云：

"几社非师生不同社，或指为此朋党之渐，苟出而仕宦必覆人家国，陈卧子闻而怒。夏考功曰：'吾辈以师生有水乳之合，将来立身必能各见渊源。然其人所言譬如挟一良方，虽极苦口，何得不虚怀乐受?'卧子曰：'兄言是。'乃邀为上客。"

这可见几社取友甚严，非师生子弟不准入社，与复社之大开门户有所不同。后来几社成立，彭宾的力量为多，几社的社址，就借了彭宾所居披云门外春藻堂作为开会的地方。《华亭县志》云：

"宾字燕又，明崇祯三年举人。国朝选授汝宁府推官，谒长官不持手版，遂免归。宾为几社六子之一。初宾祖汝让，当隆、万时居郡金沙滩，有春藻堂，与同人结文会。明季陈、夏主盟风雅，宾与其兄彦昭卜居披云门外濯锦巷，仍移旧额署之，是为几社诸君子高会处。"

那时邑中盛邻汝家很喜欢延揽宾客。李延昰《南吴旧话录》卷二十三云：

"盛邻汝家道丰腴，家有园池，又搏叠丝竹之属，事事副之，社中倚为顾厨。故四方咸曰：'眼不见顾家全盛园（原注：顾氏园在郡东郊，悉仿仙山楼阁，其名甲于天下，启、祯时已渐废），口得尝盛家一夕餐，十个游客九系船。'"

不久六子之中像夏允彝、杜麟征都以贡举入京，约在京师的朋友就立了个燕台十子之盟。《社事始末》云：

"是时娄东张天如先生溥、金沙周介生先生钟，并以明经贡入国学，而先君子登辛酉贤书，夏彝仲先生允彝亦以戊午乡荐偕游燕市。获缔兰交，目击丑类猖狂，绝绪衰息，慨然深结，计树百年，于是乎先君子（麟征）与都门王敬哉先生崇简，倡燕台十子之盟，渐至二十余人。"

同时在会的有张采、杨维斗、罗万藻、艾南英、宋征璧等人，可见他们在京各社是合作的。后来复社与江西艾千子派分道扬镳，几社的人物始终与复社合作，并且占了极重要的地位。但几社的宗旨根本与复社不同。《社事始末》云：

"天如、介生有复社《国表》之刻，复者，兴复绝学之义也；先君子与彝仲有几社六子《会义》之刻，几者，绝学有再兴之几，而得知几其神之义也。两社对峙，皆起于己巳（崇祯七年，一六二九）之岁……娄东、金沙两公之意，主于广大，欲我之声教，不讫于四裔不止。先君与会稽先生之意，主于简严，维恐汉、宋祸苗，以我身亲之，故不欲并称复社，自立一名。尽取友会文之实事，几字之义，于是寓焉。"

在崇祯初年，几社虽然与复社合作，但是复社对外，几社对内。复社整天地在外边开会活动，几社的同志却闭户埋首读书。复社开了三次大会，风头真是出够了，但是张天如一死，复社就嗣响终绝，而几社的文会却繁盛起来。杨钟羲《雪桥诗话》云：

"云间几社，李舒章（雯）与陈卧子承复社而起，要以复王、李之学。共七十三人，王玠石为首，青浦邵景悦梅芬继之，与张处中、徐桓鉴、王胜受业于卧子，时称四子。少受知于知府方岳贡，岁科果试第一，问业者甚众，同时入学至十七人。王却非司空日藻、张蓼匪布政安茂皆出其门，与方密之、陆讲山、陆鲲庭皆订文字交。当陈、夏《壬申文选》后，几社日扩，多至百人。"

那时几社的同志日渐众多，所选的制艺除宋存标《几社壬申文选》之外，还有《几社会义》初集。《几社壬申文选》是仿《昭明文选》体汇刻几社六子之文，每人六十首。《几社会义》人数比较多了，我们知道的有宋征舆、张安茂、徐孚远、张密、张宽等人，所以杜登春说："《几社会义》初集扩至百人。"当时共推徐孚远暗公为操选政的领袖，《几社会义》一直刻到五集，仍由暗公操持选政。但几社由极盛而渐变成分裂之势，就分成求社、景风两派。《社事始末》云：

"甲戌、乙亥，陈、夏下第，专事古文辞，文会各自为伍，汇于暗公先生案前，听其月旦，至丙子刻二集，戊寅刻三集，己卯刻四集，人才辈出。……至庚辰、辛巳间刻五集，犹是暗公先生主之。而求社、景风两路分驰，似有不能归一之势，然社刻总于一部内，几社朝夕课艺者，惟余长兄辈十余人另为一集，暗公先生所云正统是也。壬午，暗公上北雍，以六集之刻委于子服操之。于是谈公叙、张子固、唐欧冶兄弟、钱苟一有《求社会义》之刻，以王玠右、名世二公评选之。李原焕、赵人孩、张子美、汤公瑾有《几社景风》初集之刻，仍托暗公名评选，几社数子之文悉登于《景风》。"

未几，徐暗公获隽北上，不预几社操选政的事情。那时几社的派别更形分离，在崇祯十五年间（一六四二），景风社分成雅似堂一派，求社分成赠言社一派，在几社的朋友更分成了无数的小集团，如震雉社集、昭能社、野腴楼、小题东华集、西南得朋会等。《社事始末》云：

"壬午榜发，得隽者皆求社之人，景风无不在孙山外者。幸而暗公先生隽于北榜，几社稍有生色，然骎骎乎求社与几社有并立之势矣。壬午之冬，周宿来先生茂源与陶子冰修烐、蒋子驭闳雯阶、蔡子山铭岘、吴子日千骐、计子子山安后名南阳，集西郊诸子为一会，有雅似堂之刻，此景风之分支也。彭燕又先生率其徒顾子震雉镛即改名大申号见山者，举赠言社，亦有初集之刻，似乎求社之分枝，而实几社之别派。震雉欲登东海之堂而不得，归于燕又，集二十余人为一会，与几社诸子之文会相等。其中人才实有可观，如王子伊人即今农山先生、章子武谋扬高、沈子劼六朝栋、卢子文子元昌后名骆前、何子椀珠竹、宋子武宾演后名泳、唐子同保字少伯、陆子射石广，皆其选也。何我抑率其徒有昭能社之刻，盛邻汝先生率其徒为《野腴楼小题》之刻，王玠右先生率其徒韩子友一范、闵子山纤峻有《小题东华集》之刻。癸未之春，余与夏子存古完淳有西南得朋之会，为几社诸公后起之局，诸社文会悉来敦请，皆谢绝不与。至暗公先生下第归，命我等数童子应赴求社之招，一为求社诸公专力勤学，精工举业，宜亲之以为模楷；一为求社局面似有分门，以子弟从之，则浑化无异同之迹也。此语明告景风、雅似、赠言、东华诸公，以余数人不赴召之故，不独余数人知之耳。"

那时和景风最有势力，而求社的人物比较用功，获隽的很多。因此大家都推重求社。不久北都失守，弘光在南京立国，那时马、阮当政，东林的后裔和复社的名流全受了无限的打击。但夏彝仲丁忧家居，陈卧子请告终养，所以没有预白马之祸。社中的文会和选刻仍没有停。那时松江的社局，几社是社中的正统，求社、景风等社是他们的别支。他们统请徐孚远操选政，但选到《会义》第七集，徐暗公就请徐元贞丽冲来代理。他们虽然在那里粉饰承平，哪知道待了不多日子，南明的小朝廷就被清兵消灭，清兵节节直下，江南不久归入清廷版图。夏允彝和陈子龙就在松江与吴胜兆联合起义，被清兵所擒，都殉了节。那些复社、几社的名士，如吴应箕、顾杲、吴易等人，皆以起义做了为国而死的壮烈牺牲者，其余的像熊开元、方以智、钱秉镫也做了和尚，徐孚远跑到外面，做兴复的工作。他们会文的事情一变而为革命的豪举，这是何等令人钦佩呀！这些老先生们被清兵杀的杀，逃的逃，所剩下的仅有几个几社的后进了。

到了顺治乙酉、丙戌以后，江南初定，清廷南北二闱已经开科取士来牢笼一般的读书人，所以几社的名士张九征、宋征舆、宋实颖、宋德宜、宋德宏、邹只谟、董以宁等都出来应试。那时由宋实颖既庭、杜登春君迁，还有徐乾学、徐原文等在苏州发起沧浪会，联合吴郡和松江的两郡人物，提倡风雅。但不久两郡的士子渐渐起了意见。于是在顺治六年己丑的冬天，沧浪亭一局就变成慎交、同声两社。原来松江和吴郡的社事，明末日争月变以前是以松江为主，明亡以后，沧浪会中人物虽然全是徐暗公、杨维斗的高足，但社中的势力已转变到吴郡。不久吴中又分成两派，就是慎交和同声，而松江又立原社，慢慢地就与吴中分驰了。沈彤《震泽志》云："慎交社创于郡中宋既庭实颖，而吾邑之在社者则吴弘人兄弟为之冠。"因此慎交社后人多以为吴兆骞所主办。陈去病《五石脂》云：

"汉槎（吴兆骞）长兄弘人名兆宽，次兄闻夏名兆夏，才望尤夙著，尝结慎交社于里中。四方名士咸翕然应之，而吴门宋既庭实颖、汪苕文琬、练水侯研德玄泓、记原玄泲、武功檠、西陵陆丽京、同邑计改亭东、顾茂伦有孝、赵山子沄，尤为一时之选。当慎交社极盛之际，苕文尝来吴江。一日，汉槎与之出东郭门，徘徊垂虹桥，忽顾视苕文，引袁淑对谢庄语曰：'江东无我，卿当独步。'其放诞如此。"

同声社是章在兹、叶方蔼所主办。沈彤《震泽志》云：

"时昆山叶文敏方蔼先倡同声社，吾邑周求卓爰访董方南暗附之，遂各立门户，相为水火，垂二十年而后已，其始事盖在甲午、乙未间（顺治十一、十二年，一六五四——一六五五）也。"

杜登春《社事始末》明说是在顺治六年（一六四九）乙丑之冬，沈氏所说甲午、乙未间的话是错的。不过他们两社虽然在一郡，感情本不相睦，所以社事也日趋分离。那时社中诸子彭云客珑、宋既庭实颖、尤西堂侗等就想化除私人的意见，联合两郡的人士，推而广之，共举十郡大社，或又名作七郡大社或九郡大社。顾师轼《吴梅村年谱》卷三引毛奇龄《骆明府墓志》云：

"骆姓讳复旦，字叔夜，山阴人。尝同会稽姜承烈、徐允定，萧山毛牲赴十郡大社，连舟数百艘，集于嘉兴南湖。太仓吴伟业、长洲宋德宜实颖、吴县沈世英、彭珑、尤侗、华亭徐孚远、吴江计东、宜兴黄永、邹只谟、无锡顾宸、昆山徐乾学、嘉兴朱茂暭彝尊、嘉善曹尔堪、德清章金牧金范、杭州陆圻、越三日乃定交去。"

吴伟业也是提倡十郡大社的一个人，那时他正应召入都，道出虎丘，就与同声、慎交两社的士子解和，在顺治十年（一六五三）合七郡的才人和两社的同志，借着春禊社饮的时候在虎丘开大会，并且梅村的办法很好，请他两社每日各主席一次，庶不致起了冲突。《吴梅村年谱》卷四引程穆衡《梅村诗笺》云：

"癸巳春社，九郡人士至者几千人，第一日慎交社为主，慎交社三宋为主，右之德宜、畴三德宏、既庭实颖，佐之者尤展成侗、彭云客珑也。次一日同声社为主，同声社主之者章素文在兹，佐之者赵明远炳、沈韩倬世奕、钱宫声仲谐、王其倬长发。太仓如王维夏昊、郁计登禾、周子俶肇，则联络两社者，凡以继张西铭虎丘大会。《壬夏杂钞》：癸巳春，同声、慎交两社各治具虎阜，申订九郡同人，至者五百人，先一日慎交为主，次日同声为主。

又会日，以大船廿余横亘中流，每舟置数十席，中列优倡，明烛如繁星。伶人数部，声歌竞发，达旦而止。散时如奔雷泻泉，远望山上，似天际明星，晶莹围绕。诸君各誓于关帝前，示彼此不相侵畔。"

又《吴梅村年谱》卷四引王随庵《自订年谱》云：

"十年上巳，吴中两社并兴，慎交则广平兄弟执牛耳，同声则素文、韩倬诸公为之领袖，大会于虎丘，奉梅村先生为宗主。梅翁赋《禊饮社集》四首，同人传诵。次日，复有两社合盟之举，山塘画舫鳞集，冠盖如云，亦一时盛举，拔其尤者集半塘寺订盟。四月，复会于鸳湖，从中传达者研德、子俶两人，专为和合之局。是秋九月，梅翁应召入都，实非本愿，而士论多窃议之，未能谅其心也。"

当十郡大社的成立，几社六子之一彭宾的儿子彭师度也加入了十郡大社，很露头角。

《华亭县志·人物》云：

"子师度字古晋，号省庐，年十五，与虎丘千英之会，即席成《虎丘夜宴序》。吴祭酒伟业谓与吴兆骞、陈维崧为江左三凤云。"

但杜登春《社事始末》云：

"余以九月杪南归，不及与虎丘之会，云间社局武宣、孝力、冰修、古晋交主之，尚无歧途也。古晋于虎丘归，自称旧人子弟举大社，网罗一郡之人，亦大会于须友堂中。刑牲执耳，不论乡市胥隶，苟识之无罔不握手，叙弟昆，登坛坫矣。许子孝修以庶常丁艰里居，慨然愤告予曰：'社局混淆，为世所笑，古晋命我举第二集，其去取之操在我，莫若乘机一救正，非原社诸公举其事，我不犯大难也。'"

由上数段来看，自顺治十年大社在虎丘开会以后，彭古晋又在松江举大社，吴中社盟的势力又蔓延到松江来。但是当顺治庚寅、辛卯两年间同声势力最蓬勃的时候，松江已经与吴中分驰，杜登春与张渊懿、施授樟等十人就约松江的人士，上绍西南得朋之会，共立了原社，刻《原社初集》盛行于世，以与吴中相抵抗。后来大社的成立有吴梅村等人的主持，因此大家都无异议。到了彭古晋，回到松江重举大社，这松江人士怎能相容？因此就遭了杜登春一派的忌妒，由许孝修操选政的关系，就把彭古晋的大社一夕销散，松江人士全归到原社里来了。这十郡大社本来是敷衍的局面，不能如复社有统制的能力。大社虽然消亡，但慎交、同声仍然存在，但不能相容，真如沈氏所说："相为水火垂二十年。"慎交社到康熙十年庚寅还有社集的举动。《苏州府志》录云：

"康熙庚寅，吴届远楫复大集于传清堂，同学陈颖长锐霜、赤锷、徐武恭元颢、李露桢寅、沈丹珊凤城、计希深默、李道武绳善，与颖长门人张损持、尚瑗霜、赤嗣君起、雷沂震暨沾，左右坛坫。时则吴门、娄东、玉峰、虞山、云间及浙之武林、海昌、苕山、樏里、武源、浯水、当湖、魏塘、桐川，莫不声气相通，论文莫逆。三十年来，此事不讲，而文风已不振矣。"

我们再述原社成立以后的情形。原社的同人在南北闱之中得中的颇多，很得到一部分的势力，主持坛坫的是宋直方、李蔷斋等人，门户很严，那时率真社想加入原社，但被他们拒绝了。原社的文选共刻了二集，后来林古度、陆冰修起来，又重立社局，于是原社又分为恒社。

但是到了顺治十五年（一六五九）以后，江南时局业已大定，清廷就想出种种方法来钳制人民的行动，这种残苛行为的发生与明代的制度很有关系，是很可以注意的几件事，我们述几社的源流不能不附带着说明。由于明代绅士的贪横，他们可以侵占人民的田产，可以抗粮不纳租税，所以江南的租税一天比一天减少，赵翼的《廿二史札记》里面记载很详。因此在顺治间就有奏销案出来，所以一般士子，只要拖欠了钱粮，就可以把功名革掉，当日有"探花不值半文钱"之说。复次，明代的人士很重科举，到了清初清廷故意示好于民众，教他们来投考。那时明代的社局互通风气，有公荐、独荐、转荐之说，明代通关节的事情不知发生了多少次。上章已经说过，清初乍复科举，明季的陋习是不能免掉的，清廷借着通关节的事情，来大施其淫威。孟森《心史丛刊·科场案》云："至清代乃兴科场大案，草菅人命，甚至弟兄叔侄连坐而同科，罪有甚于大逆。"于是就有顺治丁酉南北闱科场案的发生。还有顺治十七年，郑成功和张煌言率师北伐，水师一直到了镇江，安徽和州、池州、无为、芜湖等全都响应。梁化凤把郑成功打败，成功退回舟山，就收复了台湾。明季遗民听见郑成功有这样的伟举，都在内地响应，欢迎郑成功北上，于是就有通海案和东南沿海迁界案的发生。这是清初的虐政，对待人民最残酷的事情。通海这件事，最显著的，在江苏有金坛九案，在浙东有祁氏之狱（详见第十一章"浙中诸社附闽中诸社"）。那些明季的遗民，抗清的固然被杀戮无遗了，就是当顺民的，也被清廷剥削和蹂躏。人命连草芥都不如，这是怎样可惨的事呀！

可怜几社的后裔彼此分立门户，原先所建立的大社既然联络慎交、同声二社，原社的人们把大社破坏了，而大社之首领又更立恒社，与原社相报复。他们社局的朋友刚中了举、进了学，哪知不日就成了阶下之囚和刀下之鬼呢？那时社中诸子社务正忙的时候，想不到奏销案和科场案发生，被连累的不下好几百人。《社事始末》云："江、浙文人，涉丁酉一案不下百辈，社局于此索然，几几乎熄矣。"社中最有名的人物吴兆骞汉槎就罹了科场之狱，充军到宁古塔。幸亏顾梁汾、纳兰容若、徐乾学的解救，才生赋刀环。这件事在孟森《心史丛刊》卷一《科场案》和吴汉槎《秋笳集》卷八《戊午二月十日寄顾舍人书》记得很详细，此处恕不另举了。不过在他们朋友们患难当中，据杜登春云："一年之中，为槛车谋行李，为复壁谋衣食者无虚日，苟非同社交游，安能敦古道、竭深情，如亲骨肉也哉？"这还可以见同志的义气吧。

那时社局的人物，因为有些同志都已仕新朝，所以有人护庇，还不至于都干了厉禁。《社事始末》云："两社同朝数辈，文章声教，实为海内亘古所未觏。同社之在里门者，各借以为树植之基，竞举大盟会，标榜招摇，倾动江表。江上之得免者，赖主盟皆在朝列。"通海等案发生以后，吴梅村正丁忧家居，他还是持融合慎交、同声两局的态度，请他们闭户读书，不要讲海南故事，因此"屏息偷生，无及于难"。但是还遭杭人陆銮借江上之事，告伟业是复社余党，想倾覆社稷。但这事幸未发作，从中和解，就算了事。到顺治十七年（一六六一）就有禁社盟的事件发生。在松江的社事，虽然原社又分为春藻堂（春藻堂原是几社最初集会的地方）和春藻之外的大雅堂之会，但实际也不过"爝火萤光"罢了。

我们还记得几社的领袖徐孚远，自弘光北狩之后，他从鲁监国漂泊海岛。永历时，命孚远做左都御史，随金汤入觐，失道越南，又跑到台湾，郑成功待他很好。那时明末的遗民跑到台湾的很多，他就约了鄞县陈士东等人立了海外几社，同时还有沈光文，也在台湾结社。另详在"浙中诸社"章（据连雅堂《台湾通史》卷二十九及杨钟羲《雪桥诗话》）。那时吴兆骞充军到宁古塔，在荒寒不毛之地，他也立了七人之会。《寄顾舍人书》云：
"乙巳以授徒自给，其夏，张坦公先生集秣陵姚琢之，苕中钱虞
仲，方叔、丹季兄弟，吾邑钱德维及鄙人为七子之会，分题角
韵，凡三集，穷愁中亦饶有佳况。其后以成役分携，此会随罢。"
这可以与函可和尚在沈阳的冰天诗社相媲美了。

几社自崇祯之初到康熙初年，凡四五十年，始终其事的就是
顾修南和杜登春。到了康熙初年，春藻堂的社集，顾修南和杜登
春还亲自莅社指示一切。杜登春告诫社中同人的《平生言》，虽
遭当时之忌，其文必有可观，可惜原书已不传了。他著有《社事
始末》记得很详细，我在此章内大半以杜氏之言为根据。但由杜
氏的书，我们可以知道，几社流传虽久，但他们派别不能不分
裂，分裂最显然的地方就是在崇祯末年求社和景风之分，顺治年
间慎交和同声之分。就以杜君所记而论，也有不公允的地方。十
郡大社本来是合慎交、同声两局，杜君偏偏对于这个举动不以为
然，所以他就借着彭古晋来大肆菲薄。但杜君主的原社又何尝惬
人意呢，所以后来原社又有恒社的分立。其实分来分去有什么结
果，也不过白云苍狗，供后人谈助罢了。复社同志发展普遍了东
南各省，但为时较短；几社地域虽小，却历时很长，可以说一个
是纵的，一个是横的。兹把两社源流系统，列表于下。

复社源流系统表

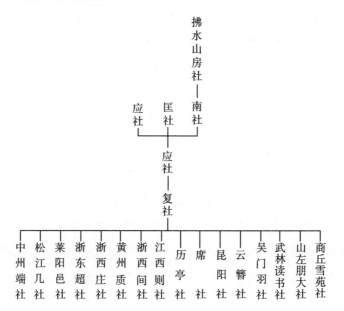

拂水山房社—南社

匡社　应社

应社—复社

商丘雪苑社　山左朋大社　武林读书社　吴门羽社　云簪社　昆阳社　席社　历亭社　江西则社　浙西间社　黄州质社　浙西庄社　浙东超社　莱阳邑社　松江几社　中州端社

几社源流系统表

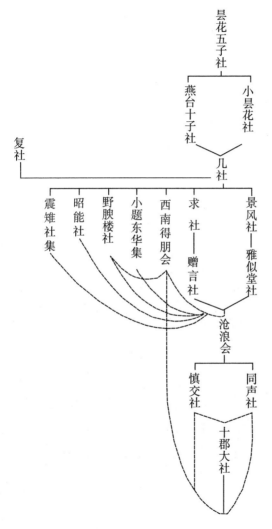

大雅堂之会—春藻堂社—原社—恒社

十、大江南北诸社

杨凤苞《秋室集》卷一《书南山草堂遗集》云：

"明社既屋，士之憔悴失职，高蹈而能文者，相率结为诗社，以抒写其旧国旧君之感，大江以南，无地无之。其最盛者东越则甬上，三吴则松陵。……"

我看不但在大江以南，就是大河以北，也有结社的举动。第一，我先述大河以北的社局，像山东掖县贡生赵士哲倡山左大社以应复社。杨钟羲《雪桥诗话》卷一：

"士哲字伯濬，倡山左大社以应复社。尝削稿，纵谈天下事，思上之朝，见陈启新用事，耻之，不果。甲申后，避兵登州之枳椒山，与弟子董樵耦耕海上。有《东山诗外石室谈诗》，乡人私谥文潜先生。董樵字樵，又字亦樵，一名莺，字樵谷，莱阳县学生。……"

《雪桥诗话》又云：

"彭饿夫之灿，其姓山人名通，与上谷张秉曜结北丘社。尝联句云：'浩然归去事如何，不伺邯郸惹睡魔。生死总同秋色老，北邙山畔月明多。'吐弃世故，绝炊不以为意。"

又如顾炎武到陕西访青门七子，王山史（弘撰）《山志》二集卷三云：

"青门七子皆宗室之贤而笃于学者也，各有诗文集，卓然成家。余所及与之游者，子斗翁（名谊祗，秦愍王九世孙）而已。乱后数往省之……尝与顾亭林言及，亭林入青门，特访其家。时翁已殁，见伯尝（名存杠，明亡易姓名杨谦，字伯常）索翁著作读之，因为之序。今伯尝亦殁，其子孙冒杨氏，盖从翁之母姓也。"

青门七子是明季宗室，聚于雁塔底下，互相唱和，这显然有结社的痕迹。此外像鸡泽三君（申凫盟、殷岳等），莱州姜垓、姜埰，济宁郑与侨等，他们一定也有结社的事情，不过山东、河北等处入清廷的版图较早，人民受新朝的钳固，行动不能自由；二来北方的记载和方志等书，叙述得不很详细，所以结社等事就寂然无闻了。

复次，在明代的社盟除了文社以外，还有一类似团练保甲的性质，像孙奇逢之结茅双峰。汤斌等撰《孙夏峰年谱》卷上："容城东南数里名双峰村，先生结庐于此。与同人修武备兴文学，干戈扰攘之时，有礼乐弦诵之风。"并且与同志立了科条，有严同心、戒胜气、备器具、肃行止、储米豆等六事，这全是为保护地方而设的。又有一类的社是专为理学家读书讲习之所，像孙夏峰在河南百泉立的十老社，应㧑谦立的狷社。凡此两端都与复社、几社等结社的性质不同，此处暂且不去叙述。

第二，我们要注意的是东越和三吴的社局。自从复社与几社兴起以后，社盟运动可以为两个趋势。一派的是同志们看见国已经亡了，家已经破了，他们由激昂的胸怀而变为放浪江湖，寄情诗酒，颓废的举动，这一派可名为颓废派。又有一派他们觉着虽然国破家亡，我们还是要不顾生死地照样干去，这一派可名为激进派。拿各社的形势来看，三吴的社局可归入颓废一派，东越和粤中的社盟可归为激进一派。在清代严酷政治之下，激进一派自然是杀戮无遗不必说了，就是放浪诗酒的颓废派，也被清廷弄得焦头烂额，这又是何等的残酷的事情！

现在讨论大江南北的社局，我们可以略为知道一点儿系统的共有三个，一是雪苑社，二是惊隐诗社，三是望社。兹分别叙述于下。

（一）雪苑社

雪苑社是商丘侯方域、贾开宗所主办的，入社的共有四人，为吴伯裔、吴伯胤、徐作霖、刘伯愚，他们都很有才气，当时江左诸名士目为吴、侯、徐、刘。雪苑社创办于崇祯十二年（一六三九），侯方域《壮悔堂文集》卷五《徐作霖张渭传》云：

"庚辰，作霖复罢春官……时方嬉游修春社于吴伯裔之家，因惨沮不乐罢去。阅二岁而为崇祯十五年壬午（一六四二），宋城破，作霖不知所终。"

后来方域到了南京，参与复社，加入了《留都防乱公揭》。弘光立，马、阮当政，他跑到扬州去依史可法。南都破，河南已归入清廷版图。那时徐作霖、吴伯裔、吴伯胤、刘伯愚早已在崇祯十五年商丘被匪所破时殉难（刘德昌修《商丘县志》）。朝宗由扬州回到家中，举目荒凉，故友已不在。幸喜贾开宗自远方回来，就与贾开宗、徐作肃及其侄世琛重修雪苑文社，后来加入了徐邻唐、宋荦等二人，就名作雪苑六子。

《壮悔堂遗稿·雪苑六子社序》云：

"吾向者雪苑之君子，有若吴子伯裔、伯胤、徐子作霖、刘子伯愚，尝与吾二三子为之。其从而为之羽翼者，莫不以文采自著，而以躬行相砥，甚盛事也。无何雪苑有寇难，四子者死，余与贾子开宗散而之四方。徐子作肃与其侄世琛采橡栗，挥锄田野，雪苑之社虚无人焉。呜呼！雪苑非遂无人也，而其文章散佚，流风歇绝，卒无有为之收拾，而振起之者，虽谓之无人可也。……乙酉，余自吴返，贾子自淮阴归，两徐子相见欷歔，言及雪苑旧事，流连者久之，已而曰：'吾四子可以社矣。是固吾雪苑之幸而存者也。'余曰：'姑待之。大乱亦既夷矣，天下之人才，其生育而长养之者未可量也。学古行修、聪明淹贯之士，莫遂谓雪苑无其人也，吾将求而益之。'于是三年焉，而徐子邻唐者出。徐子宿儒也，是吾昔者雪苑四子之所未及收也。三子曰：'可矣。'余曰：'固也。学古行修、聪明淹贯之士，莫遂谓雪苑无其人也，吾将求而益之。'于是五年焉，而宋子荦学成于燕而以至。宋子年少有异材，是吾雪苑四子之所未及见者也。于是相与左之右之，朝夕而切磨之，又二年焉，而六子之社以成。侯子曰：'吾昔者雪苑四子不可追矣，求之三年焉，而得一徐子焉；求之五年焉，而得一宋子焉；又二年焉，而合徐子、宋子，与吾四子者，而乃为六子焉。'然则社之以六子名也，夫岂存乎见少哉。"

不幸朝宗早殁，雪苑社也就解散了。

（二）惊隐诗社

惊隐诗社又名逃之盟，是几社而外松江最大的诗社。社创办于顺治庚寅（一六五〇），主盟的为叶桓奏、吴炎等人。吴炎后来罹了庄氏史案之祸，因此惊隐诗社遂为世人所注目。《秋室集·书南山草堂遗集后》云：

"甬上僻处海滨，多其乡之遗老，间参一二寓公，松陵为东南舟车之都会，四方雄俊君子之走集，故尤盛于越中。而惊隐诗社又为吴社之冠，汾湖叶桓奏，社中之领袖也。家唐湖北渚之古风庄，有烟水竹木之胜。岁于五月五日祀三闾大夫，九月九日祀陶征士，同社麋至，咸纪以诗，今考入社名流，见于桓奏《南山堂集》者略具。苕上则范梅隐（凤仁）、沈雪樵（祖孝）、全完城、陈雁宕（忱），禾中则颜雪矐（俊彦）、朱载扬（临）、钟琴侠（俞），武林则戴曼公（笠），玉峰则归元恭（庄）、顾宁人（炎武），梁溪则钱础日（肃润），吴门则陈皇士（济生）、程杓石（棵）、施又王（谭），同邑则吴匡庐（珂）、东篱（宗潜）、南村（宗汉）、西山（宗泌）、芳时（宗沛）、赤溟（炎）、北窗（寀）、曜庚（在瑜）、融司（南杓）、石城（嘉楠）、顾茂伦樵水（樵）、戴耘野（笠）、潘力田（柽章）、叶开期（世侗）、周暗昭（灿）、机高（尔兴）、其凝（抚辰）、安节（安）、朱长孺（鹤龄）、不远（明德）、钮晦复（明伦）、苏如（棨）、王兆敏（锡阐）、云顽（礽）、沈建芳（永馨）、彦博（泌）、李北山（恒受）、钱钟铭（重）、金宁武（瓯）、彦登（廷璋）、公觐（始垣）、耳韶（成）、颜子京（祁）、钟宾王（歆立），迹其始于庚寅，终于甲辰（顺治七年至康熙三年，一六五〇——一六六四）。诸君子各敦盅上履二之节，乐志林泉，跌荡文酒，角巾野服，啸歌于五湖三泖之间，亦月泉吟社之流亚也。后之续《遗民录》

者，必有取于斯也夫。桓奏名继武，自号五带散人，集凡四卷，假阅于沙泽陈氏。"

神州国光社排印本《吴赤溟集》附有惊隐诗社名单，与《秋室集》所记大致相同。又陈去病《吴节士传》云：

"吴节士赤民先生者，吴江之澜溪人也，讳炎，字赤溟，又字如晦，号愧庵。以遭逢鼎革，系心故国，不忍背弃，故更号赤民云。少承家学，为归安诸生，有声于时。未几国变，乃遁迹湖州山中。久之始出，则与其伯叔昆季为逃之盟于溪上，一时吴越间高蹈能文之士，闻声相应，而来者得数十百人，盖彬彬乎亦有月泉吟社、玉山雅集之遗风焉。"

附注云：

"按先生之父，兄弟九人，国变后皆改名隐遁，旋返故园，结惊隐诗社，即逃之盟是也。沈彤《震泽县志》云：'迹其始起，盖在顺治庚寅，诸君以故国遗民，绝意仕进，相与遁迹林泉，优游文酒，角巾方袍，时往来于五湖三泖之间，其后史案株连，同社有罹法者，社集遂辍。'"

我们提到吴赤溟之罹庄氏史狱，不可不先述庄氏史案的原委。原来明天启间湖州李国祯作了一部《明史概》，又名《明书》，内容有《明书大事记》《大政记》《大训记》，均系天启时所刻。论赞称朱史氏，其余未刻的有《列朝诸臣传》《开国逊国诸臣》二列传。已刻的版心上皆雕有"清美堂"三字。那时湖州庄廷鑨得到朱氏未刻的稿子，请了许多名人替他编辑，改名为《明书辑略》。所请编纂的人《秋室集》卷五《记庄廷鑨史案本末》云：

"……书成而廷鑨死，允城痛伤之，为乞故礼部主事李令晢撰叙，列吴越名士十八人为参阅。十八人者，归安茅元铭、吴之铭、吴之镕、令晢子初焘、元铭子次莱，乌程吴楚、唐元楼、严云起、蒋麟征、韦金祐、金祐子某，吴江张隽、董二酉、吴炎、潘柽章，仁和陆圻，海宁查继佐、范骧也。顺治十七年冬刊成（一六六〇），颇行于世。……"

那时吴赤民、潘力田虽然应了庄氏之约，并且他们两人又共同著了一部《明史记》和《今乐府》。潘柽章《今乐府序》云：

"今予两人故在，且幸未老，不此之任，将以谁俟乎？因相与定为目，凡得记十八、书十二、表十、世家四十、列传二百，为《明史记》，而又相与疏轶事，及赫赫耳目前足感慨后人者各得数十事。潘子为题，予为解；予为题，潘子为解。损之又损，以至于百，为《今乐府》，而铙歌骑吹雅颂不在焉。巳之冬成十三，午之春成十七，三阅月而余百章悉成。"

后来乌程令吴之荣以勒诈不遂，首先告讦。案发之后，除了查继佐、范骧、陆圻以事前自请检举，未及于难。是狱从顺治辛丑（一六六一）发生，至康熙癸卯（一六六三）判决，把全书编纂人和编纂人的昆弟子女年十五以上者全都斩决，妻女配沈阳披甲为奴，株连了不下一二百人，是清初最惨酷的一件案子。不幸惊隐诗社的领袖也罹了这场浩劫。《吴赤溟集》附《平望续志》云：

"吴愧庵名炎，潘力田名柽章，才望相埒。康熙癸卯二月（永历十七年），同以南浔庄氏史狱株连，逮系虎林军营，是岁五月五日吴、潘俱磔于杭之弼教坊，同死者七十余人，遣戍者百余人。先一日吴语其弟曰：'我辈必罹极刑，血肉狼藉，岂能辨识？汝但视两股上有"火"字者即我尸也。'闻者莫不流涕。后力田弟未官翰林时，尝白炎冤于朝，始得昭雪。"

像吴、潘之流，他本没有抗清急激的活动，但因为修史的事情也遭了奇祸。清初社盟的结局，惊隐诗社要算最惨的了。当时除了庄氏史狱之外，同时株连的还有闵声《岭云集》诗狱。《南雷文约》卷二《闵君墓志铭》云："君好苦吟，与吴敬夫批选唐诗，名《岭云集》。敬夫与闻庄史，其选诗校雠姓氏有徽人范希曾者，富室也，奸人遂居为奇货，以逆案胁之，而君与吴宗潜牵连下狱。"后来闵声得获释放，这也是不幸中之万幸了。

（三）望社

淮上的社局要首推望社，是淮上的诗人阎牛叟修龄、靳茶坡应升所主办的。李元庚《望社姓氏考》云：

"靳应升字璧星，一字二娱，号茶坡，又号茶坡樵子。明岁贡生，有捷才，为诗坛宿望。播迁后风雅如线，结望社以励同人，淮安诗复盛，后学能诗者半出其门，继往开来，有功于诗教，不可泯也。与饮牛叟虞山逸民同刻《秋心诗》，兴化李小有长科序之。先生世居新城，戊子以后，故居为牛马溲勃之场，卜居河北，不避风雨，诗益高古，著有《渡河集》，邱曙戒等付梓行之。序云：'先生怨尤不形于色，愁叹不见于声，与物无忤，绝口不及理乱。惟虞山再彭贱兄弟望社诸子，益相砥砺，饮酒赋诗，与之往还而已。'又有《焚余草》《鼠余草》等诗，邑志《文苑》有传。子宏疏字不器，诸生，后改窳，亦以诗酒自娱。侄宏远字梦庵，诸生，著有《偶草》一卷。"

又云：

"阎修龄字再彭，号容庵，别号饮牛叟，大参磻楚先生子。崇祯乙亥诸生，明末落籍，遁迹白马湖滨，名其居曰一蒲庵。同时如李楷、杜濬、傅山、王猷定、魏禧、阎尔梅辈，过淮皆下榻焉，时人称盛。又与同里张虞山、靳茶坡为世外交，朝夕行吟，结望社相唱和。其诗高洁无烟火气，不减储、王，著有《秋心》《秋舫》《冬涉》《影阁》诸集，有《红鸥亭词》行世。郡邑志皆有传。魏叔子称其平生慎检，特以诗名。赵饴山称其以文名，一时撰述甚富。王山史称其行谊甚高，又淹通坟籍，著为诗文，清真典雅，可以式靡起衰。旧刻有《兑阁遗徽》，悼丁孺人而作，又有《青溪怨》，感青姬而作，词语凄婉，一时和者如云，后皆散佚。先生家世盐筴，独介然自守，不趋流俗，其品诚不可及已。"

望社的集会本不为世所注意，人知道的很少，见于载记里面仅《茶余客话》一条。阮葵生《茶余客话》云：

"陈碧涵先生为望社名诸生，专精"三礼"之学，淮士治《礼经》者多从之游。与阶六黄门为兄弟行，名誉并著，陈定生称为吾家二夫子。按碧涵先生名美典，顺治戊戌进士，官山东沂水。"

可见这社里面以"三礼"注疏之学为尚的，因此开出来阎若璩考古一派。后来李元庚得《诗苑天听集》，首有校勘姓氏一卷，凡数百人，末列望社姓氏计三十人，李氏为搜辑成《望社姓氏考》，载《国粹学报》第七十一期及"小方壶斋丛书"。他列的人名，有李挺秀、黄申、靳应声、郭为珙、张玛若、沃起龙、卞

为鲸、胡从中、嵇宗孟、陈台孙、张镇世、沃起凤、潘取临、程
涞、张养重、阎修龄、张新标、杨方、陆求可、徐转迅、陈谷
骏、程淞、马骏、赵朗、李孙伟、张新栋、倪之煌、邱象升、邱
象随、阎若璩等人。我很疑心那时万年少寿祺也在淮上，为什么
没有把他列入？末附李钟骏跋云：

"吾淮张、靳诸老与同志立望社，名几与吴中埒，高才宿学
多出其间。亦只里中人士，风雨晨夕，饮酒赋诗，各行其抑郁不
平之气，以追古之作者，非有裁量人物，讥刺得失，故不致如娄
东之贻祸。"

大概社中人物，放情诗酒，不谈国事。虽然无赫赫之名，也
没有遭了奇祸，因此望社也就湮没无闻了。

十一、浙中诸社附闽中诸社

浙中的社局，我们可分为浙西、浙东两派。浙西杭州等处还承着三吴的余钵，诗酒吟咏，或从事禅悦，不脱三吴颓唐的风气。浙东宁波一带的社局，气象慷慨，勇于敢为，与浙西的风气便不同了。其他浙中诸处和福建、台湾一带也有结社之事，不过范围较小，因此把他们都综合在一块，附在后面。这里先述浙西诸社。

（一） 浙西诸社

杭州社局的成立本来很早。计东《吴祭酒书》云："应社之本于拂水山房，浙中读书社之本于小筑，各二十余年矣。时西泠严氏与金沙、娄东、吴门及江右之艾氏，皆鼎立不相下，迨戊辰西铭先生至京师，始与严子岸定交，最欢。"黄宗羲《南雷文案》外卷《仇公路先生八十寿序》云："因念昔日交游之为选家者，吴门则张天如、杨维斗、许孟宏，江上则吴次尾、刘宗伯，武林前则严印持、闻子将，后则张天生，金沙则周介生，江右则艾千子、张尔公，闽则余赓之、陈道掌，一时为天下所宗。"这可见武林的读书社本与复社并驾齐驱的，后来才参加了复社虎丘的大会。当读书社之初立，本于严氏之小筑社。当时余杭严氏兄弟共有三人，长名调御字印持，次名武顺字讱公，季名敕字无敕，都是很有才学，当时名作余杭三严。他们兄弟三人互相师友，立了一个小筑社。嘉庆《余杭县志·武顺传》云：

"兄弟自相师友，力追正始，择人士，订业小筑山居，武林社事之盛，实自此始。"

那时外人也许加入，因此闻子将也加入了小筑社。后来同里张秀初、江道暗等又办了一个读书社，闻氏和三严就与读书社合并，同加入复社。后来同里陆圻继读书社又办了登楼社。朱彝尊《静志居诗话》卷二十一云：

"杭州先有读书社，倡自闻孝廉子将、张文学天生、冯公子千秋暨余杭三严，后乃入复社，而登楼社又继之。文必六朝，诗必三唐，彬彬盛矣。"

读书社的集会，黄宗羲撰《郑玄子述》说得最详细，兹把他的原文抄录于后。《南雷文定四集》卷二《郑玄子先生述》云：

"君讳铉，字玄子，郑氏，浙之钱塘人，孔肩先生之子也。崇祯间，武林有读书社，以文章风节相期许，如张秀初岐然之力学，江道暗浩之洁净，虞大赤宗玫、仲翯宗瑶之孝友，冯俨公惊之深沉，郑玄子之卓荦，而前此小筑社之闻子将启祥、严印持调御亦合并其间。是时四方社事最盛，然其人物固未之或先也。癸酉秋冬，余至杭，沈昆铜、沈眉生至自江上，皆寓湖头，社中诸子皆来相就。每日薄暮，共集湖舫，随所自得，步入深林，久而不返，则相与大叫寻求，以为呕哕。月下泛小舟，偶竖一义、论一事，各持意见不相下，哄声沸水，荡舟沾服，则又哄然而笑。

三峰开堂净慈，一默为首座，君机锋相触，夺其竹篦欲打，拟议不果，余曰：'鸭子早已过新罗也。'君为之一笑。明年，余过湖上，昆铜又在，江右刘进卿、秋浦吴次尾亦至。夕阳在山，余与昆铜尾舫观剧，君过余不得，则听管弦所至，往往得之，相视莞尔。一日昆铜诋分宜于座，进卿争之，至于揎拳恶口，余与君解去。其夏，余自太仓返，与君宿于仲嫭水阁，谈至夜分，水鸟惊起，戛然长鸣。丙子，余寓表忠观前，与南屏相近。俨公、秀初、二虞皆往南屏，君亦日日过从。余弟泽望豪爽不羁，夜半掉船湖中，高吟长啸，沿湖群犬齐吠若豹。僧西吾，牧斋客也，凡社中之人，无不网罗以去。戊寅，君与俨公渡江访余，村路泥滑，同来沈长生不能插脚，君笑言：'黄竹浦固难于登龙门也。'乙酉五月，邂逅秀初、道暗及君于熊鱼山座上，从此读书社之缘绝矣。"

又《南雷文约》卷二《张仁庵先生墓志铭》云：

"君讳岐然，字秀初，丛林称为仁庵禅师。仁庵起孤童，便能力学。虞德园淳熙嗟叹，以女字之。是时寓庸德园，皆有文名乡邑，后来之秀，如闻子将、严印持、忍公、丁梦佳、冯俨公、邵玄浃，多出其门。仁庵以外孙馆甥，相与为友，闻见既非流俗，更广之而为读书社，则江道暗、道信、严子岸、顾斐公、虞大赤、仲嫭、卓珂月、邹孝直、叔夏、严子餐、郑玄子，几尽一乡之善。其后交道益广，浙东则陆文虎、万履安，禾中则薄子玉、魏子一，江上则沈眉生、沈昆铜、梅朗三、赵雪度、吴次尾，江右则舒芑孙、刘孝则，蜀中则刘墨仙。仁庵各取其长，以弦韦为幽赞，非一哄于声气者比也。友朋之婚嫁有无，死丧急难，仁庵视若同生，崎岖匍匐，处分条理。俨公、道暗病困来归，殓埋无憾，其有诖误，必严纤芥，所称直谅者无以过焉。国变后，寄迹僧寮，后四年己丑，抽簪落发。又三年壬辰始受衣拂，出世于皋亭山之显宁。"

这可见读书社曾盛极于一时。它虽然不能像复社传播这样广，但至少可与吴中慎交社相伯仲。近人朱倓著《明季杭州读书社考》，定读书社的社员共有二十四人，一闻启祥附弟启桢，二张元，三冯延年附子融，四严调御，五严武顺，六严敕附子津，七严渡，八严沆附弟渤，九张岐然，十张芬，十一虞宗玫，十二虞宗瑶，十三丁奇遇，十四冯惊，十五冯洽，十六江浩，十七江道信，十八顾有斐，十九卓人月，二十邹质士，二十一邹叔夏，二十二邹铉，外县的像浙东的陆文虎、万履安，江上沈寿民、梅朗三等皆行入社。就是黄宗羲也一度参加，他常说："余固社中人也。"不过黄宗羲对于读书社不很满意，他说："经生之学，不过训故，熟烂口角，圣经贤史，古今治乱，邪正之大端漫不省为何物。"（《高古处墓志》）他这些话很中当日社事的弊病。他又说："武林之读书社，徒为释氏所网罗。"（《陈夔献墓志》）朱氏遂说入释氏者，仅江道暗、张秀初二人，非必全被释氏所网罗。我看明季的遗老颓放一派逃禅的颇多。这也不必为读书社诸君讳。朱氏又说黄宗羲把小筑社的首领错认为闻子将，其实明季的社局并不是一个人所创办，所以像慎交社本三宋所主办，而《苏州府志》误为吴兆宽，与黄宗羲把三严所办的小筑社误为闻子将是同一样的错误。这是明季文人的积习，只要作者与社中的朋友哪个最好，就说那个人办的好了。

据朱倓说，小筑社起于万历三十七年（一六〇九）左右，天启（一六二七）始改为读书社，崇祯二年（一六二九）才加入了复社。崇祯十五年（一六四二）复社大会于虎丘，杭州登楼社诸子皆与其会，这时读书社就改为登楼社了，这些话是很对的。登楼社为陆圻、朱一是诸人所主办。全祖望《鲒埼亭集》卷二十六《陆丽京先生事略》云：

"讲山先生陆圻字丽京，杭之钱塘人也。……当是时，先生兄弟与其友为登楼社，世称为西陵体，性喜成就人，门人后辈下至仆隶，苟具一善，称之不容口。……先生与查继佐、范骧三人，于史固无豫。庄氏以其名高，故列之卷首，械系按察司狱，久之事白，诏释之。既得出，叹曰：'余自分定死，幸而保首领，宗族俱全，奈何不以余生学道耶！……'遂往广东丹霞山，一夕遁去，自是莫能踪迹。"

朱一是字近修，海宁人，著有《为可堂集》，集中有《濮溪社集序》和《临云社集序》。濮溪和临云皆是里中的社集，临云创于顺治壬辰（一六五二），集邑中精妙凡十余子，近修皆身与其役。后来又与陆丽京结登楼社，登楼社的人物可以知道的仅此两三个人。想他们结社未久就遭了国变，因此社事也就中辍。《南雷文案》卷三《查逸远墓志铭》述杭州社事的变迁很详细，可以见杭州社事的渊源，兹录于后。《查逸远墓志铭》云：

"自余束发出游，所交于杭郡之诸子，凡三换焉。始闻子将、严印持主持声气，其所谓读书社者，余皆得而友之，于中独知之契，冯俨公、江道暗、张秀初其最也。继读书而起者为登楼，余时就学于两京，不能遍交。于中则亲陆鲲庭丽京，于外则交朱近修。逮桑海之后，十有余年，余复至杭，则子将、印持、俨公、道暗、鲲庭已登鬼录，秀初去为浮屠，丽京隐于医肆，近修出而索游，其余亦零落略尽。一时被绮绣，戴朱缨宝饰之帽，烨然若神，人之少年，蔑视老生，不容托末契于其间。邂逅而得汪魏美、徐兰生、陆冰修、查逸远，湖山惨淡，天似伤我之孤零也。乃未几而魏美、近修又逝，丽京不知所往。余频年过海昌，犹幸与冰修、逸远登云岫山观日出，步海堤，指点夏盖石鼓，在苍茫间。岁丁巳，冰修入燕，明年而又丧逸远，余闻之，过时而哭。夫余于逸远之交情，未必过于前者所卒之诸子，而独有深悲于逸远者，盖自是而余衰年未死，武林之交游，弗复有义熙以前人物矣。"

当时读书社的领袖江道暗、郑玄子出了家，虞大赤、虞仲皜故去以后，高克临与邹孝直、刘雪符重结碾禄社。《南雷文定》卷二《高古处府君墓表》云：

"府君讳克临，字敬可，别号古处……迁仁和。……季初、道暗剃染为僧，玄子变姓名去，大赤、仲皜亦赍志以殁，辈行将尽，名理几熄，君把茅河渚，与邹孝直、刘雪符兄弟结碾禄社，逍遥琴樽杖席之间，名谈势语，终夕不及。永兴寺有古梅数树，一日大雪，君冲寒独往坐其下，语刺刺不休，不知所语云何也。山中盗起，移居北墅，孙武书亦迁家相就，花晨月夕，野航共载。寻山水僻处，洞箫隐隐，闻者方知二老之所之。"

这可以说是读书社的支派了。浙东的社集除了杭州以外，海昌有观社，是范文白骧和朱一是所主办的。《查东山年谱》引《海昌艺文志》云：

"国初海昌文社最盛，观社十二子实主东南坛坫，今无能举其姓名者矣，因备录之。葛定远辰婴、葛定象大仪、葛定辰爱三、朱嘉征岷左、朱升方庵、朱一是近修、朱永康石盘、范骧文白、袁秾丹六、查诗继二南、梁次辰天署、张华书乘。"

朱一是《为可堂集·谢友招入社书》云：

"仆小时读书，甫脱口，粗晓拈管，即从里中能文十一人游，日月省试讲评津津。厥后稍辍，仆乃肇启观社，始七人，继十有六人，广二十有六人，其后泛滥抑未已。"

那时龙山徐邈思、沈闻大也有晓社之选。他们两社意见本不相合和当查继佐少年时候本与同里许效翁、祝天孙、沈闻大、徐邈思、查毅斋、许楚白、许元昊、查鲁生、许川翁创为月课，号十二翁，自为风气，与他社不同。到了崇祯十二年，查继佐自吴门归，欲平两社意见，乃合两社诸公之文，合归于一，名曰旦社。他为两社选的文章，名之曰戒。他以为凡与复社的人以多选为荣，并且加以请托，继佐痛戒此病，故名之曰戒（据《查东山年谱》）。继佐字伊璜，明亡后取其名字偏旁，更名左尹非人。遭了庄氏狱案以后，他曾自己另纂《明史》，名作《罪惟录》（已影印于《四部丛刊》三编中），并有记鲁监国的《鲁春秋》等书。继佐本来别具文学特长，所以他办的社也别树一格了。

其他在嘉兴硖石镇有萍社。杨钟羲《雪桥诗话三集》卷一云：

"沈眉生称退山与群从光绣、蛰庵、昭绣让水为钱氏三逸。蛰庵居嘉兴之硖中，有《萍社一集》，山阴王遂东、天台陈木叔莅其盟。海宁则周璇青羊、郭瀋彦深、查继佐、方舟、吴维修、余常、郜鼎予大，嘉兴李明岳青来、王翙介人、王庭言远、郑雪舫瀹师，秀水则陆钿韦公、蒋之翘楚稚，崇德则周九毂公鲂，鄞则钱忠介肃乐，及蛰庵与张石渠布衣嘉昜并豫焉，沁水则张都督道浚深之，莆田则刘复公来，吴中则浮屠大嵰枯雪、浮屠林璧竹憨，凡十九人。乱后出山者独言远，亦禾中掌故也。石渠隐于医，行踪不出碶中，药笼所入，取给朝夕，兼工绘事。有《陶庵集》，萍社诸公诗多不载于竹垞《选》中。"

在平湖有忘机吟社。《雪桥诗话》卷三云：

"龙湫山人李潜夫（确）作忘机吟社，往来皆布衣有声者。乍浦宋尔恒名减，明季诸生，入社号觉非，尝读书陈山，有《万松台读易图》，潜夫为之记。平湖钱瀣芗有诗云：'石涧飞泉响翠岑，松台遗址久消沉。诛茅曾下高人榻，挂壁空思太古琴。离黍秋风怀故国，乱山名月见天心。卜居终负湖湘志，老去弥增感慨吟。……'"

浙西的社事，名目繁多，《鲒埼亭集外编》卷十一《钱蛰庵征君述》云："碶中有淡鸣社、萍社、彝社，吴中有遥通社，杭之湖上有介社，海昌有观社，禾中有广敬社，语溪有澄社，龙山有经社，先生（钱光绣）皆预焉。"这可见社名虽然有这样多，但社中的人物彼此可以参加的。所以朱近修在杭州与陆圻办了登楼社，他自己在海昌办了观社，一个人参与了好几个社局，这是明季很普通的现象了。

（二）浙东诸社

社事之在浙东，甬上为胜，全祖望《鲒埼亭集外编》卷二十五《句余土音序》："明之诗社，一举于洪兵部，再举于屠尚书，三举于张东沙，四举于杨沔阳，五举于先宫詹林泉之集。"像李文胤办的鉴湖社，黄宗羲《南雷文约》卷一《李呆堂先生墓志铭》云：

"先生讳文胤，字邺嗣，今以字行，别号呆堂。……里中有鉴湖社，仿场屋之例，糊名易书，以先生为主考，甲乙楼上，少长毕集，楼下候之。一联被赏，门士胪传，其人拊掌大喜，如加十赉。"

这不过是普通的文会罢了，没有什么参加社会的运动，我们暂且不去叙述它。我们先要知道的是浙东的学风和士气。自从刘宗周倡证仁书院，提倡实践之学，于是他的门人黄宗羲更发挥而广大之。宗羲字太冲，余姚人，是清初的大儒。当他少年时代，他的朋友陆文虎、万履安和他兄弟黄宗炎、宗会都是一时的英才，很能提倡一时的风气，所以余姚、鄞县、慈溪一般的人士都受黄氏弟兄的影响。当崇祯初年逆党初平，天下尚未大乱，吴中的社事煞是热闹。但是东越的地方风气仍然不甚开通，因此陆文虎、万履安和太冲兄弟愿意把甬上人士与吴中复社联合。《南雷文约》卷一云："诗坛文社，三吴与浙河东相闭隔，而三吴诸老先生皆欲得此两人为重。"那时鄞县诸生华夏、王家勤也在鄞县倡立社盟。所以不久他们都加入了复社，与大江以南的社事相应和。崇祯间东林诸孤南都开成立大会和驱逐阮大铖的《防乱公揭》都有黄宗羲诸人的名字，因此东越的风气就慢慢开通起来，而慈溪的社事尤为发达。《南雷文约》卷一《刘瑞当先生墓志铭》云：

"当是时，慈水才彦雾会，姜崇愚、刘瑞当、冯玄度、冯正则、冯簟溪诸子，莫不为物望所归，而又引旁近县以自助。甬上则陆文虎、万履安，姚江则余兄弟晦木、泽望，盖无月无四方之客，亦无会不与诸子相征逐也，呜呼盛矣！"

太冲与陆文虎、万履安尤为要好，《南雷文约》卷三《祭万悔庵文》云：

"余之交先生与文虎，盖在壬申之岁也。当是时，东林、复社争相依附，予所居僻远城市，亦不乏四方之客，丧乱之后，其迹如扫。瑞当尝曰：'文虎云亡，百里之内，自履安而外，谁复窥黄氏之藩篱者。'晚潮落日，孤篷入港，虽里媪荛儿，亦知其为先生访余兄弟之舟也。"

但是虽说好友云亡，而时局也就大变了。再想朋友团聚，醉酒征歌，岂有那种机会！不久南都失守，潞王常涝在杭州监国，不到三天就投降了清廷。清兵眼看着就要渡钱塘江，瓯越重地旦夕不保，那些士大夫们都是要"箪笥壶浆以迎王师"，三五个读书的人只有关起大门来在那里悲叹咨嗟，但是也没有办法，咳！现在有办法了，就是这几个书呆子。

那时鄞县城里几个社盟的同志，董志宁、王家勤、张梦锡、华夏、陆宇佺、毛聚奎等人，平素好高谈阔论，当时的人名作六狂生。他们听见了清兵要渡钱塘江的话，见着时局糟到这步田地，感到实在义不容辞，非起义抗清不可。他们知道城内的绅士钱肃乐也是个好事之徒。那时肃乐正卧病在家，他们跑到他家里去，告诉他要起义的话，肃乐听了这些话非常感动，马上就答应了他们。第二天就于城内城隍庙里开会，不到一会儿的工夫，老百姓聚集了不下好几千人，老百姓都大声疾呼说："何不就奉钱公起事！何不就奉钱公起事！"老百姓这样地叫着，一拥而进，就把钱公拥到巡按衙门的大堂上，请他起事。钱公就约会了方国安、王之仁等的军队，封锁了钱塘江，请鲁王以海在绍兴监国。当时名作"划江之役"。全祖望《鲒埼亭集》卷七《钱公神道第二碑铭》云：

"世祖章皇帝定鼎二年五月江南内附，六月浙江内附，闰月明故刑部员外郎钱公肃乐起兵于鄞。大兵之下浙也，同知宁波府事朱之葵、通判孔闻语迎降，贝勒即令之葵知府事，以闻语同知府事。公方居忧，在东吴丙舍中咯血，闻信恸哭，绝粒誓死，诸弟已为之治身后事。鄞之贡生董公志宁首倡谋义，聚诸生于学宫，王公家勤、张公梦锡、华公夏、陆公宇㒓、毛公聚奎和之。遍谒诸乡老而莫敢应，即所云六狂生者也。……宇㒓故与公同研席相善，途中闻公已至，大喜，挽公入城，途遇志宁，遂定谋，发使以十二日集绅士于城隍庙。诸乡老相继集，之葵、闻语亦驰至，时诸人皆未有定意，离席降阶，迎此二人，而公遽碎其刺，拂衣而起。百姓聚观者数千人，欢声动地。有戴尔惠者，布衣也，大呼曰：'何不竟奉钱公起事！'观者齐声应之，举手互相招，拥公入巡按署中。俄顷，海防道二营兵暨城守兵皆不戒而至，遂以墨缞视师。"

那时黄宗羲、宗炎和慈溪冯京第等也在黄竹浦起义，他们练的军队非常勇敢，名作世忠营。这事的发生是在乙酉的冬天，但是到丙戌的六月里江上的兵就溃了，鲁王漂泊海岛，浙东不被清兵所下的只有翁洲弹丸之地（以上据《小腆纪传》）。那时浙东的士大夫以至军民人等都惓怀故国，依岩结寨，义兵四起，由宁波、绍兴以至台州、处州，山寨不知结了多少义兵。那时山寨的义兵以张煌言、李长祥、大兰寨主王翊最为强盛。《鲒埼亭外集》卷四《右佥都御史王公墓碑》云：

"时浙东山寨相继起，故御史李公长祥军上虞之东山，故翰林张公煌言军上虞之平冈，故都督章公钦臣军会稽之南镇，其余则萧山石仲芳、会稽王化龙、陈天枢，台州俞国望、金汤，奉化吴奎明、袁应彪，浙西之湖州柏襄甫等亦应之。至于小寨支军以百数，然诸营招集无赖之徒，不能不从事于抄掠，惟李公、张公与公（王翊）三寨不扰民，而李、张二军单弱，不如公所部之雄。于是大兵欲平山寨，以公为的。"

山寨的势力既然这样的强盛，钱肃乐就趁着这个机会航海入闽，连下三十余城。驻闽的军队到浙东告急，鄞县的华夏、王家勤、屠献宸等借着山寨和翁洲黄斌卿的势力请他们来攻鄞，他们可以当内应，但是办事不密，为奸人谢三宾所告讦，把他们都下了监狱，当时称为"翻城之役"，名他们为五君子。

这时清廷看着浙江的义师实在的厉害，就用招抚的方法，恩威并用，一般无耻的人就投降了清朝，山寨的义兵顿去了势力。黄宗羲的世忠营被清兵所破，宗炎和冯京第都被清兵所擒，幸亏高斗魁想出了计策，才在法场上把宗炎救出来，宗炎的世忠营就归到王翊的军队里去了。不久王翊也为清兵所执被害，那时六狂生中健在的只有陆宇㒱了。他看见盖世的英雄为清兵所杀，心中极为难过。他把王翊的头盗出来，每年的寒食悄悄取出王公的头来，把酒祭奠。董沛《鄞县志·人物十五》云：

"翊败，枭首甬之城阙，宇㒱思收葬之，每徘徊其下。一日见暗中有叩头而去者，迹之，走入破屋中。问其人，曰："吾渔人毛明山也。曾以卒伍事王公，今不胜故主之感耳。"宇偁相与流涕，诣江汉计之。汉者钱肃乐之将也，失势家居。会中秋竞渡，游人杂沓，汉红笠握刀，登城游戏，至枭悬所，问守卒者头为谁？卒以翊对，汉佯怒曰："嘻！吾怨家也。"拔刀击之，绳断堕地。宇偁已预立城下，以身蔽明山，拾头杂俦人而去（黄宗羲撰墓志）。宇偁得首，藏书柜中，袭之以锦（全祖望撰《王翊墓碑》）。每年寒食，密出其首，以一卮祭之（全撰《苇翁墓志》）。越十二年，而家人无知者（《南天痕》）。迨宇偁以海上事起，逮其家被籍，有司见书柜中故纸断烂，因弃之。既去，家人屏当书柜，得一锦函，发之则人头也，宇偁弟宇爆哭曰：'此王侍郎之首也。'乃束蒲为身，葬之城北马公桥下。"（《王翊墓碑》）

那时山寨的义师风云四散，鲁王也失去了势力，投奔了郑成功，浙东一土已无可为力之地。回想昔日桴鼓相应，与复社、成社相唱和亦不可复得，那些明季的志士，只有在荒江老屋之中遇见几个同志结起一个诗社，作楚囚对吟，或者做点秘密工作，以冀兴复于万一，还有些颓放的人就做了和尚。像明季遗民周唯一，他曾一度到剡源当和尚，去了头发，做了一个发家。他作的一个铭非常好，他说：

"惟松有声，可以无哭；惟薤有露，可以无泪；惟鸟石依依，可无吊客。"（《南雷文约》卷一《余若水周唯一两先生墓志铭》）

这是何等的凄凉呀！我们再叙述那一班志士，像黄宗羲本是最勇敢的人，鲁王覆灭以后，连遭名捕，他的兄弟黄宗炎死而复生，他的最好朋友万履安、陆文虎也都早早故去，他只有跑到梧溪、慈溪、甬上重新讲学。他在甬上最久，对于甬上的感情特别的好，所以他在甬上立了证仁书院，万履安的儿子斯大、斯同弟兄都从他读书，甬上的人物从他读书的很多，成了一时风气。后来他的学生陈夔献、陈锡嘏等创立了讲经会。《南雷文约》卷二《陈夔献墓志铭》云：

"丁未、戊申（康熙六年、七年）甬上陈夔献创为讲经会，搜故家经学之书，与同志讨论得失。"

又《陈锡嘏墓志铭》云：

"先是甬上有讲经之会，君与其友陈赤衷等数十人尽发郡中经学之书，穿求崖穴，以立一哄之平，盖断断如也。自君出而诸子亦散，至是复集，甬中多志行之士，由此会为之砥砺耳。"

那些六狂生、五君子之流，像华夏、王家勤在崇祯年间本来从事社盟，与复社、成社相应，明亡后就奔走国事，不预社盟。及至事无可为，或者投老穷荒，或者新自狱出，在郁悒无聊之中，只得立起了诗社，在鄞上最著名的共有四个，就是西湖八子社、南湖九子社、西湖七子社、南湖五子社。《鲒埼亭集外编》卷六《湖上社老晓山董先生墓版文》云：

"有明革命之后，甬上蜇遁之士甲于天下，皆以蕉萃枯槁之音，追踪月泉诸老，而唱酬最著者有四社焉。西湖八子为一社，故观察赣庵陆先生宇㑷，故枢部象来毛先生聚奎，故农部天鉴董先生德偁，故侍御衷文纪先生五昌，故枢部昭武李先生文缵、韫公周先生昌时、心石沈先生士颖，而桐城方先生授以寓公豫焉，其为之职志者昭武也。南湖九子为一社，故农部青雷徐先生振奇，故太常水功王先生玉书，故舍人梅仙丘先生子章，故评事荔堂林先生时跃，故监军霜皋徐先生凤垣、废翁高先生斗权，故征士蛰庵钱先生光绣，故武部隐学高先生宇泰，呆堂李先生文胤，其后复增以故评事端卿倪先生爰楷，故征士立之周先生元初，其为之职志者隐学也。已而西湖七子又为一社，故征士正庵宗先生谊，香谷范先生兆芝，披云陆先生宇燨，晓山董先生剑锷，天益叶先生谦，雪樵陆先生昆，而故锦衣青神余先生佺以寓公豫焉，其为之职志者晓山也。最后南湖五子又为一社，故太常林先生时对、周先生立之、高先生斗权、朱先生钍与晓山也。其余社会尚多，然要推此四集为眉目云。"

除了那四社之外，林时跃办的南湖九子，又名梓乡耆会，预选很严，所以只有九个人。其他还有鹤山七子之会。董沛《鄞县志·人物十四》云：

"林时跃字遐举，号荔堂，雅负志节，受业于刘宗周，又受学于黄道周，归而与华夏、王家勤为讲社，所称鹤山七子者也。"

毛聚奎在庚寅、辛卯间与吴于蕃、管道复、汪伯征、倪端木、邗上周雪山为社（见《鲒埼亭集》卷二十七《毛户部传》）。可惜他的社名已不可得见了。

余生生虽然是甬上的寓公，但他最好事，余氏有借鉴楼，他们常在那里社集。《鲒埼亭集外编》卷二十《余生生借鉴楼记》云：

"鄞之西湖，以贺秘监尝游息于此，故有小鉴湖之目。借鉴楼者，故锦衣青神余君生生之寓寮也。……已而国亡，谋结勋卫子弟兵以杀流贼，不克，逃之江南，参人军事，又不济，始来鄞。其时鄞之世家子弟丧职者多，乃相与悲歌叱咤，更唱迭和，无虚日，傲居湖上，有七子诗社，详见予所作诸公志序中。而生生最长，社中奉为祭酒。尝曰：'吾敢谓此间乐不思蜀耶！'爰署其居曰借鉴楼。诸公在湖上者，陆披云有观日堂，宗正庵有南轩，陆雪樵有岁寒馆，生生之楼，皆与相望，诗笺往复，朝夕旁午。盖居楼中者二十年，一日偶题其集曰'四明余俊'，先大父赠公见而笑曰：'是所谓久假而不归者欤！'生生始而长吁，继而涕泗阑干。晚年尤困，以其女适姚江，挈其孺人往依之。然犹戒诸公封固是楼，无毁伤其薪木，一岁之中必三四至，则启是楼而居之。尝曰：'吾虽死，犹当作湖上寓公，或与诸公相遇于凄风寒月之下。'闻其言者莫不悲之。"

湖上诸社以外，还有全美闲的弃繻社。《鲒埼亭集外编》卷八《族祖莘翁先生墓志》云：

"莘翁先生讳美闲，字吾卫。……国难后，自以明室世臣，不仕异姓，集亲表巨室子弟为弃繻社。于是愿入社者，杨氏则文懿公裔孙文琦、文瓒，屠氏则侍郎大山孙献宸，董氏则侍郎光宏孙德钦、翰林樾曾孙剑锷，周氏则尚书应宾孙御天，陆氏则都御史世科子宇侄、宇燢，李氏则尚书康先孙振玑、振玘，徐氏则大理卿时进子凤垣，施氏则都督金事翰子邦玠，高氏则都御史斗枢子宇泰，吾家则族祖木千先生暨先曾王父兄弟皆豫焉。而武进王忠烈公子之杖，以忠烈曾知鄞，故来侨寓，亦愿入社。谢昌元闻而恶之曰：'此辈不复求死所耶！'顺治丙戌，之杖以部曹为金华朱阁部所招，守义乌死。戊子，二杨兄弟、献宸、德钦、邦玠五人谋以城应海上，不克，俱死。宇泰牵连入狱，幸免，先生不以惧祸自降其节。己丑，监国至翁洲，先生为之治其屝屦，则货宗伯遗居应之。自是只老屋两间，有时晨炊不给，先生画马自若。监国召之为枢曹，未赴，翁洲破而止。……壬寅，振玑以降人所告入狱。癸卯，先生与宇侄俱逮至杭，叹曰：'吾不可辱。'一夕暴卒。"

诸君不要以为明季志士仅仅楚囚对吟，就算了事，他们一遇见机会，仍还是想恢复神京。我拿山阴祁班孙通海案做一个例子。山阴祁氏淡生堂是浙东藏书的名家，陈继儒撰祁承㸆《淡生堂集》序说："公初有合辙社而通经学，有读史社而通史学。"我们虽然找不到他们结社的事情，但他们那样激昂慷慨，和甬上诸子是同应当注意的。《鲒埼亭集》卷十三《祁六公子墓碣铭》云：

"祁六公子者，讳班孙，字奕喜，小字季郎，忠敏第二子也。其兄曰理孙，字奕庆。以大功兄弟次其行，故世皆呼曰祁五、祁六两公子。……祁氏自夷度先生以来，藏书甲于大江以南。其诸子尤豪，喜结客，讲求食经，四方箐履，望以为膏粱之极选，不胫而集。及公子兄弟自任以故国之乔木，而屠沽市贩之流亦兼收并蓄。家居山阴之梅墅，其园亭在寓山，柳车踵至，登其堂，复壁大隧，莫能诘也。慈溪布衣魏耕者，狂走四方，思得一当，以为亳社之桑榆，公子兄弟则与之誓天称莫逆。魏耕之谈兵也，有奇癖，非酒不甘，非妓不饮，礼法之士莫许也，公子兄弟独以忠义故曲奉之。时其至则盛陈越酒，呼若耶溪娃以荐之，又发淡生堂壬遁、剑术之书以示之，又遍约同里诸遗民如朱士稚、张宗道辈以疏附之。壬寅（康熙元年），或告变于浙之幕府，刊章四道捕魏耕，有首者曰：'苕上乃其妇家，而山阴之梅墅乃其死友所啸聚。'大帅亟发兵，果得之，缚公子兄弟去。既谳，兄弟争承，祁氏之客谋曰：'二人并命，不更惨欤！'乃纳贿而宥其兄，公子遣戍辽左，其后理孙竟以痛弟郁郁而死，而祁氏为之衰破，然君

子则曰：'是固忠敏之子也。'当是时禁网尚疏，宁古塔将军得赂
则弛约束，丁巳公子脱身遁归。已而里社中渐物色之，乃祝发于
吴之尧峰，寻主毗陵马鞍山寺，所称咒林明大师者也。荐绅先生
皆相传曰：'是何浮屠，但喜议论古今，不谈佛法。'每及先朝则
掩面哭，然终莫有知者。尝偶于曲蓝座上，摩其足而叹曰：
'使我困此间者汝也！'"

这可见他们秘密工作的情形了。

（三）附闽中诸社

闽中的社事，黄宗羲云："闽则余赓之、陈道掌。"余、陈所
办的社虽然不可考，但闽中社局可分福州、漳州两派，福州的社
事有曹学佺所创的石仓园社和阆风楼社。徐𤊹《小腆纪传》卷二
十六云：

"曹学佺字能始，侯官人。万历乙未进士，官南京户部郎中，
以诬罔得罪，崇祯初起广西副使不赴，著书。所居石仓园中，结
社谈燕。著有《十二代诗选》《石仓全集》，闽人士以为归。"

其时闽中还有八郡文社。《小腆纪传》卷十七云：

"林逢经字守一，逢平字守衡，闽之长乐人，兄弟切劘相师
友，以文雄一时。逢经性刚急，或面摘人过，逢平性冲和。闽中
建文社，八郡人士悉集西湖之荷亭，二林领袖之。从逢平问难者
数十人，从逢经十余人而已。……"

漳州的社事首推郑亦邹主办的南屏文社。亦邹著有《明季遂
志录》，已失传了（近已发现传本）。陈寿祺《东越儒林后
传》云：

"郑亦邹字居仲，漳州海澄人。顺治十三年举人，淡于仕进，

未几，乞假归，结庐白云之麓，为南屏文社，学者自远至。"

重纂《福建通志》云：

"郡中文社之盛，有南屏，世罕知之。南屏者，郑白麓亦邹居石溪时所主倡也。与会常三百余人。郑鹤斋溥有诗《忆石溪简卢正则》云：'忆昔南屏会风雨，白麓先生实鼓舞。一时云集三百人，烨烨英资动眉宇。文风振起八代衰，简约清华与奇古。'"

同时漳州还有元云诗社，结社于紫芝山麓，同社的蒋孟育、王志远、林茂桂等数人。其他还有陈价夫办的芝山诗社、陈学海办的三山吟社，这都与社会没有什么关系，所以不详举了。

不过明季士大夫，看见国家沦亡，只有台湾郑氏还打着明代的旗号，他们都跑到台湾去求一线的生机，所以徐孚远在台湾有海外几社。还有沈光文字文开，号斯庵，鄞县人，同与划江之役，后来跑到台湾作客三十多年，看见郑氏三世的盛衰。清康熙间姚启圣得了台湾，光文尚住在台湾。启圣请他回鄞，但光文终究没有投降清朝，他在台湾结有福台新咏社。《鲒埼亭集》卷二十七《沈太仆传》云：

"闽督姚启圣招，公辞之。启圣贻书讯曰：'管宁无恙。'因许遣人送公归鄞，公亦颇有故乡之思，会启圣卒不果。而诸罗令李麟光，贤者也，为之继肉继粟，旬日一候门下。时耆宿已少，而寓公渐集，乃与宛陵韩文琦，关中赵行可，无锡华衮、郑廷桂，榕城林弈丹、吴蕖轮，山阳宗城，螺阳王际慧结社，所称福台新咏者也。寻卒于诸罗，葬于县之善化里东堡。公居台三十余年，及见延平三世盛衰，前此诸公述作，多以兵火散佚，而公得保天年于承平之后，海东文献推为初祖。"

十二、粤中诸社

广东地方虽然僻远，但是文化极为昌明，在崇祯间，陈子壮、黎遂球、陈邦彦、欧必元等人以文章声气与江南复社相应和。在广东的社事，我们知道的有陈子壮的南园诗社、屈大均的西园诗社、黄登探梅诗社和僧函昰的净社，僧函可在沈阳结的冰天诗社。

（一）南园诗社

广东南海地方本来就有南园诗社，崇祯间陈子壮重为修复。子壮字集生，号秋涛，南海人，万历己未进士，是明末极有名的文人。崇祯九年以与时相温体仁不和，得罪回家，就与黎遂球等重修南国社举。九龙真逸《胜朝粤东遗民录》附《陈文忠公行状》云：

"公既归，辟云淙别墅于城北白云山中，寄情诗酒。复修南园旧社，一时诸名流区启图名怀瑞、曾息庵名道唯、高见庵名赉明、黄石佣名圣年、黎洞石名邦瑊、谢雪航名长文、苏裕宗名兴裔、梁纪石名祐逵、区叔永名怀年、黎美周名遂球，及公季弟名子升共十二人，称南园后劲，各有诗集行世。遂球番禺人，执贽门下，师事唯谨，公亦雅爱重之。师弟二人，往往于月夕花朝，谈及时事，辄欷歔流涕，人莫知之也。"

黎美周和陈子升都很有文名，他在扬州郑超宗望园里盛会上所赋的黄牡丹诗尝为时人所盛称，称为"黄牡丹状元"。那时南园诗社的文名四溢，加入诗社的很多，因此南园十二子的人名记载也不一样。而南海、羊城等处素来是繁华之地，所以集会的时候非常热闹，会日必以歌妓侑酒，这种风味不减于白下的社盟。《粤东遗民录》卷二云：

"崇祯己卯，（欧）主遇与陈子壮、子升兄弟及从兄必元，区怀瑞、怀年兄弟，黎遂球，黎邦瑊，黄圣年，黄季恒，徐棻，僧通岸等十二人，修复南园旧社，期不常会，会日有歌妓侑酒。后吴、越、江、浙、闽中诸名流亦来入社，遂极时彦之盛。"

他们社集虽然繁盛，但是不久南北二都相继失守，在永历元年丁亥，陈子壮、张家玉、陈邦彦在广东九江乡起兵，与永历帝相接应，但是被李成栋所败，都殉了难，南园诗社即无形停顿，三位烈士之中，只余下了子壮的兄弟子升和邦彦之子恭尹。恭尹字元孝，号独漉子，顺德人。邦彦被难的时候，恭尹刚十七岁，由父友湛粹把恭尹藏在复壁里，才免于难。恭尹少有文名，颇有恢复之志，及至永历帝被难，他看事无可为，回到顺德，与何绛、何衡、梁琏、陶璜同游，时称北田五子（见《粤东遗民传》）。后来朱彝尊、王士禛、赵执信先后游粤，俱与订交，世以其诗与梁佩兰、屈大均并称岭南三大家。恭尹声望甚高，虽是降志辱身，一般的人士尚能原谅他的苦衷。自恭尹死后，南园的遗风也就绝响了。

（二）西园诗社及其他诸社

西园诗社为屈大均、王邦畿所主办，《粤东遗民传》卷一云：

"屈大均原名绍隆，字翁山，又字介子，番禺人。己丑父殁，削发为僧，事函昰于雷峰，名今种，字一灵，又字骚余，名所居曰死庵。复取永历钱一枚，以黄丝系之，贮以黄锦囊，佩肘腋间，以示不忘。时乱后，士多蜇遁，大均因与同里诸子为西园诗社。"

屈大均、金堡均为清廷所最忌的人，清乾隆间还有发掘南京雨花台大均衣冠冢案，详《清代文字狱档》。其他粤中的社事，如黄登，番禺人，晚开黄村探梅诗社，延梁佩兰主衡社诗。陈虬起，番禺人，少从萧奕辅、梁祐逵、黎邦瑊、区怀年等结社于芳草精舍，感伤时事，抑郁之气时露于唱和间。杨晋字子书，号二雪，香山人，诸生，与黎遂球、张家玉、梁朝钟结诗社于白云山寺，称岭南四子（以上均见《粤东遗民传》）。这些事均可备粤中的掌故。

（三）净社及冰天诗社

我们要注意的是函昰和函可，他们虽然是粤中的两个和尚，但的确是粤中的两个怪杰。函昰字丽中，一字天然，番禺人，本姓曾名起莘，字宅师。年二十六，中崇祯癸酉举人，甲戌会进士回来，就厌弃了世俗，从黄岩道独削发，释名函昰。说起来道独也是南海最有名的和尚，他二十九岁的时候入博山参无异禅师，得其传为曹洞三十二传法嗣。函昰到道独那里去，道独就与他偈说："风幡一颂解投机，千里同风事亦奇。三上黄岩问端的，实知野老不相欺。"函昰领受了他的大法，就在归宗寺当了和尚。那时博罗人韩宗骍也顶礼道独为师，入这山下发，更名函可，因此函昰、函可就成了最要好的师兄弟。

函昰少年时候，和番禺大和尚二严，俗姓名李云龙及云龙的儿子李云子，结净社于天关，后来云子也从了函昰当和尚，法名今从。

函昰虽做了和尚，但他并不忘心国事，对于明末的遗老和死节之士，他尤为注意，《粤东遗民传》卷四云："……函昰虽处方外，仍以忠孝廉节垂示，以故从之游者，每于死生去就多受其益。"他对于故国的兴亡未尝不惓惓于怀，所以像张家玉、陈邦彦的死节，他都作诗哀悼，因此，那一班名流像屈大均、陆圻等都投到他的门下充当弟子。那时永历朝的名臣金堡以直节闻于一时，他被陈邦傅排挤之后，廷杖几乎折断了胫骨，他也跑到函昰门下皈依空门。函昰偏偏不留他，后来叫他当了一名火夫，受尽了折磨，化除了他的躁气，才传给大法。这是在明季历史上最有趣的故事。《粤东遗民传》云：

"及广州再破，桂王西奔。后戎政尚书西安刘远生、商丘伯祥符侯性、都宪公安袁彭年、宪副泉州何运亮辈，皆参礼函昰，或乞赐法名为居士。而给练仁和金堡以直节著，自谪清浪卫时已为僧，及礼函昰，易名今释，为之涤器厨下，隆冬龟手不废服勤。后创丹霞名刹，复迎函昰为主法，函昰遂付堡大法为第三法嗣。大学士邓州李永茂之弟仪部充茂，既舍其丹霞旧宅为寺，复祝发礼函昰，名今地。中丞西安刘湘客亦事函昰，剃发于雷峰，号思圆。当时遗臣流寓粤东者多依函昰，以雷峰为质也。南丰汤来贺，理学家也，先在粤海总制时，心慕函昰，后再来粤访之芥庵，问儒佛异同之旨。杭州陆圻，东南名宿也，出家十余载，初名法龙，字谁庵，及入粤，谒函昰于丹霞，函昰为易名今竟，字与安，使掌书记，其为人倾服如此。初函昰以盛年孝廉出家，人颇怪之。及时移鼎沸，缙绅遗老多出其门，乃始服其先见。……”

函昰历主了福州长庆、庐山归宗及海幢、丹霞、芥庵、华首诸刹。他的弟子全是今字排行，再传弟子用古字排行。皈依函昰的很多，我把其最有名的几个高徒简单列表于下：

函昰嗣法表

释名	别字	俗名	籍贯
今吼	说作	王邦畿	番禺
今种	一灵	屈大均	番禺
今释	性因	金堡	仁和
今地		李充茂	邓州
今竟	与安	陆圻	杭州
今音	梵音	曾起霖	番禺
今沼	铁机	曾姘	番禺
今叶	开五居士	王瑯	番禺
古若	若莲	瑯子镇	番禺
今楸	郧门	谢楸	番禺
今无		万氏子	番禺
今回	更涉	王鸿暹	东莞
今覞	石鉴	杨大进	新会
今如	真佛	黄尚源	新会
今从	净起	李云子	番禺
今摩	诃衍	曾琮起莘子	番禺
今忭	高斋	袁彭年	公安

金堡既得了大法，主持丹霞，他仍不忘怀故国。堡著有《遍行堂集》，记载胜国的史事很多。大凡明季遗老的著述都有内集

和外集的分别，内集是记载不相干的事情，他们把愤慨的文章都记载在外集里面。金堡的《遍行堂集》，如今我们看见的全是用藏经式的板心来刻（后世所谓"径山藏"，也叫作"嘉兴藏"，明末遗民的语录大半刻在里面），用心已经很深远了，但不幸到乾隆四十年就有金堡所著《遍行堂集》狱案发生。叶廷琯《鸥陂渔话》卷二《附记〈遍行堂集〉事》云：

"吾乡李观察璜字方玉，乾隆中官南韶连兵备道。偶以公事过丹霞寺，寺中有厨，封锁甚固，观察询所藏何物？僧曰：'自康熙年间至今，本寺更一住持即加一封条，所藏何物实未悉。'观察命启视，僧不能阻。启厨得一册，皆谤本朝语，则明臣金堡淡归和尚手笔也。观察长子大翰怂恿其父，谓方今书禁极严，此事举发可冀升擢。是夕观察持册旋行室中，逾丙夜不寐，竟惑于其子之言，白诸督抚入奏，遂有焚寺磨骸之命，寺僧死者五百余人。"

此条未免说得过甚，清乾隆间仅毁其书版，寺仍存在。《清代文字狱档》记其事甚详。

我们再说函可。函可字祖心，号剩人，博罗人，韩日缵之子。他自经甲申以后，来到金陵，未几弘光北狩，他看见很不平，作了一部私史，诋谤清朝，就被清兵擒住，送到北京，可以说是清初最早的文字狱。函可到了北京，因减死得遣戍沈阳，他在沈阳与遣戍的流人左懋泰等结了一个冰天诗社。《粤东遗民传》卷四云：

"甲申之变，悲恸形辞色，闻福王立，乙酉以请藏经金陵，居江宁顾梦游楼上，值国再变，亲见诸死事臣，纪为私史，城逻发焉。当事疑有徒党，拷掠至数百，绝而复苏者屡，但曰某一人自为。夹木再折，血淋没趾，无二语，观者皆惊顾咋指，叹为有道。旋因于满妇张氏，张顶礼之。招抚江南大学士洪承畴，日缵门下士也，以避嫌不为定狱，遂械送京师。张告曰：'师不择于字，故祸至此，师生无论好字丑字，毋更著笔。'函可为悚然，然不能改也。至京，下刑部狱，得减戍沈阳。无何，函可弟宗骐、宗骆、宗骊以抗节死。叔日钦，从兄如琰，从子子见、子亢以起义战败死，寡姊以城陷，妹以救母，宗骆妇以不食、宗骊妇以饮刃皆死，其仆从婢媵亦多从死者。函可每得家书即流涕被面，痛定而哦，或歌或哭，为诗数十百首。如云：'人鬼不容发，安能复迟迟。努力事前路，勿为儿女悲。'又云：'地上反奄奄，地下多生气。'其痛伤人伦之变，故国之亡，虽居世外，每以溘忍苟全，不得死于国家，见诸公地下为憾。时遣谪诸臣，若莱阳左懋泰、沾化李呈祥、寿光魏琯、定州郝浴、泰兴季开生及李龙衮、陈心简辈，始以节义文章相慕重，后皆引为法交。函可因招诸人为冰天诗社，凡三十三人，自称揟崁和尚，其称北里先生者，即懋泰也。"

那时函昰听见函可在沈阳，就派他徒弟今无到沈阳，通问消息。《粤东遗民传》云：

"先是，函昰开法岭南，诸遗老多从剃度。闻函可住沈阳，因遣其徒今无通问，而函可所度弟子今育、今匝、今日、今庐、今又、今南等皆江南人，由是两家弟子分处南北。"

我们不能不佩服他们在遣戍之中仍是不忘故国，这可与吴汉槎在宁古塔结的诗社相得益彰了。

十三、余论

我们看浙东、福建、广东诸社，都与江南复社互通声气，可以知道当时科举的势力，它能吸引全国的人士作一致运动。起初他们并没有想到拿结社的事来作政治和革命事业，得了这样伟大的结果，但到后来就不免有"党同伐异，纯盗虚声"的流弊发生出来。因此当时人士就有感觉不满的意思。黄宗羲说：

"崇祯间，吴中倡为复社，以网罗天下之士，高才宿学多出其间。主之者张受先、张天如，东浙冯留仙、邺仙与之桴鼓相应。皆喜容接后进，标榜声价，人士奔走，辐辏其门。蓬荜小生，苟能分句读、习字义者，挟行卷西棹娄江，东放慈水，则其名成矣。"（《南雷文约》卷一《刘瑞当先生墓志铭》）

"苟能分句读、习字义"就可以入社，这入社不是太容易了么？朱一是批评党社的坏处说得更为痛快。《为可堂集·谢友人招入社书》云：

"盖野之立社，即朝之树党也，足下不睹东林之害乎？万历中一二大君子研讲道术，标立崖畔，爰别异同。其后同同相扶，异异交击，有好恶而无是非，急友朋而忘君父，事多矫激，人用偏私。始则正人开端，继乃邪正参引，后且邪人数匿，而百不一正焉，即正人不为邪用者几何矣？道术流而意气，意气流而情面，情面流而货赂，狐城鼠社，蔓引茹连，冈止行私，万端一例。遂致事体蛊坏，国势凌夷，局改时移，垣垒石破。害深河北之贼，罪浮东海之波。仆每观世务，溯祸源，未尝不叹息痛恨于先朝君子也。吾乡有高识者，谓仆曰：'中国之大，亿兆之众，独无一物。'仆骇诘之，曰：'人心耳。'为之发噱。呜呼！先朝一二大君子，讲学明道，其流乃至于无心，岂止老、庄变而申、韩，荀卿之祸沿为李斯相暴秦哉？今日之事，尤多骇异，朝之党，援社为重，下之社，丐党为荣。官人儒生忘年释分，口言声气，刺列社盟。公卿及处士连交，有司与部民接袂，横议朝政，要誉贵人，喧哗竞逐，逝波无砥，颠倒沦乱，蹷张滋甚。不惟汉衰党锢，召乱黄巾，降至唐季清流，祸投白马，谈之变色，听乃寒心。仆躬在横流，鉴晰极弊，移风易尚，志有未能，推波助澜，义所不出。足下以出尘之上才，树特立之矫节，古堪尚友，归有余师，亦何必置酒张筵，鸠群合类，嚣嚣诪诪，而复谓之求益哉？"

这时结社已经到了崩溃的时期，纵然清廷不禁止，他们里面也要起了变化。后来社盟的结局由公开而渐趋于秘密，那更遭清廷的注目。因此在顺治九年，由礼部题奏，立条约八款颁刻学宫，更立新卧碑，内第八款云：

"生员不许纠党多人，立盟结社，把持官府，武断乡曲，所作文字不许妄行刊刻，违者听提调官治罪。"（佚名撰《松下杂抄》卷二）

到了顺治十七年，由于礼科给事中杨雍建的启奏，就有禁社盟的事情发生。杨雍建《黄门奏疏》卷上《严禁社盟疏》云：

"礼科右给事中臣杨雍建谨题为严禁社盟陋习，以破朋党之根事。臣闻朋党之害，每始于草野而渐中于朝宁，盖在野既多类聚之私，而服官必有党援之弊。如明季仕途，分立门户，意见横生，其时社事孔炽，士子若狂，如复社之类，凡一盟会动辄数千人，标榜为高，无不通名当事，而缙绅大夫各欲下交多人，广树声援，朝野之间，人皆自为，于是排挤报复之端起，而国事遂不可问矣。我皇上鉴前之弊，特谕臣子当砥砺品行，奉法尽职，不可因事疑揣，致开党与之渐，如明末群臣背公行私，党同伐异。大哉王言，所以扩公忠之益，塞比私之路，大小臣工，孰敢不洗涤肺肠，恪修职业，以仰副睿怀者。臣窃以为拔本塞源之道，在于严禁社盟，苟社盟之陋习未除，则党与未可得而化也。臣闻社盟之习，所在多有，而江南之苏松、浙江之杭嘉湖为尤甚。盖其念始于好名，而其实因之植党，于是家称社长，人号盟翁。质鬼神以定交，假诗文而要誉，刻姓氏则盈千累百，订宴会则浃日连旬。大抵涉笔成文，便争夸乎坛坫，其或片言未合，思构衅于戈矛，彼此之见既分，朋比之念愈切，相习成风，渐不可长。又有不肖之徒，饰其虚声，结交有司，把持衙门，关说公事，此士风所以日坏，而人心由之不正也。臣见福按李时茂'恶棍结党立社地方受害难堪'一疏，内称福州会闱有社党，各分门户，如至德、北林、西蓝等社，其社首陈子佳等结众敛金，横行城市，寻非启衅，攘臂争雄，列款特参，奉旨着该抚行提严究追拟。凡此恶习，皆始于儒生而流及市井，小人尤而效之者也。臣伏读钦饬

《学政全书》有云：'生员不许纠党多人，立盟结社，把持官府，武断乡曲，所作文字不许妄行刊刻，违者听提调官治罪。'煌煌功令，非不明肃，但恐学臣视为故套，士子积习难更，若不力行严禁，何以防杜渐微？请敕该部再为申严行该学道实心奉行，约束士子，不得妄立社名，其投刺往来亦不许仍用社盟字样，违者治罪。倘学臣奉行不力，听科道纠参，一并处治，则陋习除而朋党之根立破，朝廷大公至正之意于此见矣。"

疏上以后，就奉到顺治十七年正月十五日题，二月十三日奉旨云：

"士习不端，结订社盟，把持衙门，关说公事，相煽成风，深为可恶，着严行禁止。以后再有这等的，各该学臣即行革黜参奏，如学臣隐徇，事发一体治罪，该部知道。"

这些话全是对着当日的社局针针而发，因此社盟这件事就渐渐敛迹，社盟的称号也慢慢地自己改变了。王应奎《柳南续笔》卷二云：

"自前明崇祯初至本朝顺治末，东南社事甚盛，士人往来投刺无不称社盟者。后忽改称同学，其名较雅，而实自黄太冲始之。太冲《题张鲁山后贫交行》云：'谁向中流问一壶，少陵有意属吾徒。社盟谁变称同学，惭愧弇州记不觚。'自注注云：'同学之称，余与沈眉生、陆文虎始也。'"

这社盟在表面似乎是被禁止，而实际上仍有结社的痕迹存在。于是顺治以后的社局就发生了三种变化。

（1）由结社而变为依岩结寨的故事。如浙江洞主的义兵，皖鄂为寨主的义兵，东南海灊岛主的义兵。在湖北有蕲黄四十八寨的义旅，在安徽有英霍的结寨，如浙东大岚洞主王翊义旅甫平，到康熙四十七年又有大岚再变，托明思宗皇子兴戎（以上均据王葆心《蕲黄四十八寨记事》）。明季遗民这样倔强不群的态度，与后来太平天国的兴起很有关系。

（2）由结社而变为秘密结会。温雄飞《南洋华侨通史》第十二章谓："郑氏在台湾不忘故主，仍奉永历年号，而陈永华尤为苦心孤诣，创立秘密团体天地会于台湾，四出传播反清复明思想（陈永华的遗文近已在福建厦门等地发现，尚未能印行）。天地会又名洪门会。"陶成章《教会源流考》云："何谓洪门，因明太祖年号洪武，故取以为名，指天为父，指地为母，故名天地会，始倡者郑成功，继述而修整之者则陈近南也。"陈近南就是陈永华。其他若沈光文之台湾结社，也与秘密结社性质略同。因此这秘密结社发生两种影响：①明季的志士奔走到海外去，谋求恢复，这与吾国到台湾和南洋群岛的殖民极有关系；②秘密的结社流传成普通流行的秘密教门，在下层社会中俨然潜伏着很大的势力，在近代社会史上是很重要的问题。

（3）社盟虽然禁止，但是一班文人骚客诗酒流连。陈寿祺《东越儒林后传》云："林衡初名玑，字羲孺，闽县学生，康熙癸未甲申间与郡守顾焞、都督李涵、同郡陈祖虞等四十余人结诗社于平远台，为《平远堂集》。"后来乾隆年间全祖望自京师回到鄞县，与陈南皋、钱芍庭、李甘谷等立真率社（见全祖望《句余土音序》），这可以说是社事的余波了。

在本篇内只述到康、乾间诗酒流连结社的尾声为止，至于依岩结寨，或秘密的结合，这应当专题来研究，不在本章范围之内，所以不述及了。

民国二十年（一九三一）九月中旬属稿，十二月十七日写成于旧京北平图书馆文津阁，二十二年十二月八日重改于南京前中央大学梅庵之旁。一九八一年七月一十四日重阅读于北京中国社会科学院历史研究所之寓庐，时年已八十有一矣。

附录一　明季奴变考

（一）叙论

明季奴变这一件事，正史上谈到的很少，就是许多史家也不注意。先师梁任公（启超）先生《中国文化史·社会组织篇·阶级下》说："奴变一役遍及江南各省，此事惟闻诸故老，知缙绅之家罹祸最烈。然事之始末，官私文书记载极稀，吾今不能言其情形，并其年月亦不能举出。"但是在他的书内述说的有清雍正时解放的徽州的伴当、宁国的世仆。这世仆的制度与奴变很有关系。《清朝文献通考》卷十九《户口一》，五年"以江南徽州府有伴当，宁国府有世仆，本地呼为细民，其籍业与乐户、惰民同。甚有两姓丁户村庄相等，而此姓为彼姓执役有如奴隶。究其仆役起自何时则茫然无考，非实有上下之分……特谕开除为良民"。梁任公先生又说，"吾乡及附近各乡皆有所谓世仆者，其在吾乡者为龚姓，其人为吾梁姓之公仆，问其来由正如雍正谕所谓'仆役起自何时茫然无考'者。其身份特异之点，则不得与梁姓通婚，邻乡良家亦无与通婚者，其婚姻皆限于各乡之世仆"，等等。世仆的事情，到了清代中叶虽然看不见了，但是奴仆的阶级制度和官家豪奴的专横，就是到了民国还是没有革除净尽。例如，以我家来说吧。我原籍是武进人，谢氏是武进的望族，族中印有《毗陵谢氏族谱》，约有三十多册，据太叔祖谢作霖先生嚅说："族谱限制很严，印刷族谱的时节必须事前报名，例如今年报名的九十人，那么至多印一百部，最大的原因是恐怕我家的仆人顶名冒替，乱了家族的关系。"作霖公曾赐给我家谱一部，为了供众阅览，我捐献给北平图书馆了。孟莼孙先生森又说："吾乡前清嘉、道以前，在店铺的门前必有一个家人，戴着红缨帽子，坐在柜台前面一个高凳上，来弹压一切。"凡此种的琐事很引起我研究近代奴仆的制度和奴变的兴趣。我的朋友陈守实先生本有一篇《明清之际之史料》登在《国学月报》第二卷第三号上，其中有关于记载奴变的问题。陈君搜辑的本来很用力了，似乎无须再事搜辑。不过他对于奴变的原因和奴变的情形，因为是一篇笔记体裁，所以未详细地讨论，并且可以商榷的地方也不少，因此我不惮烦地重为补辑证一下。当我搜辑此项材料的时候，我常怀疑着的有三个问题：

（1）为什么明代会发生奴仆的情势？

（2）明代卖身投靠和豪奴放纵之风与社会经济上发生什么关系？

（3）奴变和索卖身契的事，是不是民族阶级的运动？

我这篇文章就依着以上三个问题的次序，来讨论奴变的原委。至于我这几个问题皆是因我所得到的材料而发生了这几项的假设，这几个假设究竟对不对，还须公诸大家讨论。

（二）明代奴仆制度之所以发生

我对于明代"奴"的这个名称，与其叫作"奴隶"，不如叫作"奴仆"。因为"奴仆"是当时现成用的两个字（见于顾亭林《日知录》卷十三），与"奴变"两个字同是在当时专有的名词。关于奴仆的记载约有数事，我们罗列在下面。

（1）顾亭林《日知录》卷十三"奴仆"条云：

"太祖数凉国公蓝玉之罪，亦曰家奴至于数百。今日江南士大夫多有此风，一登仕籍，此辈竞来门下，谓之投靠，多者亦至千人。而其用事之人，则主人之起居食息，以至于出处语默无一不受其节制，有甘于毁名丧节而不顾者。奴者主之，主者奴之，嗟乎！此六逆之所由来矣。"

又云：

"人奴之多，吴中为甚，其专恣暴横，亦惟吴中为甚。有王者起，当悉免为良而徙之，以实远方空虚之地。士大夫之家所用仆役并令出资雇募，如江北之例，则豪横一清，而四乡之民得以安枕，其为士大夫者亦不受制于人，可以勉而为善。讼简风淳，其必自此始矣。"

原注云：

"今吴中仕宦之家，（奴仆）有至一二千人者。"

又云：

"《风俗通》言古制本无奴婢，奴婢皆是犯事者。今吴中亦讳其名，谓之'家人'。"

（2）佚名撰《研堂见闻杂记》云：

"吾娄风俗，极重主仆。男子入富家为奴，即立身契，终身不敢雁行立，有役呼之，不敢失尺寸，而子孙累世不得脱籍。间有富厚者，以多金赎之，即名赎而终不得与等肩，此制驭人奴之律令也。然其人任事，即得因缘上下，累累起家为富翁，最下者亦足免饥寒，更借托声势，外人不得轻相呵。即有犯者，主人必极力卫捍，此其食主恩之大略也。"

（3）清顾公燮《消夏闲记摘钞》卷上"明季缙绅田园之盛"条云：

"前明缙绅，虽素负清名者，其华屋园亭、佳城南亩，无不揽名胜、连阡陌。推原其故，皆系门生故吏代为经营，非尽出己资也。至以豪奴悍仆，倚势横行，里党不能安居，而市井小民，计维投身门下，得与此辈水乳交融，且可凭为城狐社鼠。由是一邑一乡之地，挂名僮仆者什有二三，至国变后，犹然颐指气使，舆情不服。试观康熙壬寅（三年，一六六二）金坛逆奴之变，缙绅罹祸最惨，物极必反，此亦其恶报欤！"

由上三种史料看来，我们可以知道蓄奴这件事到明代又转盛了，江南的富豪蓄奴可以多至千人。至蓄奴的制度，北人是雇募，南人是鬻卖，于是发生了"卖身投靠"的事情和"家人"的名称。一个绅士人家可以养到一两千个听差的，这在社会经济上是极大的问题。前人并没有注意到这一件事情，就是黄汝成也没有把"投靠""家人"等名称笺注出来，在我心中是一件很烦闷的事。现在把我浏览所及的材料拿来解剖一下：

第一，蓄奴这件事在中国已有很长的历史，在唐代有佃客、部曲的名称，到宋代以后几乎看不见了，为什么到明代又这样繁盛呢？我以为由于元代蒙古贵族之来侵。陶南村（宗仪）《辍耕录》卷十七云：

"今蒙古色目人之臧获，男曰奴，女曰婢，总曰驱口。盖国初平定诸国，日以俘到男女匹配为夫妇，而所生子孙永为奴婢。又有曰红契买到者，则其元主转卖于人，立券投税者是也。故买良为驱者有禁。又有陪送者，则摽拨随女出嫁者是也。奴婢男女只可互相婚嫁，例不许聘娶良家，若良家愿娶其女者听。然奴或致富，主利其财，则俟少有过犯，杖而锢之，席卷而去，名曰抄估。亦有自愿纳其财，以求脱免奴籍，则主署执凭付之，名曰放良。刑律，私宰牛马杖一百，殴死驱口比常人减死一等，杖一百七，所以视奴婢与马牛无异。"

《真腊风土记》有一条也说买奴的故事，文不具引。我们要知道明代买卖奴仆是承了元代的遗风。据《明史》上说：

"太祖以李善长等有大功，赐卒百二十人为从者曰奴军。及年还乡，命设百户一人，流众卫之，俾屯戍以食，赐以铁册，给以印，时谓'铁册军'。"

这铁册军固然不像后来所说的奴仆，但也可以说是蓄养家奴的发端。顾亭林所云"太祖数凉国公蓝玉之罪，亦曰家奴至于数百"，这"家奴数百"是由元代养成的习惯，是很恰当的。到了永乐的时候，凡从建文不附燕兵的人，被害的戚属全沦为乐户奴籍，因此种种的原因，蓄奴在明代朝廷和民间已成一种风气。

第二，蓄奴在民间既成了风气，为什么吴中为胜而北方反少呢？据顾亭林的解说，北方是雇募，南方是投靠。论理来应该南方的奴少，北方的奴多，至少也该一样，为何事实却又相反？其中很有研究的价值。我以为社会上发生了奇异的状况，与社会经济的背景有必然的关系。《明史·食货志》上说："两浙富民，畏避徭役，大率以田产寄他户，谓之'铁脚诡寄'。"我们考察明代的赋税，据《食货志》说："洪武二十六年核天下土田，总八百五十万七千六百二十三顷，盖骎骎无弃土矣。"但是"自洪武迄弘治百四十年，天下额田已减强半，而湖广、河南、广东失额尤多，非拨给于王府，则欺隐于猾民"。由此看来，江浙出产最富，富户尤多，安知没有逃避的事，和湖广、河南一样呢？我尝将这件事情与孟莼孙先生谈过，他的回答很可以证明这件事，他说："清粮一事，殊非易易，在明代民人非依期纳粮不可。但至士人一得科甲，便可不依期缴纳，甚至不纳粮而飞洒于百姓，在事实上固豪家为上户，贫民为下户，而征粮册上则相反，此律文所以有'飞洒''诡寄'等罪名也。即以常州而论，乡里与城市之租税仍不一律，百姓非及时交纳不可，但城市则可延至一年。如乡间有士大夫之家，即将其所居之地，定案作为城厢，如贵乡罗墅湾即因贵族所在而有半图为坊厢。清代《赋役全书》一切沿明制而来，此可推见明代之状况矣。"

再拿历史上的记载来比较他的解说，赵翼《廿二史札记》卷三十四云：

"前明一代风气，不特地方有司私派横征，民不堪命，而缙绅居乡者亦多倚势恃强，视细民为弱肉，上下相护，民无所控诉也。……又有投献田产之例。有田产者为奸民籍而献诸势要，则悉为势家所有。"

赵氏仅述势家所强迫，而不知明代投靠大半出于情愿。《心史丛刊》引周寿昌《思益堂日札》云：

"国初江南赋重，士绅包揽，不无侵蚀，巡抚朱国治奏请穷治，凡欠数分以上者，无不黜革比追。于是两江士绅得全者无几，有乡试中式而生员已革，且有中进士而举人已革，如董含辈者非一人。"

陆文声之讦奏复社有"三吴通饷，悉由奸胥揽解，分派侵吞"的话。又松江翁元升等参豪宦董其昌的折子有云：

"膏腴万顷，输税不过三分；游船百艘，投靠居其大半。"

这不但膏腴万顷，连游船也来投靠了。他们一般老百姓倾家败产来投靠干什么？这不是士大夫阶级可以护庇他们，可以不交钱粮，可以为虎作伥吗？所以富人愈富，贫人愈贫，当奴仆的人越发多了。因此我们更可以明白顺治辛丑的奏销案，它是专向着包揽钱粮的人而来的，所以"探花不值半文钱"了。投靠是奏销案以前的事实，奏销案因投靠而发生。此事一明，这两个问题就可以迎刃而解了。但是人既做了奴，则在社会上已成了最低的阶级，辈辈做奴，互相婚嫁，永世不能翻身。诚如董含《三冈识略》所说的："江左风俗，凡奴婢子采芹者皆从主姓，无少长悉以叔祖称之，即位望通显，不敢抗行。"人只要做了奴，虽有才智也无施展之地，这是怎样不平等的事呀！

第三，至于"投靠"和"家人"等名词，研究起来也很有兴味。唐解元（寅）投身为仆，偷娶秋香，载在《苏州府志》，是一件趣事，一般的人们却无此雅兴。小说上说卖身投靠的事很多，事实靠不住，姑不具引。不过《吴逆取亡录》上记载一个投身的契约，我们不妨写在下面作一个契约的样子。其文云：

"袖中出冯某投身契一纸云：'立卖身婚书楚雄府知府冯苏，

本籍浙江临海县，今同母某氏卖到平西王藩下，当日得受身价银一万七千两。'后署媒人胡国柱。昆常言滇中有三好，吴三桂好为人主，士大夫好为人奴，胡国柱好为人师。凡卖身者皆师事国柱也。"

冯苏就是作《劫灰录》的，这虽是一件滑稽的事情，然可以见卖身契的样子（现在徽州等处发现的贫苦农民卖身的契约更多了，形式也多种多样，可以参考）。

"家人"这个名词见于《明史·周延儒传》：

"（崇祯）四年春……所用大同巡抚张廷拱、登莱巡抚孙元化皆有私，时论籍籍。其子弟家人（横）暴邑中，邑中民爇其庐，发其先垄，为言官所纠，兄素儒冒锦衣籍授千户。又用家人周文郁为副总兵，益为言者所诋。"

这家人未必是奴，但为言者所诋，则非出身于官绅地主家庭者可知，但身附显官就可以做官了。明代还有"家丁"的名词。家丁的制度是因营兵制度已坏之后才兴出来。李成梁守辽东所用多系家丁。这种家丁与明初的铁册军差不多，与奴仆的制度不同。孟莼孙先生说：明代为边地都指挥世职者皆有家丁，不但李成梁为然，凡武职大员，家中役使之人，例许拨额兵若干名。此风清代亦然。但称役使兵丁，而无家丁之名，则以清兴武职非世袭之故耳。明末兵不敷调，往往言官有请发家丁之奏，且谓家丁之训练每优于额兵。其实养兵之费原出之国帑，但由国家准许将领占用之名数，则作为家丁，遇战事其赴敌之责任较有轻重，认家丁应敌略关主将之志愿。边卫养兵众，故所拨家丁之额数多，边将传世久，故所属家丁之勒定。明季论兵重视边卫之家丁有以也。

由上文我们得到的结论是，明代的奴仆由于元代所遗传下来的，明代的奴仆可分为二类，一是雇募，二是投靠，就是清代《大清律》关于奴婢还有红契、白契之分。主人对于奴婢，或奴婢对于主人，所犯的罪待遇不能相同。可见卖身至清代还仍存在，不过没有"游船百艘，悉来投靠"的事罢了。

（三）豪奴放纵的情形及奴变的主因

在明代的士大夫只要考取科第就可以免役，中了秀才就可以免役二人，隐庇赋税，见于《明史·食货志》及《大明律》。因之，读书的人只要得了科第，自然有人来投靠，这是怎样痛快的事情。所以一般士大夫阶级的人们，不但家奴数百，并且家蓄歌僮。

在明代的士大夫的家里，时常养了一班歌僮在那里征歌逐曲。焦循的《剧说》里说："嘉、隆间松江何元朗蓄家僮习唱，一时优伶俱避舍。"这是在明代司空见惯的事情。可是乐极生悲，不久，就会有豪奴欺主或招摇撞骗的事发生。孙之騄《二申野录》卷八"四月"条注云：

"明季缙绅多收投靠，而世隶之邑几无王民矣。然主势一衰，趺扈而去，甚有反占主田产、坑主资财转献新贵有势，因而投牒兴讼者，有司亦惟力是视而已。物极必反，是以顾六等一呼，从者猬起，回忆情状，毛发悚然。"

这种奴势制主的情势我们可以看到的，若顾炎武《日知录》卷十三所说："严分宜之仆永年号曰鹤坡，张江陵之仆游守礼号曰楚滨，不但招权纳贿，而朝中多赠之诗文，俨然与缙绅为宾主。"是奴仆显然与主人抗衡了。后来奴仆不但与主人抗衡，而且主势一衰，反投入豪富来害原来的主人。像《古今图书集成·

明伦汇编·奴婢部》所说：安徽歙人吴养春的家奴吴荣因为犯了罪，养春欲置之死地，吴荣跑到北京投在魏忠贤门下充了一名锦衣，后来反把他主人坐赃六十万，几乎把他主人丧了命。像这样的事，在明代中叶以后是屡见不鲜的。纵然也有一两个义侠，若尚书吴洪的家奴吴成，《苏州府志·杂记》上说他："洪为诸生时，赴举南畿，成驱驴取值，以供旅费。"这是很少见的事情。由以上的事实看来，我们可以知道明代奴仆盛衰的沿革可以分成三个时期，有明初年到中叶嘉、隆以后是奴仆养成的时期，万历、天启以后是奴仆豪纵的时期，明末清初是奴变（家内奴仆暴动）的时期。我们不明白奴仆豪纵的情势，就不可能知道奴变之所以激成。现在举几个奴仆豪纵的例子来证明他们豪纵的阶段，并可以知道养成奴变的原因。

（1）在一个大族之内，也有穷的，也有富的，在富家的奴仆就瞧不起贫家的子弟。复社领袖张溥就受过他伯父家奴的欺辱。眉史氏《复社纪略》卷二云：

"张溥之父翊之，失欢于其兄大司空辅之。辅之有仆陈鹏，过崐又从而构之。鹏善笔札，主人章奏书牍皆出其手。崐长于聚敛，司空宠之甚，因此内外家政，事无大小，必由两人。翊之以主分临之，两人益恚，至刺翊之，司空不察也。溥啮血书壁曰：'不执仇奴，非人子也。'两奴闻之笑曰：'塌蒲屦儿何能为？'以天如母本婢也。受先（张采）闻之，愤谓溥曰：'我二人日后苟得志，使两奴得生盖载者，非天也。'岁丁卯受先举于乡，当树棹楔未有八字（原文疑有误），受先欲锯去之曰：'是大类鼻孔，吴下鼻头最坏事，其除。'□与亲友皆难之，云无此例。受先不能强，曰：'吾有法于此。从前鼻向外，故奴多出外生事；向内或差，今即不之去，鼻宜朝内不朝外。'故受先植楔木八字孔独向内，其托志如此。及戊辰联捷，作书约同年缙绅禁收投靠家人，吴下薄俗为之一变云。"

又云：

"路振飞按娄东，溥言陈、过二奴，下之崇明县学，知县颜魁登授意狱吏暗毙之。振飞任满，继为巡方者上虞祁彪佳。……适两张（张溥、张采）治衙蠹，有奸胥董寅卿者，南赣抚军陆文献之仆也，为库吏时侵盗钱粮，加派病民，两张致意祁公立毙之杖下，太仓之害顿除云。"

吴伟业的文集里面有一篇《清河家法述》，也记张溥受家奴耻辱的事，因为于事实没有关系，姑不具引了。

（2）仗主人的势力来欺压百姓，就如钱谦益、瞿式耜的家奴来欺骗图诈的事。张汉儒《疏稿》云：

"一曰豪奴之害。三吴缙绅，岂无名节自矜，独此钱谦益、瞿式耜二人，纵令豪奴陆德、陆凡之、张素轩等结党寻趁，或投献钉封，或假命图诈，或逼夺人房屋，或炙写人子女，或百计千方诈人钱财。及说事讲银，则曰家爷二千两或几百两，门干几百两，书房几十两，讲事者另要后手银几十两，任其富户大家，曲直未分，家资洗荡一空。至诈钱入手，奴则绫罗满身，妻则金珠满头，在家膏粱美味，在外包妇买娟。一遇事露，将贿送主，发书护庇，县官曲徇情面，轻轻了事，叹此无告之民，有不吸尽骨髓者无是理也。此民间之阴祸可斩也。"

（3）背主投靠别家而反欺害本主，卒酿事变的事情。例如，董其昌的儿子董祖常，因为宠用了陆家投靠的家奴陈明，酿成民抄董其昌的家，房屋田产放火烧失，掳掠一空，这是在明季很可以注意的一件事。沈炳巽《权斋老人笔记》云：

"董其昌登己丑进士，由馆选授编修，历官礼部尚书，仲子祖权（《民抄董宦事辑》作'祖常'）倚势横行，民不堪命。同里陆生者，先世有富仆，陆诛求无厌，仆乃投充祖权作纪纲，为护身符，陆生复至需索如旧，祖权统狠仆攒殴之。次日陆生之兄率诸生登其堂，面讨其罪，惶恐谢过乃已。又有范某者，其昌姻也，将此事演为词曲，被之弦管丝索，以授瞽者，令合城歌之。其昌闻之怒，执瞽者究曲所由来，瞽者以范对，范因称无有，乃共祷于郡神设誓焉。未几范某死，范妻率仆数人造董讪骂。祖权拥诸狠仆，突出踞高坐，阖门执范妻及仆妇，裸其体辱之，髡其发并及下体，两股血下如雨。合城不平，群鼓噪其门，约万余人，董家人登屋飞瓦，掷下击诸人，诸人愈忿，亦登屋飞瓦，互相击斗。复有受害者，乘机纵火，焚其家。其昌尽室逃避，家业为之一空。半载之后，方得宁息。"

这件事闹得很大，记载此事的书也很多，有一部书名《民抄董宦事辑》（"又满楼丛书"本）的，搜辑此事的材料很详细。其中有一篇松江府生员翁元升、张复本等辩冤状，记得很详细，兹录其要于后：

"吾松豪宦董其昌，海内但闻其虚名之赫奕，而不知其心术之奸邪。交结奄竖，已屡摈于朝绅；广纳苞苴，复见逐于楚士。殷鉴不远，不思改辙。前人欲壑滋深，惟图积金后嗣。丹青薄技，辄思垄断利津；点画微长，谓足雄视当路。故折束日用数十张，无非关说公事；迎宾馆月进八九次，要皆渔猎民膏。恃座主之尊而干渎不休，罔顾旁观之清议；因门生之厚而属托无已，坐侵当局之大权。谋胡宪副之孙女为妾，因其姊而奸其妹；扩长生桥之第宅以居，朝逼契而暮逼迁。淫童女而采阴，干宇宙之大忌；造唱院以觅利，坏青浦之风声。膏腴万顷，输税不过三分；游船百艘，投靠居其大半。收纳叛主之奴，而世业遭其籍没；克减三仓之额，而军士几至脱巾。诈富民邱福银千两，而一人命也，此偿倏为彼偿（此事漕院已奏参郑中尊，后复抄抢陷福得银二百两，其昌批揭宽之）；诈生员蒋士翘银百两，而一田产也，加价浮于原价。兼以恶孽董祖常，一丁不识，滥窃儒巾，万恶难书，谋充德行。倚借父势，玩藐官常，用刺贼陈明等为爪牙，托帮棍施心旭（代董文出官者）、夏尚文（诬执陆兆芳者）等为耳目。打听消息，包揽居间，或亵服而入后堂，或更余而进书帖，或供招已出而复审，或罪名已定而潜移。又且招集打行，肆行诈害。温饱之家，则埒债而盘折其田房；膏粱之子，则纠赌而席卷其囊橐。图圉怨气冲霄，阛阓怨声载道。他不具论，只论其凌虐同袍者。即如青浦生员洪道泰，以杯酒不从，灌马粪于府门（有卷在府）；金山卫生员陆调阳，以游园闭门，毁家资于白昼（成讼被寝）。去岁九月间，复诱淫生员陆兆芳家使女绿英，臧获笄丱，遣奴二百余人，二更时分打进兆芳之内室，惊散其家人，掳掠其什物，以致合郡闻之不平，造为《黑白传》诸书。在其昌父子，只宜自咎以息谤端，何乃信谗而疑内戚，捉生员范昶于庭，喝奴詈骂，逼与说书钱二同跪赌誓，羞忿成疾，不旬日而身死。昶之母妻，恃托姻亲造门哭诉，揆之情理岂曰非宜？况止随三四妇女，宁有他图？其昌父子不思自反，辄肆凭陵，毁桥于河，闭门毒打，将州守公之命妻（昶母冯宜人）推委于沟壑，将给谏公之孙女（昶妻龚氏，与其昌妻为姊妹）裂去其缲裳，惨辱随从之妇女，更不可言状，大都'剥裤捣阴'四字约而该矣。打后大开重门，祖常南坐，对众呼为榜样。复将诸妇异入坐化庵中，泥涂满面，上无蔽体之衣；血流至足，下乏掩羞之布。观者摩肩，人人指发，咸谓董氏之恶，至此极矣！嗟此诸生，谁无罔极之爱，谁无狐兔之悲？以缙绅辱缙绅之妻，固乡评所不齿；以生员辱生员之母，亦黉序所不容。桀纣之恶，至于炮烙，未至辱及仕门；官府之刑，非犯奸淫，原无概褫裈服。况龚氏实祖常母姨，而可淫刑以逞者乎？于是三月十五日，在城生员齐集明伦堂，候海防黄公祖、理刑吴公祖行香毕，跪禀平日虐儒数端，细陈本日辱范情状，恳正祖常、陈明之罪（时范启宋正在江阴告状）。蒙黄、吴二公祖虚心倾听，温言慰谕，各拜谢散去，随因县学生员郁伯绅入府送札，禀拘陈明，蒙即牌拘责监候审，合郡欢呼，幸白冤有日矣。不意当晚喧传范母已死，董奴闻之，虑范氏有登门哭打之事，遂招集打行吴龙等百余人，连夜入宅防御。十六日，打行之徒自负其勇，在门首耀武扬威，示莫敢犯，而观者骈集，不下万人，壅塞街道，遂有抛砖撒粪以逐之者，激怒众心，而平日含冤之军民，乘机而起，先毁陈明之居，外火方起，内火应之，而祖常、祖源之宅俱为烬矣。祖和宅介其间，以敛怨未深，纤毫不动，谁谓乌合之民漫无公道哉！"

（4）奴仆虽有特异之材，也不为人所齿。董含《三冈识略》卷三云：

"余族叔襟海公有仆曰张福，幼有断袖之爱，及长遂冒主姓，配宠婢以当垆为业。生子云孙，举甲午乡荐，联捷南宫，虑不齿于众，屡经主人门不入谒。襟海诸子象祖、象功辈俱名士也，扼腕不平，率弟子毁其舆盖，始释之。云孙含恨刺骨，计图抗主，其父坚执不从乃止。后复欲与主人为难，父方卧病，呼云孙谕之曰：'我受董氏恩不浅，今不能图报而屡思反噬，我死不瞑目矣。'云孙咆哮骂曰：'老贼作如此事，至今被恶名，乃不蚤自为计，反欲污我耶？'方啜茗，以瓯掷父面，血流至踵，哽咽不能出一语，少顷气塞而绝。……自是四方皆知此事，尤与往还者。后宦粤西，迎降吴三桂，贼败潜逃归，忧惧得心疾死，识者以为悖逆之报云。"

云孙经主人之门不入谒和骂他父亲为老贼，固然不是，但董象祖要毁云孙的舆盖，办得也太激烈。在宗法社会上，奴婢之子和姨太太养的儿子同为人所瞧不起。这种社会上遗传下来的恶习牢不可破，使人无有自新之路，结果非激起变故不可。

由上四个例子来看，奴仆的猖獗已达极点，同时卑视奴仆的心理也非常浓厚。那时候的士大夫以蓄奴视为当然，谁也没想到有奴变这件事，更没有想到适当解救的方法，偏偏复社的领袖张溥他想做"解放奴仆"、提高奴仆人格的运动，这是一桩很聪明的举动。但以张天如的能力，能做思想界的领袖，能操纵当时的政权，欲提拔一个家僮张嶅却完全失败了。《复社纪略》卷四云：

"延陵世睿有家僮张嶅者能文章，少受业于越自新，两张收之为弟子，主人不之许，使之供隶役，职抄誊。嶅耻之，避之南张所（张采）。延陵拘系其父母，南张为请甚力，事虽解而使供役如故。

峣不能堪，举家徙之武陵，吴来之处之客席。未几，两张使之入
泮，吴江延陵控之当事，求正叛之罪，卒不胜。久之，两张嘱州守
周仲涟携来之手书，造延陵进赎金，为峣削隶籍。延陵压于州父
母，勉从之而内不能平。时敏家法素严，僮仆千余，深以此为耻，
而意无如之何，由此蓄怨复社久矣。文声一见时敏告以入京之意，
前张峣事两张主之，故时敏衔受先甚于天如，乃曰：'相君（温体
仁）仇复社，参之正当其机。……'"

张溥之为张峣削隶籍，虽未必有大规模解放奴仆的计划，但
是这种奖擢人才，一视同仁的态度，是不可及的。可惜天如仅仅
为解放一奴仆张峣，反引起陆文声的讦奏，社事几为倾覆，可见
社会上的恶势力是极不容易解除的。于是不久事机应时触发，就
有群奴索契运动的暴起。

（四）奴变的状况

奴变发生的主因，并不是因为江南缙绅侨寓之多，和清兵南
下蹂躏地方，一般士大夫避难来南的缘故。它的主因就是士大夫
收投靠的过多，乘势作福作威来欺榨平民，于是富者愈富，贫者
愈贫，两极的分化激起了民变。同时清兵南下，一时社会上成了
无统制的局面，同时农民军起来了，农民翻了身可以当家做主人
了。封建王朝的明朝可以改朝换代，贫苦农民就可以"万世一
统"吗？于是一般刁奴乘势起来索卖身契纸，以为借口。此可以
打破奴仆的阶级，大者杀人放火，小者劫掠一空。在江南松江、
苏州、嘉定等处都有这种现象，就是山东也不免有这样的空气。
这种事体的发生像上章所说的民抄董其昌的家产和文秉《定陵注
略》卷九记"万历四十四年，昆山乡官周玄暐民变焚其家"，这

都可以说是主要的原因。就如陈君所引邵廷采《思复堂集·祁世培传》："崇祯间，山阴祁彪佳巡按苏松，宜兴陈氏家奴播虐，怨家刑牲焚庐发冢。公捕奴正法，尽追还所占男女田房，奏夺陈氏父子官，遂治怨家之乱者，吴中称为神君。"民间的情形这样的骚动，一遇见外来的情势，他们又安得不揭竿而起呢？

因此我可以大胆地下一个定义，奴变发于清兵南下，在明崇祯十七年和清顺治元年以后，在此以前的事都可以说是主因，在此以后的都可以说是事实。像他们群众运动，索卖身原契，诚然是一种阶级运动，这种运动延及江浙各县和山东的地方已成了社会上普遍的现象，研究社会和经济史的人是不可忽略的。

就这种事实分析起来，也可以分为奴变和告讦两种，告讦的风气是奴变的余波。如今先述说奴变。

（1）奴变。奴变这件事要以太仓闹得最厉害了。佚名撰《研堂见闻杂记》云：

"乙酉乱，奴中有黠者，倡为索契之说，以鼎革故，奴例何得如初。一呼千应，各至主门，立逼身契，主人捧纸待，稍后时，即举火焚屋，间有缚主人者。虽最相得、最受恩，此时各易面孔为虎狼，老拳恶声相加。凡小奚细婢在主人所者，立牵出，不得缓半刻。有大家不习井灶事者，不得不自举火，自城及镇及各村，而东村尤甚，鸣锣聚众，每日有数十人鼓噪而行，群人至家，主人落魄，杀劫焚掠，反掌间耳，如是数日而势稍定。城中倡首者，为俞伯祥，故王氏奴，一呼响应，自谓功在千秋，欲勒石纪其事，但许一代相统，不得及子孙。转控上台，而是时新定江南，恶一代之言不祥，斥之。自是气稍沮，属浦君舒（本州人）用事，恨其为罪首，忽一夕牵出斩之，而天下始快。迨吴抚台至州，州中金姓以乱奴控，斩一人，重责四人，又悬示不许复叛，而主仆之分始定。"

此举为索卖身契，与为奴只许一代相统，颇有改革奴仆阶级制度运动的味道。当时太仓沙溪的家奴并有乌龙会之组织，其蹂躏地方为祸尤烈。《研堂见闻杂记》云：

"五月十一日，大兵渡江之信方传，吾镇即有乡兵，即无赖子之乌龙会也。自崇祯帝晏驾北都信确，里有黠桀者数人，收集党羽，名乌龙会，虽市井卖菜佣人奴不肖，但有拳勇斗狠，即收名庑下衣食之。遇孱弱，即啮之必见骨。各置兵器，先造谣言，如鱼腹陈胜王故事，谋于八月中大举。适牌楼市有党白人专劫掠里中，刘河厅官兵剿之而散，里人气沮。会南都立，而巡抚祁公彪佳至，祁为绣衣时，威素著，人各惴惴，缘此不果。"

其为首者为顾慎卿。《研堂见闻杂记》云：

"顾慎卿者，乌龙会剧者也。为徐宦家奴，老而黠，素为衙蠹，贩私盐，行不法。乌龙会起，遂奉为谋主。其子婿皆拳勇，部下与东西分割为帝。慎卿主东，而西之悍者不如东，犳虎成群。最横者，莫如金孟调一事。金亦徐奴，家千金，已蚤世，其妻陈氏，一嫠妇可立啖也。某日晚，忽鸣锣聚众曰：'有不出兵者众诛之。'于是合镇持竿走，共数千人，过陈氏门即大噪，合镇破胆。未至金氏门，即声言草薙乃已，复有从中为调人者，谓必千金可解。斯时性命悬庖厨，即立许，过其门，复移顿良久方去。次日，则白米三百石、白金六百，狼藉于市，前诸武弁以此胁之，得贿若干。而李州守亦得其详，欲借此逼其金，遂发一朱单，拘至官，责二十五，监系数日，行金上下，共费千金，遂释。未几而吴总府者，镇安东，以搏击为名，廉得其假官劫诈情。盖顾慎卿于八月后，惧人讦发其私，行金上下，假借武弁名色，以钳制人心。而吴总府知之，突差数健卒，并裨将一员至沙溪，时顾方出外，即缚其子至舟中。而慎卿方从外洋归，其妻痛詈之，遂自赴舟中就缚。既至州，吴总府鞫之，责五十，系狱待讯，总府欲置之死，而被害民人无一证者，后竟不死，窜居常熟。"

至乌龙会骚扰之情状，《研堂见闻杂记》云：

"大兵渡江，锋焰遂起，五月十二日闻信，十四日即数百人执兵，其魁装束如天神，鸣锣呐喊，铳声四起，游行街中，民惶怖伏，竟夜不安枕。翌日，即要诸大姓金帛，诸大姓不即应，以危言相撼，声言某日劫某姓，先舣舟自匿其妻子，借此煽人。十七夜三鼓，民方寝息，忽号于市曰：'东有数百人至矣，各执兵，欲焚市矣。'于是人人各从梦中惊起，抱儿女，携囊袱，啼哭四奔，妇女杂坐，虽大家闺女，一青布蒙头，道路如织。及里人执兵迎出，虚无一人。盖镇东有无赖数百人，与乌龙树敌，此其党中自惊也。至十九日果大集党数百人，驾飞神枪，鼓行至，会中亦帻首腰袴，提戈而前，相持于镇东吴家桥。自晡至夕，炮声不绝，及晚乃散，是夕奔走者复累累，蓬门破屋，填塞子女。"

由上诸文，可以知道奴仆操戈扰乱治安的情状。奴变的事除太仓以外，最厉害的则为上海。孙之騄《二申野录》卷八"甲申四月"条云：

"是月上海二十三保视（原书作"视"，疑误）圣尧家群奴持刀，弑主父子，立时焚烬，延至各乡大户，无不烧抢。又有顾六等倡率各家奴辈入城，先至绅家索鬻身文契，其家立成齑粉，主被殴辱，急书退契焚劫，大室为之一空。"

其次若嘉定、濑阳、吴淞、昆山、南翔都有奴变的事，以下是陈君搜辑的材料，我把它抄在下面。嘉定的奴变，黄淳耀《陶庵集·送赵少府还郡（松江）诗序》云：

"崇祯十七年夏六月（弘光立后一日），于潜赵公自嵩江少府来摄嘉定县事。时贼陷京师，海内震惊，嘉定沿海不逞之民，多结党伺衅者。适村民见弑于仆，并其家七人皆被杀。于是酒佣灶养皆起为乱，什什伍伍，白昼持兵迫胁主父，使出券以献。仆坐堂上，饮啖自若；主跪堂下，搏颡呼号。乞一旦之命，幸得不杀，即烧庐舍夺钱物以去，不三日而火及城之南隅。公下车，适与变会，而备兵使者程公，以他事行县，乃与公日夕计议，发兵捕杀二十人，悬首以徇，众为稍定。……说者谓嘉定之变，实前此所未有。"

邵廷采《思复堂集》卷二《明巡抚苏松副都御史世培祁公传》云：

"嘉定华生家奴客为乱，踞坐缚主杖之，所在数万同时起，公捕斩数人，余悉掩狱，令曰：'有为原主保者贳其死。'于是诸奴皆膝行搏颡丐原主赦免，乃募人为苍头军亲教战。"

濑阳的奴变，陈其年《迦陵文集》卷一《许漱石诗集序》云：

"余家阳羡，距濑阳（溧阳）不百里而近，申酉之际，江南大杀伤，而桀黠奴之变作。濑阳潘姓者，彭氏家人子也，旦日大置酒会其属曰：'人奴之生，得无笞骂足矣，天幸乃有今日。'则相与揭竿起，困辱其主人，白昼横刀市上，乘风纵火，延烧数百余家。后省会悉发兵，捕获潘姓者磔之，夷其家。又数年余过濑阳，濑之长老泣为余曰：'使许使君为令时，得再展一月，此辈无噍类矣，何至有今日。'许使君者讳某，号漱石，楚之汉阳人，丁丑进士。筮仕濑阳令，扑灭邑中大猾十数，将次及潘氏子，会使君去，卒解。"

吴淞、昆山等处的奴变，近人皇甫氏《胜国纪闻》云：

"明末苏属有奴变之祸，其祸起于吴淞富室瞿氏，有奴名宰者，瞽一目，揭竿为乱，聚党千人，手刃其主。一时各富家豪奴应之，如大场支氏、戴氏，南翔李氏，昆山顾氏（按即顾亭林家）均罹其祸。其祸至清初未止，康熙间各富室不敢蓄奴。"

浙江石门奴变的事情，吕公忠撰《吕晚村先生行略》云：

"二伯父驭下素严，猝有家奴之变，奴辈百余人，劫盟寝室。二伯父旦受制，计无所出，先君为密书擒治之，皆伏法。从兄某为奴所诬累，事涉钱课考覆，邑令强欲坐之，先君执不可。虽以是忤邑令意，失友欢，不顾也。"

这是吕留良家里也受奴变之害。所谓"钱课考覆"，大概指奏销案而言。

江苏金坛也有奴变的事情，《消夏闲记摘钞》上："康熙壬寅金坛逆奴之变，缙绅罹祸最惨。"说已见上，兹不另举。不过康熙壬寅是康熙三年（一六六二），这是奴变发生最晚的时期了。

在山东也有类似奴变的举动，我在王士祯《池北偶谈》卷十里找到一条，其文云：

"尝于史馆见一书，曰《弘光大事记》，内言甲申年山东大姓新城王氏、淄川韩氏起义兵。尔时先伯父御史公与胤全家殉节。先祖布政公年八十余，家居，祭酒公奉侍避兵山中，无义兵事。其云韩氏，盖韩氏有仆王某、李某，皆乘乱聚众为群盗，亦非义师。"

这是一种变相的奴变，乃托以义师为名，可见明季的大户没有不受奴仆的害的，所以《胜国纪闻》说："康熙间各富室不敢蓄奴。"不过北方的奴仆是雇募，所以受的害比南方少。杜于皇濬《变雅堂集》卷六《瘗老仆骨志铭》说得很好。其文云：

"甲申、乙酉间，国破家毁。余兄弟随侍先君、先夫人尽室居金陵，僮仆十余辈，多挈妻子叛去，走部落营伍，窜入兵籍中。不数日，立马主人门，举鞭指画，放言无忌，以明得意。甚者拔刀斫庭柱，叫呼索酒食，不得则恣意大骂，极快畅，然后驰去。义勤尝切齿，其至如此，一奴既隶尺籍，私来说义勤去，义勤好谢曰：'人各有命，尔命本当得意，故一旦遭时，自然奋发。吾命薄，与主人同，愿共守饥寒而已。'此奴亦颇惭其言，自是不复来晋主人矣。"

奴仆猖獗至此，当时士大夫真有不敢再用奴仆的样子。像义勤这样的人，可算是凤毛麟角了。但是社会上绅士们是站在有地位、有身份的地方，在明清之际无统制力的局面当中，奴仆们可以做跳梁小丑，闹一下子。及至地方有几个长官出来，这种奴仆的运动即归平息。但在清初同时又发生钳制人民思想的策略，一班书呆子怀着民族的心理，来抗命新朝，所以就有通海、奏销等案发生。那些无知识的奴仆只贪着发财，哪管主人的性命，所以就有告讦的事情出来，如今略带着说明告讦。

（2）告讦。奴变最激烈的时期，可以说是崇祯的末年到顺治初年，发生告讦的事情是在顺治六七年后到康熙初年。在这个时候，社会上成了一个变态的状况。清初大儒顾炎武就身受其害，我们是知道的，他第一次受家奴陆恩的害，孟莼孙先生云：亭林所遇之里豪即叶方恒，顾、叶成仇，久而不解。至方霭与徐氏兄弟同官相厚，转敬亭林，其衅始已。第二次受黄培诗狱之累。张穆《顾亭林年谱》引亭林《赠路光禄诗序》云：

"先是，有仆陆恩服事余家三世矣，见门祚日微，叛而投里豪，余持之急，乃欲陷余重案。余闻亟擒之，数其罪，沈诸水。其婿复投豪，讼之郡，行千金求杀余。余既待讯，法当囚系，乃不之狱曹，而絷诸豪奴之家。同人不平，为代愬之兵备使者，移狱松江府，以杀奴论。豪计不行，而余有戒心，乃浩然有山东之行矣。"

上文所说陷以"重案"，这不是抗清通海的事情吗？至黄培诗案，据《年谱》引亭林手迹谓："姜元衡者，莱州即墨县故兵部尚书黄公家仆黄宽之孙，黄瓒之子。本名黄元衡，中进士，官翰林，以养亲回籍，揭告其主原任锦衣卫都指挥使黄培、见任浦江县黄坦等一十四人逆诗一案。……禀称有《忠节录》即《启祯集》一书，陈济生所作，系昆山顾宁人到黄家搜辑发刻者。……据其所告，此书中有黄御史（宗昌即坦之父）传一篇，有云：'家居二年，握发以终。'以为坦父不曾剃头之证，有顾推官（咸正）传一篇，有云：'晚与宁人游。'有云：'有宁人所为状在。'以为宁人搜辑此书之证。"以奴告主，当时的清议固已不容，这一案又牵连的人约在三百人以上，大家都为亭林湔雪，亭林才免于难，把首告的杀掉，这案就算完结了。现在《启祯诗选》业已发现了书中遭忌讳的地方很多，要是当时的人切实究问起来，恐怕连累的人要和庄氏史案差不多。陈君所引陈其年《迦陵文集》卷三《赠周栎园先生序》也有讲告讦的事。原文云：

"公备兵扬州，江南甫定，告密繁兴。犹忆一日有急装者自北来，以马棰叩营门，叩已，据地坐，诸将愕，仓卒不知所出。公直前上谒，急装者熟视久，徐曰：'彼靺韄而白皙何为者？'公嗫嚅曰：'君贵人，吾亦贵人。有事当告我。'急装者探腰下，出一牍，背耳语良久，则泰州桀黠奴蛊宦室者反词也，公厉声曰：'若诚反当族，然安知非奸民构，姑诇之。第君马劳，不宜复有所乘，坐休之，命驿骑及吾厩马以去。'急装者喜。越日侦骑至，桀黠奴所言果妄，事乃解，其好活人类如此。"

到了康熙初年，政治已经上了轨道，奴变和告讦的事情渐次消灭，但豪奴放纵的情形依然存在。若徐乾学、徐元文的家奴还是炙手可热。顾亭林《与潘次耕札》云："吾以六十四之舅氏，主于其家，见彼蝇趋蚁附之流，骇人耳目，至于征色发声而拒之，乃仅得自免而已。"近来故宫博物院在懋勤殿档箱内，发见康熙二十八年至三十一年江南士庶控昆山巨绅徐乾学、徐元文，常熟翁叔元等"豪奴倚声，窜虐娄氏"的状子不下数百起，已刊在《文献丛编》内，可以参考。徐乾学、徐元文兄弟倚仗着他母舅顾炎武的声望，投靠在康熙朝权臣明珠的门下，招权纳贿，无恶不作。当时人就有"九天供赋归东海，万国金珠献淡人（高士奇）"讽刺他们的歌谣。徐氏的豪门为当时人民所痛恨是可知的。

到了徐乾学的幼子徐骏，曾因他的业师周云陔教督过严，用毒药害死了他的老师周云陔，当时人们给他起了一个外号叫"药师佛"。徐骏在康熙末年中了翰林。徐骏的本性是恃才傲物，颇不满意于清朝政权的统治，曾作有"明月有情还顾我，清风无意不留人"的诗句，雍正时为人所告发，论斩。当地人民痛恨徐氏是恶霸豪门，以乌龙会为首的余党抄毁了徐家，徐氏的势力遂绝（见于徐珂《清稗类钞》）。也有说徐骏勾结了乌龙会而致祸的。近人邓之诚先生《骨董琐记全编》卷八有"东海传奇"条，说"四柳轩主人编《东海传奇》第一回'乌龙会乳猪创业，白妖（腰）党开法成家'"的面目。乌龙会有黥面文身的习惯，这种风气一直流传到日本。白腰党就是以赤脚张三为首所领道的白头渔民军，帮助了明末吴日生（易）起兵吴江，大败清军，以身殉国（见于柳亚子先生《怀旧集·吴日生等传》）。后来乌龙会与白腰党改名为白头军，由太湖三角洲经过浙东的东阳等地，发展到福建东北邵武山区，依岩结寨，响应郑成功的义师。郑成功所以能够屡次率师北伐，收复台湾，白头军是有其热爱祖国光辉的业绩的。豪奴放纵，倚势凌人的情形，一直到现在还有这种恶习。不过在雍正年间解放了世仆，那种卖身投靠和世仆的情形便慢慢地绝迹了。

（五）结论

由上文我们研究所得，豪奴的肇事要以董其昌家里被民抄一件事为最烈，奴变一事以松江一府闹得最厉害，其余各县不过均有此普遍的现象。我们可以知道奴变一事是在吾国社会史上很重要的问题。复次我再顺带说几句话，历史上的事情往往在人们不注意的地方，我们细心去研究，可以得到不少收获。所以古代的风俗和社会的情状常常在极小的地方可以发现，吾盼吾国的历史家在"高文典册"的地方固可以注意，但是社会上琐屑的地方何妨拿一点儿比较和整理的方法，研究一下呢。

我这篇文章作完了以后，曾请孟莼孙先生修改过，他为我补充的材料都注在每节的下面。他并作了一篇《读〈明季奴变考〉》，他指示我两个意见：奴隶制度在中国的由来；奴变一事在中国不能算是阶级斗争。我对于孟先生这个意见，第一，能补我的不足，极表感谢；第二，我不过考察当日的情势，并没有与欧美的奴隶制度阶级斗争并提而论。但据《研堂见闻杂记》上说："男子入富家为奴，即立身契，终身不得雁行立，间有富厚者，以多金赎之，即名赎，而终不得与等肩，此制驭人奴之律令也。"且明季奴有索卖身契和只许一代相统的事，这显然含有民族阶级运动的意味在内。不过孟先生的时代观念不同，所以所持的意见也就不一样了。但是孟先生治学的精神我是极为佩服的，谨将原文附在后面以供参考。

读《明季奴变考》（孟森）

刚主先生辑明季奴变事，有阶级斗争之慨焉。愚于此有以窥中西风习之不同，虽有阶级斗争之形似，而不可以概论也。盖其中有自相抵触之故。如为奴非奴所甘矣，而有非奴而又乐冒为奴者，如所云投靠是也。前之奴既变矣，而后之投靠者未已，则所谓斗争者安在？世界之所谓奴变莫大于俄国农奴之反动，刚主殆有鉴于此，欲以明季事比附之，动人警省耳。其前则更有一大奴祸，因主张蓄奴与否之不同，造成南北美之大战，奴不能自变，仁人义士代以国力争之，而蓄奴者则亦以国力相抗，事关社会经济，以与人道相背，而卒有以变革之，此则阶级斗争之真相也。吾国蓄奴之制其发源即不为赢利而起，考其最初所以为奴者有二义：一则犯罪发配，二则战败被俘，总之皆刑戮所赦之人。《说文》云："奴婢，皆古之罪人也。"《周礼》曰："其奴，男子入于罪隶，女子入于舂槁。"此《周礼·秋官·司厉》文，注："奴从坐而没入县官者，男女同名。"郑司农云："谓坐为盗贼而为奴者，输于罪隶、舂人、槁人之官也。"盖罪人为奴，本由国家收籍，秋官辜隶，地官舂人、槁人专收容此奴，配役而给以食，其后役不胜配，亦食不及给，则分逮仕宦之家共蓄之。奴婢古亦称臧获，《初学记》引《风俗通义》曰："古制本无奴婢，即犯事者或原之，臧者被臧罪没入为官奴婢，获者逃亡获得为奴婢也。"愚谓获之为义，当指俘获。要之，奴制之由来，初不为利，乃古时一种刑法。有犯而当其罪，无可归怨，后来贫乏不能自给之人，转慕此人奴之有赖于其主，因亦效为之，乃有自鬻之事，要皆非由怨毒而起。王褒《僮约》所云："课役烦重，因其奴桀骜而以此折之，知过即已。"较之美洲蓄奴、俄之农奴，纯以牲畜待遇者，吾国自始无此用心也。以故刚主所辑事实亦不一义，乐于投靠者既入之（桢按：此为奴仆豪纵之成因），更有纵容其奴，欺压乡里姻戚，致激事变者亦入之（桢按：此为背主投靠豪家，所举例三之故事）。其鼎革之际纲纪废弛，报怨逞威事所恒有。吴下饶沃，有力之家，余润逮其僮仆，俨然温饱，又有余力培植其子姓至科第仕宦，亦不可谓非其主家之惠矣。所谓仇怨，亦不过主家靳礼貌相待，恒以故意，不屑视为同侪，要之，此为极少数之事，即有之，亦只可谓此数人间之恩怨，非如外国成社会间之阶级也。然而吾吴因明季之祸，得有识者之箴言，蓄奴之风遂渺，小惩而大诫，不可谓非国人之明且哲矣。蓄奴易为雇佣，已无从前羁绊之酷。若由平等之道言，雇佣在雇主与受雇者间，不应有尊卑之别。雇者因其力之所不能，或时之所不暇，受雇者以其所能所暇而承之，通工易事，以相利益。今果明乎阶级之非，则何以一国之汲汲皇皇者，求官则曰乞奖拔之恩，与人官则曰施援引之惠，由是赫然有气焰之相压焉。是亦猖獗于奴变之初，而踊跃于投靠之口之类也！刚主于此，亦可暂勿容心于阶级之斗争矣。

附录二　清初东南沿海迁界考

（一）叙说

清初迁界一事，流毒于吾国沿海一带最深，然史家多未能道其详。王先谦编《东华录》，顺治十四年三月载有黄梧一疏，然止言防御郑氏，未言迁界之事；至十七年六月，仅有调苏纳海为兵部尚书一条；至康熙二十二年冬，有命吏部侍郎杜臻等至闽、粤、江、浙勘沿海边界一条，若非熟习其事者，则不知上所云为何事。

大抵清初对于汉人颇为歧视，清兵南下，如扬州十日、嘉定三屠记在稗史，吾人多能知之。及清朝定鼎，则外假以怀柔之意，以要誉于汉人，实则对于虐刻汉人之事乃深讳之。其深讳之事，如顺治十八年奏销一案，江、浙一带殃及万人。雍正间吕留良、曾静一案，曾撰有《大义觉迷录》一书，后反禁之。乾隆间之搜查禁书，如彭家屏藏野史致祸，庄氏史狱诸案，以及删改《实录》诸事，此其荦荦大者。迁界一事，盖亦犹如以上所举诸案，清廷所深讳之事也。

迁界之事，殃及沿海江、浙、闽、粤、鲁五省人民，其成祸之因约有三端：①由于清廷之畏郑成功；②由于郑氏之军法过严，将吏多降入清；③由于明季遗民之通海。此事实为清初东南一最不幸之事，凡顺治十七年以后，奏销、通海、禁社盟诸事皆与此事有关。若一明此事，则连带诸事皆可迎刃而解矣。比来浏览典籍，略有所获，排而比之，以见其事之大要云尔。

（二）迁界之始末

迁界非止一次，亦非一时，受祸之地亦有轻重之异。当乙酉（一六四五）、丙戌（一六四六）之后，弘光帝由崧已被执，殂于北京，隆武帝聿键已殂于汀州。有明大势已去，清兵直下，势如破竹。当时能与清廷对抗而清廷尚生畏惧之心者，惟唐王赐姓之郑成功及鲁监国之张煌言、张名振耳。彼等所居者均为沿海岛屿之地，名振等则奉鲁王居于舟山。先是，成功之父芝龙本出身海盗，曾居台湾（见江日升《台湾外纪》），后依唐王，未几降清。成功则未忘明室，起兵鼓浪屿，占据金门、厦门诸岛，据有福建沿海之地，名振、煌言等相继归附，北趋浙绍，南窥惠潮，为有清一大劲敌，清廷实亦畏而惧之。

成功抗拒清廷为时甚久，直至清顺治十六年己亥（一六五九），成功大举北伐，五月至崇明，六月破瓜洲下镇江，会师金陵。张煌言则别师下芜湖、太平、宁国、滁、和、徽、池诸郡，当涂、芜湖、繁昌等二十四县相继俱降，即杭州、九江义愤之士亦有群起而应之者，声势赫赫，何其壮也（见夏琳《海纪辑要》诸书）。

当郑氏之北伐，清廷实亦有所准备，然江防之滚龙锁（滚江龙）先已被郑氏材官张亮斩断（《台湾郑氏始末》卷四），所向无前。据计六奇之《明季南略》言之最为煊赫，卷十一"郑成功入镇江"条云：

"镇江至瓜洲江面十里，大清朝守臣用巨木筑长坝，截断江流，广三丈，覆以泥，可驰马。左右木栅，有穴可射，炮石盘铳，星列江心，用围尺大索，牵接木坝两端，以拒海舟，凡费金钱百万，坝始成。……十五日，海舟二千三百泊焦山，先遣四舟，外蒙白絮，内载乌泥，操舵数人，扬帆而上。大清兵望见，大发炮石，海舟近坝，从容复下，大清兵注射，炮声昼夜不绝，有如轰雷，可闻三百里，凡发炮五日，不伤一艘，海舟既上复下，循环数次。一以诱大清炮矢，二以水兵藏内，近坝即入水砍断。……"

其叙郑氏之由镇江登岸，步兵之锐，严不可当。如云：

"……大兵驰骑突前，郑兵严阵当之，屹然不动，俱以团牌自蔽，望之如堵。大兵三却三进，郑阵如山。遥见背后黑烟冉冉而起，欲却马再冲而郑兵疾走，如飞突至马前杀人，其兵三人一伍，一兵执团牌蔽两人，一兵砍马，一兵砍人，甚锐，一刀挥铁甲军马为两段。盖铸刀时，用铁匠百人，挨递打成此一刀，故锐特甚。……"

所谓"滚江龙"者，据全祖望《张苍水墓志》所云："大兵于金、焦间，以铁锁横江，所谓滚江龙者也。"又沈云《台湾郑氏始末》卷四叙郑氏及煌言之北伐特详，兹不具引。上述诸条，不无揄扬过甚，然清廷畏郑之强，可以概见。剿之既不可以，抚之又不可能，是以有此坚壁清野，迁界之举也。

然迁界之事虽发于清人，而实动议于郑氏之降将，而迁界首功祸及五省者，首推黄梧。盖成功军纪极为严刻，如其子经淫其乳媪陈氏，至必欲斩之；郑芝鹏失守厦门，斩之。施琅因得罪潜逃归清。据《海纪辑要》云：

"赐姓自兴兵以来，军律严明，禁止淫掠，犯者立斩。城破之日，诸军虽争取财物，遇妇人在室，则却退不敢入，远近称为三代之师。"

严以御众，不能宽以济人，实成功之爽德，故将士多降清，而清即以利用之，若黄梧者是已。故灭郑氏之计不在迁界，而实在以招抚郑氏之将攻郑氏（姚启圣之攻台湾即基于此，见全祖望《姚公神道第二碑》）。若迁界者，仅足祸五省之民而已。

黄梧以海澄叛，在顺治十三年封为海澄公，其后梧即献"平海策"以作报效之地。据王先谦《东华录》，顺治十四年三月海澄公黄梧奏：

"郑成功未及剿灭者，以有福、兴等郡为伊接济渊薮也。南取米于惠、潮，贼粮不可胜食矣；中取货于兴、泉，贼饷不可胜食矣；北取材木于福、温，贼舟不可胜载矣。今虽禁止沿海接济，而不得其要领，犹弗禁也。夫贼舟飘忽不常，自福、兴距惠、潮，乘风放浪，不过两日，而闽、粤有分疆之隔，水陆无统一之权，此成功所以逋诛也。宜敕沿海督抚镇臣，商度防海事务，平时共严接济之处，遇贼倍加堵截之防，臣专一整饬马步舟师，视贼所向，到处扑剿。至群贼伎俩，臣所熟悉，破贼机宜，臣筹之素矣。抑更有请者，成功之所以稔恶，倚其父芝龙，阴通家信，摇惑民心，故逆党坚不悔祸，诚严禁芝龙父子不许音信往来，成功将立见败亡也。"

此疏仅云令沿海边疆统一职权，庶不至成彼窜此捕之势，后之能数省迁界即基于此，然其犹未言迁界之计。此疏虽言禁其父子音信，然犹未言杀其父，发其祖茔也。意者此疏经乾隆间修改《实录》，竟或讳之，惟江日升之《台湾外纪》则言之极详。《外纪》卷十一云：

海澄公黄梧一本内密陈灭贼五策：

（1）金、厦两岛弹丸之区，得延至今日，而抗拒者实由沿海人民走险，粮饷油铁桅船之物，靡不接济。若将山东、江、浙、闽、粤沿海居民尽徙入内地，设立边界，布置防守，则不攻自灭也。

（2）将所有沿海船只悉行烧毁，寸板不许下水，凡溪河椿栅货物不许越界，时刻瞭望，违者杀无赦。如此半载，海贼船只无可修葺，自然朽烂，贼众许多，粮草不继，自然瓦解，此所谓不用战而坐看其死也。

（3）其父芝龙羁縻在京，成功赂商贾，南北兴贩，时通消息。宜速究此辈，严加惩治，货物入官，则交通可绝矣。

（4）成功坟墓现在，各处叛臣贼子，诛及九族，况其祖乎？悉一概迁毁，暴露殄灭，俾其命脉断，则种类不待诛而自灭矣。

（5）投诚兵官散居各府州县，虚糜钱粮，倘有作祟，又贻害地方不浅。可将投诚官移住各省，分垦荒地，不但可散其党，以绝后患，且可蓄众而足国也。

此数条所记，始将其迁界、发墓及安插降员诸事详晰明白，不但祸及郑氏，并欲与己同类之降员而祸之矣。夏琳云"害及五省，人罹其祸"，未为过之。此疏既上后，清廷交密议，大概此时并未全体施行，然如是年丁酉鲁王弃舟山，清廷即迁其民。黄宗羲《舟山兴废》所云："丁酉，北人以舟山不可守，迁其民过海，迫之海水之间，溺死者无算，遂空其地。"此为迁界之最先受害者。至顺治十七年庚子，成功既北上不获，退守金、厦二门，继取台湾，海事空疏，而煌言又败，散兵奥突，当时海边亦无扼守之人，清廷不得不肆其计。是年六月，苏纳海由工部尚书调兵部尚书，《东华录》所记仅此一条，盖亦讳之。惟李桓辑《国朝耆献类征·苏纳海传》云：

"顺治十七年擢工部尚书旋调兵部。是时，海贼郑成功踞台湾，四出劫掠，有言濒海居民宜移之内地者，苏纳海同侍郎伊理布奉命赴江南、浙江、福建会勘定议。"

是时福建总督为李率泰，浙抚为李之芳，黄梧亦在福建，与福督李率泰会同剿郑，躬与迁界之役（《漳州府志》）。故沈云《台湾郑氏始末》卷四云：

"九月（十七年），李率泰奏迁同安之排头，海澄之方田，沿海居民八十八堡，入内地安插。"

《东华录》康熙三十五所言略同，此为迁界之嚆矢，而海澄公黄梧则首祸及桑梓者也。是事之发生，固由清廷之肆虐，亦由郑氏利取台湾不计沿海之民之过。盖郑氏急欲得基本之地，以作海外扶余，亦足见其暮气矣。惟当时清廷大臣亦多反对此事者，兹分两方面述之。

（1）当日清廷抚臣虽有反对之事，然皆未见听用。如《台湾外纪》卷十一所载湖广道御史李之芳，以自古养兵原以卫疆土，未闻弃疆土以避贼者，上疏曰：

"山贼海寇何代无之，但当制驭有方，使民获宁宇，未闻堂堂天朝迁民避贼者也。夫迁民事势之不可者，今窃为陛下陈之。圣朝仁政，以得民为本；万民归心，以输纳为先。五省沿海一带遭逆涂毒，正供杂派输将恐后，此足征顺民之大端而深可怜悯者也。梁惠易粟，孟子短之，今诏谕欲徙沿海居民，何以垂训后世？此臣所谓不可者一也。昔日明政不修，逆闯犯阙，北京沦没，我朝兴仁义之师，驱除逆党，救民于水火，是以率土归心，满、汉一家。今中左弹丸之地，不思征讨，遽迁以避，其如天朝体统何？所谓不可者二也。郑成功江南大败，胆破心寒，今已远遁台湾，所存余孽，或剿或抚，呼吸可定，况沿海皆我赤子，一旦迁之，鸿雁兴嗟，室家靡定，或浮海而遁，去此归彼，是以民予敌，所谓不可者三也。周成王亦有迁顽民于洛邑，尚得田宅以优养之，设庠序以教育之，使其民知礼义而无异心，今欲迁沿海一带，当其出示，谕限数日，官兵一到，遂弃田宅，撤家产，别坟墓，号泣而去，是委民于沟洫也，为民父母岂忍若是？所谓不可者四也。江南土薄，一夫受田不满三亩，一家聚食，尚捕鱼、买贩以补不足。圣谕颁下，欲酌给田宅，安插余民，然迁实多方，民无所措，且当道者未有处置，惟催赶日促，使民而逃，贫者将积数日之粮，富者亦但数月之储，逼处内地，无家可依，无粮可食，饥寒逼而奸邪生，不为海寇即为山贼，一夫持竿，四方响应，其若之何？所谓不可者五也。郑成功前年欲抚时，求海滨六府驻防，文武官长听其选择，税赋尽输军国之用，尚欲东西二洋船饷数万，持正以为不可。今五省之民，沿海已居其半，当道者不思制插安民，只欲尽以迁移，能使贼自毙乎？是贼未必能歼

灭，未必能尽降，而国家先弃五省之地土人民，所谓不可者六
也。江南鱼盐为富强之资，沿海一带，鱼盐之利何啻数千万，土
产之物百倍其利，况鱼乃日用之需，盐更五谷之辅，一日无盐，
物将日腐，且土产年例解京，从此而止，所谓不可者七也。夫郡
县内地，亦赖边界以捍御，故朝廷设边界为郡县藩篱，亦以卫
民。今兵不守沿海，尽迁其民移居内地，则贼长驱内地，直抵其
城邑，其谁御之？不如守内地之兵，发一半守边界卫所，联络乡
民以相助战守，使贼不敢睨视边界，如是则内地免守，所谓不可
者八也。当道者不为深谋远虑，操一朝之权，弃百姓过于反贼，
万一不顺，问谁之咎？"疏上，留中。

按李之芳山东进士，甲寅之变为浙江总督。窥当时此项奏疏
尚不止此，唯觅其史料殊为不易。既迁界之后，抚臣目睹迁界之
苦，而为挽救之计者，如乾隆重纂《福建通志》卷八十六载康熙
十二年福建总督范承谟"条陈闽省利害"一疏，疏云：

"闽人活计，非耕则渔，自迁界以来，民田废弃二万余顷，
亏减已供约计有二十余万之多，以致赋税日缺，国用不足，而沿
海之庐舍田亩化为斥卤，老弱妇子辗转沟壑，逃之四方者不计其
数，所余孑遗，无业可安，无生可求，颠沛流离，至此已极。迩
来人心惶惶，米价日贵，若不安插，倘饥寒迫而盗心生，有难保
其常为良民矣。我皇上停止海界之禁，正万姓更生之会，而闽地
仍以台塞为界，虽云展界垦田，其实不及十分之三。且台塞离海
尚远，与其弃为海薮，何如复民为业？如虑接济透漏，而此等迁
民，从前飘流忍死，尚不肯为非，今若予以恒产，断无舍活计而
自取死亡之理。即钉、麻、油、铁、丝绸、布帛，皆奸商巨贾、

势豪土棍，有力之所办，穷民亦无此资本，何由而济？如虑区近沿海，难免寇祇侵掠，夫海贼可以登岸之处不过数所，余皆海潮涌入之小港，时涌时退，不能停泊，若设防兵堵御要害，则寇亦无隙可乘。设立水师，原为控扼岩疆，未有弃门户而反守堂奥之理。目今多事之时，海逆不无窥伺，伏乞皇上允臣相度形势，应仍旧者照旧防备，应更移者奏请更移，务使将领不得偷安，则门户既固，而迁民所以开垦复业，无以粮赍寇之忧，无透越接济之虑。兵既卫民，民不失所，此捍外安内之要著也。"

此证迁界非止一次，康熙十一二年间有复界之事，据重纂《福建通志》卷八十六，十三年耿逆之乱，迁民悉复故土，范氏之力居多。又广东巡抚王来任曾以迁界累民，卒于任所，以遗疏力争，疏惜未见（事见《广东通志》）。

（2）迁界之起，实由郑氏之得台湾，无暇顾及内地。昔日则思明州为根据之地，故沿海之民尚不至有迁移之累，及居台湾则鞭长莫及，正可以为清廷利用防郑之计。在郑氏之内部，台湾本尚饶富，实无大关系（详下条），而对于外部之发展则有莫大之阻碍。顾以郑氏之刚愎，故无人敢为言其事者，仅有张煌言《上延平王》一书，可以见郑氏之失计，惜郑氏亦未听从之也。《张苍水集》卷二《上延平王书》略云：

"今虏酋短折，孤雏新立，所云主少国疑者，此其时矣。满党分权，离畔叠告，所云将骄兵懦者，又其时矣。且灾异非常，征科繁急，所云天怒人怨者，又其时矣。兼之虏势已居强弩之末，畏澥如虎，不得已而迁徙沿海，为坚壁清野之计，致万姓弃田园，焚庐舍，宵啼路处，蠢蠢思动，望王师何异饥渴？我若稍为激发，此并起亡秦之候也。惜乎殿下东征，各汛守兵力绵难恃，然且东避西移，不从伪令，则民情亦大可见矣。殿下诚能因将士之思归，乘士民之思乱，回旗北指，百万雄师可得，百什名城可下矣，又何必与红夷较雌雄于海外哉？况大明之倚重殿下者，以殿下之能雪耻复仇也。区区台湾，何预神州赤县，而暴师半载，使壮士涂肝脑于火轮，宿将碎肢体于沙碛，生既非智，死亦非忠，亦大可惜矣。况普天之下，止思明州一块干净土，四濒所属望、万代所瞻仰者，何啻桐江一丝系汉九鼎，故虏之虎视，匪朝伊夕，而今守御单弱，兼闻红夷构虏乞师，万一乘虚窥伺，胜败未可知也。夫思明者，根柢也；台湾者，枝叶也。无思明是无根柢矣，安能有枝叶乎？此时进退失据，噬脐何及？古人云："宁进一寸死，毋退一尺生。"使殿下奄有台湾，亦不免为退步，孰若早返思明，别图所以进步哉。昔年长江之役，虽败犹荣，已足流芳百世，若卷土重来，岂直汾阳、临淮不足专美，即钱镠、窦融亦不足并驾矣。倘寻徐福之行踪，思卢敖之故迹，纵偷安一时，必贻讥千古。即观史载，陈宜中、张世杰两人褒贬，可为明鉴，九仞一篑，殿下宁不自爱乎？夫《虬髯》一剧，只是传奇滥说，岂真有扶余足王乎？若箕子之居朝鲜，又非可以语于今日也。"

此书"宁进一寸死，毋退一尺生"一语，实为奋发有为之格言。在兴复方面言之，郑氏之收复台湾，实为统一中国之光荣事业，然为其个人打算实为失计，然在郑氏实亦有不得已者。此书虽未见听从，然观台湾《郑氏始末》卷四有云："成功因议取台湾，招沿海之不愿内徙者屯田其中，以益军储。"观此语似即为补救煌言之书所言而设。又李之芳疏云："鸿雁兴嗟，室家靡定，或浮海而遁，去此归彼，是以民予敌。"似非无因而发也。

然迁界之后，人民流离，成功实亦悔之。《海纪辑要》云：

"闻清迁界，赐姓怃然曰：'举数省几万里鱼盐之地，无故而弃之，将士涂炭，生民岂得计哉？清之技亦穷矣。吾养精蓄锐，天下事未可知也。'"

所谓"天下事未可知"者，未几成功即殂，所谓"出师未捷身先死，长使英雄泪满襟"者，郑氏遂永无恢复之望。自成功东后，沿海一带已无义师之迹，人徒有思明之心而无起义之机。健者如张苍水，仅可散兵悬笯，已无用武之地，求一片干净土而不可得矣。《张苍水集》卷三《答赵安抚书》略云：

"今执事既衔命而来，以保境息民为意，则莫若尽复滨海之民，即以滨海之赋，犒我海上之师。在清人既能开诚布公，捐弃地以收人心，在海上亦何惜讲信修睦，且休兵以待天命。不佞与执事辈，从容羊、陆之交，往来侨、肜之好，既省墩堡守望之戍，并免舟楫营缮之需。借我外兵以备他盗，因而煎熬则卤盐可行矣，因而采捕则鱼鲜可给矣，因而贸迁则商贾可通矣，匪直暂解兵争，亦以稍苏民困。是珠崖虽弃，休息宜然；朝鲜自存，艰贞斯在。特恐执事畏耳，畏则无成也；又恐执事疑耳，疑则又无成也。不佞何心，必欲重困此一方民哉？则请与执事约，但使残黎朝还故里，则不佞即当夕挂高帆。十洲三岛，莫非生聚教训之区；尝胆卧薪，别有扶危定倾之计。则臣靡尚在，天意未忘禹功；诸葛犹存，正统还归汉胄，惟执事图之。"

以苍水之名臣，有清之劲敌，仅唯有向残黎请命，得各还故里而不可得，以是知明势之微矣。虽欲如昔日明季遗民，怀志恢复，通海求援，岂可得乎？

兹迁界双方之内容已明，然后言迁界前后实施之始末。迁界之事由黄梧作俑，故首起于闽，所以起于闽者实有其因在。全谢山《鲒埼亭集》卷十五《姚公神道第二碑》云：

"初，闽人当成功之世，内输官赋，外又窃应成功之饷以求免劫掠，奸民乘之，日以生事，而民之供亿亦困甚。于是迁界之议起，定沿海之界而迁之域内，出界者死。成功虽以饷不接，不复能跳梁，而被迁之民，流离荡析，又尽失海上鱼蜃之利，而闽益贫。"

迁界起于闽，由闽而浙、而吴、而粤，沿海一带几无地不受其祸。姜宸英《湛园未定稿·海防》篇言其始末最详，兹录其文于后，再将迁界之地及迁界之时代，分别而言之。《海防总论拟稿》云：

"先是，海寇郑成功盘踞金门、厦门间，寻夺台湾居之。游祇入犯，飘忽南北，军吏苦于奔命。康熙初，廷议以为徙民内地，寇无所掠食，势将自困，遂悉徙粤、闽、江、浙、山东镇戍之在界外者，贼计果绌，降者接踵。八年有诏，稍展界纵民得采捕近海。十九年六月，福建督抚臣议处投诚之众，奏请给还民界外田地，以无主者俾之耕种。且曰方今海外要地，已设提督、总兵，大兵镇守，是官兵在外而投诚在内，计可万全无虑。诏许之，闽界始稍稍开复。二十三年五月克台湾，十月兵部议请各省开界，乃以工部侍郎金世鉴、都御史呀思哈往江南、浙江，吏部侍郎杜臻、内阁学士石柱往福建、广东，事竣奏闻，遂尽复所弃地。民内有耕桑之乐，外有鱼盐之资，商舶交于四省，遍于占城、暹罗、真腊、满刺加、浡泥、荷兰、吕宋、日本、苏禄、琉球诸国，乃设榷关四于广东岙门、福建漳州府、浙江宁波府、江南云台山，置吏以莅之，使泉货流通，则奸萌自息。于是恩贷之诏日下，德泽汪沫，耄倪欢悦，喜见太平，可谓极一时之盛矣。"

由此文而观，吾人可知者，康熙初年徙民内地，八年有诏稍展界，至二十二年始令开界。此文所云十九年福建总督议处投诚之众，奏请给还民界外田地，当系姚启圣督闽时。《平定海寇纪略》卷四云：

"康熙二十年二月辛卯，命展沿海迁界，总督姚启圣、巡抚吴兴礼先后具疏，请开迁界，俾沿海人民复业。上命议政王贝勒大臣集议。议政王等奏言，前经大将军康亲王等奏请已令展界，嗣因海寇羁据海澄，复迁界，移居民于内地。今金、厦虽复，贼集未灭，事关重要，应令福建总督、巡抚、提督定议奏闻。上谕：金、厦门诸处已设官兵防守，应如该抚所题，照旧展界，如有奸民借此通贼者，仍令严行察缉。"

似此文所云二十年始有展界之令，然仍戒严，至二十二年郑氏平后，始实行开禁耳。其他记迁界者，《海纪辑要》云：

"闽海以赐姓故历年用兵，捐师糜饷，清患之，苏纳海等议曰：'蕞尔两岛，得遂猖獗者，实恃沿海居民，交通接济。今将山东、江、浙、闽、广滨海人民，尽迁入内地，设界防守，片板不许下水，粒货不许越疆，则海之氛尽鸟兽散矣。'从之，分遣满员督迁各省之界，千年生聚，一旦流离，死亡疾病惨不可言。"

此段可以知黄梧奏后，经苏纳海等按议之，而是事遂成。

来集之《倘湖樵书》初编卷九"迁海"条云：

"康熙四年间，以海波恒沸，滨海居民多与私通，遂下迁海之令。凡海岛中及近海居民皆迁入内地，其观望不即迁者，移兵剿诛之。其边海州县所迁之民，流离无归，颠踣于道者，不可胜纪。"

此条可知迁界一名"迁海""海岛"即指舟山诸地，特未敢显言之耳。又《国朝耆献类征·金世鉴传》可以知复界之情。其文曰：

"是时海氛虽靖，而边界之禁弗弛，民多失业。二十二年，有诏分遣大臣巡历海疆，其地之可以界民者，悉与清理。于是公偕副都御史雅公越江、浙，同地方大吏遍阅沿海形势。因叹海滨余黎，凋瘵日甚，假使结桴而渔，亦何至触冒禁网，而顾令坐困若是。遂奏请复温、台、宁三郡界外民田九十余顷，盐田七万四千七百亩有奇，要害地应设防者仍分兵戍守，其余一切奏罢以省冗食。自是弃田尽垦，营利亦定，民生安堵，金以为子孙百世之计。"

由上诸条，吾人所欲知者，一为时代次数，一为迁界之防备及疆域里数。兹先言时代，由上文已可知其大概，重纂《福建通志》卷八十六有"海防"一条，可以补其缺。其文云：

"康熙十八年，命沿海二三十里量地险要，各筑小寨，防守以界墙，耿逆之乱（康熙十三年）迁民悉复故土。及康亲王平定闽疆，疏称迁界累民，听其自便，至是督抚遂再迁焉。"

按康亲王名杰书，《国朝耆献类征·宗藩传表》未言康亲王疏称迁界累民之事。综合而观，以上诸条可以见迁界共为三次，

而各省情形时有不同，详下各省条。复次则为迁界之里数。重纂
《福建通志·海防》篇云："国朝顺治十八年，迁沿海居民，以垣
为界，三十里以外悉墟其地。"又郁永河《伪郑遗事》云："暨乎
迁界之令下，江、浙、闽、粤沿海居民悉内徙四十里，筑边墙为
界。"阮元修《广东通志·边防》篇有云："再徙内地五十里。"
由上吾人可知者，迁界后则筑边墙为界，其距离海面约在三四十
里之间，而时亦有远近之异。既复界后，始令人开垦，樵采渔
牧，可以航海行舟。徐怀祖《台湾随笔》云：

"海滨弛禁以后，人置渔舟，家有商舶，惟商舶可以航海，
凡使节往来咸借之。"

于是知滨海之民，始得来往樵采航行之自由，而在他方观
之，迁界之事究与政府亦无甚益也。故《东华录》卷三十三云：
"（康熙）二十二年冬十月，命吏部侍郎杜臻等，闽、粤、江、
浙，勘沿海边界，招垦荒地，复诸迁民业。"

吾人既明以上所引诸文，然后知所复诸迁民业者为何事。最
后吾引吾人所欲迁界首功黄梧之传，以为吾文此节之殿。康熙
《漳州府志·人物·黄梧传》云：

"黄梧字君宣，平和人。幼喜任侠，鼎革时八闽云扰，海寇
纵横，梧入海中，因乱籍镇海，旋以海澄归我朝廷，因封公爵，
锡名海澄，因大将军达素攻厦门，以功进太子太保。乃上疏请搜
三岛，既奉命同总督李率泰、固山郎赛率所部连破厦门、金门等
处，降获甚多。三岛既搜之后，会有迁移之役，海滨流离，投诚
既众，输饷孔艰，朝廷乃悉令归农，而编其五千人入伍。俄复移
屯江西、河南，仅存千二百人为公标。授梧一等公，世袭十二

次，留驻漳南。"

此则可知黄梧迁界之役所得之爵禄，而至首倡迁界之事，则其传讳之，但其子芳度海澄失陷降于郑氏，卒被郑氏杀戮之祸云。《清史稿·黄梧传》言之尤详。

（三）各省迁界状况

上文既将迁界之始末述明，兹复将上文所言山东、江南、浙江、福建、广东诸省迁界之情形，分别而言之。大抵迁界一事，福建受祸最甚，其次则广东、浙江，而山东似未甚受其祸。

（1）山东

沿海诸省虽有未迁界之处，然沿海之地当康熙初年皆有钉桩、墩戍之设，重则禁人采樵。历检《山东通志》诸书记迁界之文甚鲜，盖处僻远，郑氏兵力所未及，故清廷亦未注意及之也。

（2）江苏

江苏一省有迁界之事者，亦仅有沿海要塞，福、狼山一带之地及海州云台山诸处，其他处则增设海防耳。兹将康熙《江南通志》所载关于增防诸处，所记诸事抄录于下。《江南通志·海防》云：

"海州 东北隔海相望有云台山，国初尝迁撤云台，钉塞海道，至康熙二十年始议开复，设东海营镇之。

扬州 沿海之邑，康熙十一年添设游击镇其地。以泰州以北，历兴化至盐城，皆为范公堤护之地。

崇明 即三沙之地，周五百余里，孤悬大海，四面受敌，西北望通州，西南望太仓，虽呼吸可通，而皆为沧波所隔。国朝顺治十年海寇张名振驻泊东阜、平安二沙，十六年郑成功据排沙，康熙二十六年周云龙藏匿舟山，皆为崇明切肤之患。"

按崇明自顺治三年后移苏州镇总兵驻邑中，设重兵于此，似未若舟山、金、厦罹迁界之祸。

"常熟　自狼山而南，与常熟福山相对，为江海合流，咸淡分界处，烽戍相望，一苇可达。国朝康熙十九年始开海禁，设立狼、福对渡官船二十舸。二十四年复设海关，许民出海贸易，自是狼、福之间，往来者项背相望。

太仓　顺治十八年立土寨于山，是年巡视汰城撤守，康熙八年复命大臣会阅始题复。

松江　郡设墩台十七座，每墩间悬六里，达于南汇。康熙二年以内墩离海过远，声息难通，乃建外塘斥堠，巡防瞭望，内外相资，为他堡所不及。"

据以上诸节所引事实而观，江苏虽受郑氏之影响，但未如浙江、福建诸处受迁徙之甚，如崇明、福、狼诸地但立海禁，禁人民出入采樵，立墩戍，增重兵，以为防卫之事。盖江苏距郑氏较远，故受祸亦较浅。然江苏沿海诸地容亦有迁徙之事，观吴嘉纪诗可知。而郑氏北伐，伐木造舟，抵御郑氏其祸最烈，容下章言之。

（3）浙江

浙江受迁界之祸者为温、台、宁三府，而舟山为最烈。舟山之易名定海，即因迁徙之后而更斯名者，其受祸之烈可知。重纂《浙江通志·海防》云：

"顺治十八年，以温、台、宁三府边海居民迁内地。康熙二年奉命撤沿海一带钉定界桩，仍筑堠台祭旗为号，设目兵若干名，昼夜巡探，编传烽火，歌词，互相警备。四年钦差大臣巡视海边，每岁轮巡五六次，撤回。七年钦差大臣同总督赵廷臣由福建沿海出巡，重以提督大帅有巡历，增造艨艟以备战守。"

其次，迁界最甚者则为舟山（定海）。雍正《宁波府志》"镇海县"条下云：

"康熙二十三年展复海界，赐舟山名定海山，后遂以名其县，而改定海为镇海。"

又"定海县"条下云：

"国初为明季遗顽所据，八年始讨平之，旋陷于海寇。十二年再攻克之，遂徙弃舟山为界外，而以今镇海为重镇。然数年内海寇掠镇之海宴、太丘、灵岩、崇丘及鄞邑东乡，忽犯吴淞、犯镇江、犯江宁不止，夫亦舟山要地，未设劲兵，以为拦截乎？自康熙初移提督大帅驻扎郡城，寇氛渐靖。至二十三年海宇荡平，遂赐舟山名定海山，建县设官，移总兵官镇其地。"

舟山首当其冲，故江苏受迁界之祸较浅者以此，然舟山之民则已苦矣。兹据光绪《定海厅志》及《绍兴府志》《舟山兴废》诸书述其受祸始末，列表于后：

顺治十三年　徙舟山居民于内地。

康熙二年　奉撤沿海一带钉定海桩，下令商舟、渔舟不许一舸下海。

康熙二十三年　移定海镇总兵于舟山，复界沿海遂定。

康熙二十六年　舟山置定海县，因改定海为镇海。

举如上列简表观之，则舟山一区迁徙屡变。据《舟山兴废》所记，人民尽驱入海，当日之惨酷可知，举一域，可以知其他之地矣。

（4）福建

迁界之事发轫于福建，而福建受祸最深，其迁界之事关系全局，上文已详言之。大抵自迁界之议上后，福建为首迁之地。《郑氏始末》所云："同安之排头，海澄之方田，沿海居民八十八堡入内地安插。"大概漳、泉沿海一带皆有迁徙之役，康熙八年稍展界纵民得采捕，命沿海二三十里量地险要，各筑小寨，防守以界（重纂《福建通志》）。康熙十三年耿精忠反，耿、郑相睦，迁民悉复故土。及郑经与耿精忠不和，经历取漳、泉、汀州诸地，南下潮州，吴三桂为调停之，不可。于是耿、郑复行交恶，未几耿精忠降，郑氏屡犯沿海诸地，于是沿海之地再迁（据《海纪辑要》诸书）。盖往复二十余年，迁徙者再，而人民被骚扰者最甚。记其再迁之役，《海纪辑要》云：

"（康熙十六年丁巳）十二月清再迁界。甲寅（十三年）之变，闽省居民迁入内地者，悉还故土。丙辰（十五年）冬，闽归清，复议迁界，康亲王奏言迁界累民，罢之。至是督抚（李率泰）请再迁，报可。值破海澄，围泉州，事暂停，及泉围解，遂行迁界之令。自福宁下至诏安，沿海筑寨置兵守之，仍筑界墙以截内外，滨海数千里无复人烟。"

此条叙述闽省再迁之事甚详。海外散人《榕城纪闻》"顺治十八年十月"条云：

"福建、浙江、广东、南京四省，近海处各移内地三十里。

令下即日挈妻负子载道路露处，其居室放火焚烧，片石不留。民死过半，枕藉道涂，即一二能至内地者，俱无儋石之粮，饿殍已在目前。如福清二十八里只剩八里，长乐二十四都只剩四都，火焚二个月，惨不可言。兴、泉、漳三府尤甚。"

然闽省受害最深之处当为金、厦诸岛及漳、泉诸府，因为郑氏出没之地，时为郑氏所据，时为清人所有，往复曷止数次，即如海澄一县，据县志所载，得失往复亦不下五六次之多，观下表可知：

顺治九年　赫文兴以海澄叛。

顺治十二年　清兵入海澄。

康熙十三年　五月清人复海澄，又降入郑氏。

康熙十六年　清人复海澄。

康熙十七年　刘国轩陷海澄。

康熙十九年　清人复海澄设县。

人民罹此痛苦，复有迁界之役，盖亦无宁息之日矣。其因迁界影响所及而病闽者，尚有三事。

其一，绝渔盐之利。闽省滨海人民所需者以此，全祖望《鲒埼亭集》卷十五《姚公神道第二碑》云：

"公言南海一带俱有扼塞城寨，可以列戍，俱有田可耕，而鱼盐蜃蛤之利尤大，若分屯设卫，令之开垦，得与鲛人、蜑户参错而居，所以安内而攘外也。由福清而南，臣已相度经营，了然可措，将开商市，给牛种，为国家恤流亡，而收瓯脱自然之利，保无患焉，天子遣一侍郎勘视，亦弗敢主也。公连章任之，乃报可。"

复界之事，即由姚启圣所请而起。鱼盐蜃蛤为滨海人必需之品，此为人民生活直接之害，姚氏之见甚当。

其二，闽省军队之复杂。闽乱屡作，驻军极多，全祖望《姚公碑铭》云：

"及耿精忠至，封山圈地，莫敢裁量，且日益耗，已而耿、郑之乱交作，杀掠所至，不知谁兵。闽中驻一王、一贝子、一公、一伯，将军、都统以下，各开幕府。所将皆禁旅，无所得居，则以民屋居之；无所得器械，则即以屋中之器械供之；无所得役，则即以屋中之民役之。朋淫其妻女，系其老幼，喑哑叱咤，稍不如意，棰楚横至，日有死者，加以饥馑，而民之存者寡矣。"

所谓"一王"者为和硕康亲王杰书，"贝子"者为固山贝子傅喇嗒，"公"者海澄公黄梧，"伯"者都督穆黑林。而王与贝子，观《国朝耆献类征》所载贝子之传，似有不和之意，有诏谕为调和之。不和之意至以诏谕调处，则当日闽省之纷攘之状可知矣。

其三，开修来馆。清人之能破郑氏不在迁界，而在以郑氏之降将攻郑氏，修来馆之设即基于此。全祖望《姚公碑铭》云：

"大开修来馆于漳州，不爱官爵资财玩好，凡言自郑氏来者，皆延致之，使以华縠鲜衣，炫于漳、泉之郊，供帐恣其所求，漳、泉之人争相喧述。公时掀髯笑曰：'昔人捐金施间，虽信陵君之亲而才，廉颇、李牧之武，亚夫、龙且、钟离眛、周殷之骨鲠，可坐而尽也，况竖子之游魂乎？'于是不终岁，其五镇大将廖琠、黄靖、赖祖、金福、廖兴以所部降，郑奇烈、陈士恺等继之，林翰、许毅等皆被用。郑氏始上下相猜阻，而简练诸降将之卒，骤充水师，骤益二万余人。"

此事虽为破郑之计，而扰人特甚。《海纪辑要》云：

"清既迁界，遣满、汉兵部、户部郎中各一员，安插海上投诚官，上下相蒙，真伪莫辨，武职率众降者照原衔议叙，只身降者降四级，文官亦降二级补授。又有武改文之例，都督改副使，副将改佥事，参游改同知。或目不识丁，谬膺监司；手无缚鸡，滥授总兵，其时博功名者多借此为捷径。"

以上三事，皆与迁界有附带之关，故并及之。

（5）广东

据阮元修《广东通志》谓："广东列郡十，分为三路，东为惠、潮、柘林、南澳，俱为扼要之地，中路广州次之，西高、雷、廉又次之。"迁界之事，在广东东起饶平，西迄钦州，以惠、潮二郡为最甚，广州则在再迁之例，西路高、雷、廉诸郡临海较远，受祸次之。钮玉琇《觚剩·粤觚》有记迁界一事，其状至酷。《粤觚》云：

"甲寅（康熙十三年）春月，续迁番禺、顺德、新会、东莞、香山五县沿海之民，先划一界而以绳直之，其间多有一宅而半弃者，有一室而中断者，界以深沟，别为内外，稍逾跬步，死即随之。迁者委居捐产，流离失所，而周、李、徐党乘机剽掠。巡抚王公来任，安插赈济，存活甚众。公以病于粤，遗书极言其状，始得复界，流民乃有宁宇。"

是各省皆有复界之请，此段叙述流离状况颇详，《广东通志·边防》篇记其事。《广东通志》云：

"明末海寇郑芝龙踞台湾，子成功相继跳梁。我朝定鼎，差内阁满洲大臣苏纳海、鳌拜议沿海建墩台，贼至烽火为应，以便守御，徙民内地，以杜奸宄接济台湾之患，粤省东起饶平大城，西迄钦州防城。康熙元年壬寅，命吏部侍郎科尔坤、兵部侍郎介山同平南王尚可喜、将军王国光、提督杨遇明等巡勘潮滨海六县，建墩台七十有三，而海氛未靖。三年甲辰，又遣吏部尚书伊里布、兵部侍郎硕图偕藩院将军提督复勘，令再徙内地五十里。海阳迁去龙溪、上莆、东莆、南桂四都，秋溪、江东、水南三都之半；潮阳迁去之直浦、竹山、招收、沙浦、隆井五都，附郭峡山、举练三都之半；揭阳迁去地美一都、桃山半都；饶平迁去龙眼、宣化、信宁三都；惠来迁去上外、中外、下外、蓬洲、鳄浦、鲍江六都，仅存苏湾一都，增筑墩台八十有四，各设棚栏以严出入。台臣杨雍建、巡抚王来任、总督李率泰先后疏请，八年春正月奉旨尽弛海禁，由是撤排栅，添设武营汛防，而台湾亦旋以荡平矣。"

此文叙述极详，吾人可知当日迁界非仅扼要之地，沿海各县皆有迁界之事，惜他省无此详细记载耳。就此所载迁界之地及《觚剩》所载续迁五县，则广东所迁之地可以略见。唯此文云八年弛海禁，即八年展界之事，《觚剩》所云续迁盖即指此。此文未载，不无遗憾。至巡抚王来任以死力争，《广东通志》不载其文，究不知其遗疏所记为何如也。兹将五省迁界之地为图以明之。

（四）关于迁界诗文之记载

迁界一事，影响于沿海一带最大，忆当时诗人文士必有讽咏记载之者，稗乘野闻，其见当日之情状必较史家所记者为尤深。惜当日文网日炽，无人敢记载之耳。无已，则于明季遗民孤臣之诗文集中求之。其讽咏之际，细唯其意犹或时见其一二而已。张苍水，明季之孤臣也，其与郑氏北伐之役，上文书已言之，《冰槎集》中有《答曹云林监军书》载其事，其文云：

"弟已移师寄寓沙关矣。种种房情，已具在前日报文内，不必更赘。独是伪令迁徙沿海居民，百万生灵尽入汤火中，汹汹欲动，惜无一劲旅为之号召，以致颠连莫告，我辈坐视其荼毒而不能救，真愧杀也。弟栖迟沙关几三月矣，金尽粟空，谁能为景升、仲谋者？只得仍图北返。两番鼓棹，又为石尤留滞，今春风至矣，决计回浙，亦旦晚间事。弟非不知兵力单极，况二阮一陈，俱徘徊闽境，则弟声援甚微。然弟之区区，以为宁进寸，无退尺，宁玉碎，毋瓦全，其素志然也，但不知果能自存否？近有小咏云：'虬髯定拟浮家去，雁足虚传属国还。'又云：'平原一旅真孤掌，可有天戈灵武间。'感慨系之矣。"

此书在壬寅，即清康熙元年，正迁界之时，而苍水亦仅一旅孤军难伏处江表矣。陈梦雷《松鹤山房集》卷十九《先室李氏行述》云：

"孺人李氏，先岳木长公，闽之福清人。先岳抱负恢奇，不事经生业，明季天下多事，翱游海外诸国。国朝定鼎后，还乡里，以迁海故，侨寓浙之永嘉。孺人幼弱，频经兵燹，寇乱，岳母潘氏提携转徙山谷间，草行水宿，濒死者数矣。"

是陈亦遭迁界之祸也。

又有明季诗人吴嘉纪者，亦目睹郑氏北伐之役，其《陋轩诗》中有复洲田之诗，似亦有迁徙避匿之事，未久即复，但未如浙、闽之甚耳。其诗云：

"洲田复与民，官长示告谕。故主前来看，犹疑梦未寤。落叶遇回风，衰林寻旧树。寥寥乱后人，历历河上去。烽燧垒尚在，望望生惊惧。十年避兵戈，万姓凋道路。他乡沟与壑，一步一回顾。"

又云：

"斜日寒江流，褰裳试遵渚。不悟余黎民，重践旧田土。庐墓在何处？回顾惟榛莽。雊鸡见人飞，狐狸噑且怒。生理何暇计，先须避风雨。刈草覆我阶，叠石为我堵。不复辨东西，向山编竹户。室成谁往来，庐中有渔父。"

陆廷抡序《野人》诗云："淮河之夫妇男女，辛苦垫隘，疲于奔命，不遑启处之状，虽百世而下，了然在目。甚矣，吴子之以诗为史也。"盖纷攘之际，人民之隐衷，社会之疲敝，史家不能详记其文，幸有诗人词客三复而感叹之，然后其旨乃显。生于百世之后，读先民之诗歌，往往如目睹其情，身历其境，吟咏悲歌之而不能自已。于是知生于叔季之世，人民昏垫之苦，赖乎有诗人也。

附录二 清初东南沿海迁界考

附：迁界始末大势表

纪年	干支	西历	记明事	记清事
明弘光元年 隆武元年 清顺治二年	乙酉	一六四五	圣安帝被执，殂于北京。 六月鲁王以海称监国于绍兴。 闰六月隆武帝聿键称帝于福州，晋南安伯郑芝龙平国公子成功赐姓朱，封忠孝伯。	五月克南京，始下剃发令。 洪承畴抚江南。
隆武二年 鲁监国元年 顺治三年	丙戌	一六四六	隆武帝殂于汀州。 郑芝龙降清，桂王由榔称帝于肇庆。 苏观生拥立聿𨮁于广州。	
监国二年 永历元年 顺治四年	丁亥	一六四七	赐姓成功起兵鼓浪屿。	
监国三年 永历二年 顺治五年	戊子	一六四八	三月成功破同安。 定西侯张名振来归郑氏。	
监国四年 永历三年 顺治六年	己丑	一六四九	鲁监国驻舟山。 三月成功攻漳浦，克之，永历封为延平公。	吴三桂收川北。
监国五年 永历四年 顺治七年	庚寅	一六五〇	永历帝在南宁，成功起兵勤王，南下揭阳。	耿继茂入粤。
监国六年 永历五年 顺治八年	辛卯	一六五一	鲁王入厦门。 施郎降清，更名琅。	清军克舟山。
监国七年 永历六年 顺治九年	壬辰	一六五二	清李成栋杀其总督来归郑氏，郑氏诛之。 永历帝在安隆。	郝文兴以海澄降郑氏。

纪年	干支	西历	记明事	记清事
监国八年 永历七年 顺治十年	癸巳	一六五三	鲁王自去监国号。 五月永历帝封成功延平郡王。	
永历八年 顺治十一年	甲午	一六五四	成功遣将据舟山。	清封成功为海澄公，弗受。
永历九年 顺治十二年	乙未	一六五五	成功承制，设六官、储贤馆、育胄馆，改中左所为思明州，奉鲁王居金门。	
永历十年 顺治十三年	丙申	一六五六	黄梧以海澄降。 成功略温、台，永历封为延平郡王，仍自称招讨大将军。	清封黄梧为海澄公。
永历十一年 顺治十四年	丁酉	一六五七	成功率师北上进攻黄岩。 徐孚远自交趾还。 成功弃舟山。	黄梧献平海策，请发郑氏坟基及迁界事，迁舟山之民过海，死者甚众。
永历十二年 顺治十五年	戊戌	一六五八	成功大举围江南。	浙江瑞安诸县降郑氏。
永历十三年 顺治十六年	己亥	一六五九	七月成功由崇明入江，直抵金陵。张煌言由芜湖别取徽、宁、池州、太平、滁、和，诸县均请降，东南大震。	梁化凤败郑成功，郑氏南旋，东南党狱大起。
永历十四年 顺治十七年	庚子	一六六〇		命耿继茂移驻福建。

续表

纪年	干支	西历	记明事	记清事
永历十五年 顺治十八年	辛丑	一六六一	永历帝入缅甸。 成功据台湾。	吴三桂进军缅甸，执桂王于缅甸。 请迁沿海山东、江苏、浙江、福建、广东五省之民于内，禁采樵，立海禁。 清弃郑芝龙于市。 福临殂，玄烨立，改明年为康熙元年。
永历十六年 康熙元年	壬寅	一六六二	永历帝殂于云南，成功奉明朔，仍称永历年号。 二月开创台湾府县，设承天府，总号曰东都。 五月成功薨。	吴三桂弑永历帝于云南。
永历十七年 康熙二年	癸卯	一六六三	成功子经立。	耿继茂取厦门。
永历十八年 康熙三年	甲辰	一六六四	张煌言散兵悬岙，被执不屈死。	
永历十九年 康熙四年	乙巳	一六六五		清遣慕天颜至东宁招抚。
永历二十年 康熙五年	丙午	一六六六	经遣吴宏济聘吴三桂。	

续表

纪年	干支	西历	记明事	记清事
永历廿一年 康熙六年	丁未	一六六七	经率师次澎湖，与尚之信响应。	
永历廿三年 康熙八年	己酉	一六六九		清有诏稍展沿海界地。
永历廿七年 康熙十二年	癸丑	一六七三	经率师次澎湖，与尚之信响应。	
永历廿八年 康熙十三年	甲寅	一六七四	经遣人入福州报聘。 六月耿、郑交恶入泉州，黄芳度以海澄降。潮州总兵刘进忠以潮州降。 冬十二月三桂遣周文琪来台湾为郑、耿解和。	
永历廿九年 康熙十四年	乙卯	一六七五	经破尚之信于鲎母山。 六月经攻漳州，下之，籍黄芳度家。	
永历三十年 康熙十五年	丙辰	一六七六	经遣刘国轩入惠州。	康亲王杰书、贝子傅喇嗒入闽。耿精忠降。
永历卅一年 康熙十六年	丁巳	一六七七	经弃漳、泉诸郡回台湾，所复诸县皆弃，独海澄未下。	清兵入泉州。冬十月总督姚启圣入思明州议和，以海澄未下之，故启圣奏请施琅同攻台湾。 十二月请再迁界。 启圣开修来馆。

纪年	干支	西历	记明事	记清事
永历卅二年 康熙十七年	午戊	一六七八		吴三桂称帝,国号曰周,即位于衡州,改元昭武。未几死,孙世璠立,改元洪化。
永历卅三年 康熙十八年	己未	一六七九		
永历卅四年 康熙十九年	庚申	一六八〇	经弃海澄,弃思明州,退遁回台湾,委政于世孙克臧。	始开海禁。清兵入厦门。康亲王杰书有迁界累民之奏。
永历卅五年 康熙二十年	辛酉	一六八一	克臧被冯锡范所杀,经卒,世子克塽立。三藩平,世璠自杀,次年杀耿精忠。	
永历卅七年 康熙廿二年	癸亥	一六八三	六月克塽降清。 六月施琅攻澎湖,刘国轩败绩,退还东宁。 未几,台湾为清人所有。	六月清人克台湾。 十月清遣兵部侍郎金世鉴等勘验沿海边界,招民开垦,始开海禁复界。

上列之表,于清初东南沿海迁界之关系可一览而知矣。

（五）迁界后对于台湾郑氏利害之关系

迁界之事原为坚壁清野之计，以防御郑氏，已如上文所云，其事之结果则有害于东南人民实甚。然对于郑氏，果足以制止之乎？其实际乃未必然也。

大抵清廷之为迁界计者，一则严立海禁，禁止人民出入；二则制止郑氏不得与内地交通，绝其供给，以为此举必可平定郑氏而有余矣。盖郑氏运筹之敏，实有可惊者，郁永河《伪郑遗事》云：

"郑成功以弱冠招集部附，踞守金、厦门，虽在海外，密迩内地。闽省沿海港澳，可以出兵进剿者在在皆是，仓猝攻之，守御非易。成功于内地港澳悉设舟师，登陆为寨，扼守水口。又遍布腹心于内地，凡督抚提督衙门，事无巨细莫不报闻，皆得早为之备。故以咫尺地与大兵拒守三十余年，终不败事，其用心固已深矣。"

清廷迁界之事，其重要关键所以防备郑氏者，即在于杜绝交通。然郑氏既入台湾之后，则有非此法可以制止者，兹可分两项言之。台湾地为海岛，为未开辟之地，向为生番所居，自荷兰入其土始有建设之事。该处土地丰腴，出产极多，糖蔗、稻谷有种必获，地系初辟，一年三收，而茂林修竹、琉璜水藤尤其特产，耕种之利自可坐获，一也。台湾自与荷兰交通，商舶往来贸易络绎，东接日本，南去吕宋、爪哇诸地，为贸易便利之邦。郑氏既得台湾，欲南取吕宋，赍志未成，尚能保守此土者，二也。有此二利，则无中土接济亦可自治，况官吏往来，难免私济，是以迁界之后尚能垂二十余年者此也。郑氏既得台湾，颇有施设，改安平镇赤嵌城为承天府，设县二，曰天兴、曰万年，总号曰东都（以上据《海纪辑要》《台湾通史》诸书）。其建设之法，一则曰屯田，二则曰交通。近人台南连雅堂《台湾通史》卷二《建国纪》曰：

"成功曰：为治之道在于足食，足食之后乃可足兵。……今台湾土厚泉甘，膏壤未辟，当用寓兵于农之法，庶可以足食，而后足兵，然后观时而动，以谋光复也。……筹饷转输，屡为国患，故善为将者，不得不行屯兵之法。"

此殆言其设施之计。其实施之法，《台湾通史》卷八《田赋志》云：

"诸镇之兵各分其地，按地开垦，自耕自给，谓之'营盘'。三年之后乃丈其则，以立赋税，农隙之时训以武事，此则寓兵于农之意也。永历十八年，嗣王经委政陈永华，永华善治国，分诸镇土地，复行屯田之制，于是辟地日广，远及半线。二十四年，右武卫刘国轩伐大肚番，追之至北港溪，驻军以戍，则今之国姓庄也。宁靖王术桂入台后，以竹沪一带土厚泉甘，垦田数十甲，岁入颇丰，有余则散之故旧，不需汤沐之奉，而诸镇屯田，至今尚留其迹，此则郑氏富强之基也。……"

当康熙初年，郑氏之辟台湾，其每年收入之数，惜无法以统计之，然行屯田，不假外来之产，足以养兵御敌，其自卫之力可知。复次则所言之交通，台湾滨海，内地既加封锁，则海外交通必由台湾，郑氏反可坐得其利。在郑经占领台湾与海外交通时，郑氏在内地潜设仁、义、礼、智、信五总局，经过郑氏将海外货物售与清廷内地各省，台湾郑氏坐收渔人之利。清廷复界以后，为防卫海疆，仍成为闭关自守政策，拖延了封建社会，封建王朝的岁月不能迅速地进入资本主义社会，其道源未始不肇于此。可以参阅前中央研究院所编《明清史料甲编》《乙编》《丙编》。郁永河《伪郑遗事》云：

"成功以海外弹丸之地，养兵十余万，甲胄戈矢，罔不坚利，战舰以数千计。又交通内地，遍买人心，而财用不匮者，以有通洋之利也。我朝严禁通洋，片板不得入海，而商贾垄断，厚赂守口官兵潜通郑氏，以达厦门，然后通赂各国，凡中国各货，海外人皆仰资郑氏，于是通洋之利，惟郑氏独操之，财用益饶。及乎迁界之令下，江、浙、闽、粤沿海居民悉内徙四十里，筑边墙为界，自是坚壁清野正计，量彼地小隘，赋税无多，使无所掠，则坐而自困，所谓不战而屈人之兵，固非无见。不知海禁愈严，彼利益普，虽智者不及知也。即畴昔沿海所掠，不过厚兵将私橐，于郑氏公帑，原无损益。海外诸国，惟日本最富强，而需中国百货尤多，闻郑氏兵精颇惮之。又成功为日本妇所出，因以渭阳，有求必与，故郑氏府藏日盈。自耿逆叛乱，与郑氏失好，耿兵方图内响，郑兵即蹑其后，已据闽之兴、漳、泉、汀、邵，粤之潮、惠七郡，养兵之用，悉资台湾，自此府藏虚耗，败归之后，不可为矣。"

由上之文观之，郑氏之所以败者由于过事武功，致内不能自给，终至不振，其言虽确。然当清廷方盛之时，纵不出据闽、粤，恐亦不能相持过久也。然观上二证，迁界之事累吾国东南沿海一带之民实深，而无甚大害于郑氏亦明矣。

至康熙二十二年秋八月，清廷既得台湾，乃廷议欲墟其地，施琅独以为不可，其奏有曰："备见野沃土膏，物产利溥，耕桑并耦，渔盐滋生，满山皆属茂树，遍处俱植修竹，琉璜水藤、糖蔗鹿皮以及一切日用之需，无所不有。向之所少者布帛尔，兹则木棉盛出，经织不乏。且舟帆四达，丝缕踵至，饬禁虽严，终难杜绝，实肥饶之区而险阻之域也。"噫！吾国肥饶之区，视为无用之所而墟之者，曷止台湾？吾书至此不禁慨然！

民国十九年二月九日，草成于国立北平图书馆。民国二十二年十二月十五日，重改订于南京前中央大学梅庵之旁。一九八一年六月十四日，重改定于北京。

附录三　清初东南沿海迁界补考

明社既屋，郑成功氏犹据闽海，金、厦之交，不时出没于沿海之区。清顺治十六年己亥，乃以舟师北上，五月至崇明，六月破瓜洲、镇江，并下皖中，芜湖、太平、宁国、滁、和、徽、池诸郡，所在震惊。经清兵截堵，驱之南下，成功乃遄返厦门，急取台湾。传至其孙克塽，为海外扶余者垂二三十年，可谓一世之人豪已。郑氏既退守海隅，清廷乃用黄梧密陈灭贼五策，迁山东、江苏、浙江、福建、广东五省沿海四十里以内居民置之内地，坚壁清野，与郑氏禁绝往来，寸舠不许入海，沿海居民尽室流离，颇罹其害。康熙十二年，闽督范承谟疏陈海禁边民困苦情形，奏请复界，然未见听用。至康熙二十二年平定台湾，郑克塽内降，海氛渐清，乃允开界，人民得归畎亩，实清初之重政也。顷见抄本无名氏笔记云：

"郑成功原名森，字大木。其父芝龙，在日本娶妇翁氏，于故明天启甲子年生，七岁归中国。戊寅年十五，补南安学弟子员。性喜《春秋》，兼爱孙、吴，制艺而外，学习骑射，屡试极等。旋食廪饩，两赴乡闱。至乙酉年二十二，芝龙引见隆武，赐国姓，名成功。丙戌年二十三秋九月，不从父投诚，潜匿金门。丁亥年二十四，以双身而奉故朔，海岛群雄，拱手听其约束。五省迁徙，避其锋锐。且当连败喘息，又能镇定强战，继而开辟海外乾坤。至壬寅五月间殁于台湾，年三十九岁，屈指统众，共计一十六载，以忠义自誓。"

余曾撰《清初东南沿海迁界考》一文，以记清初迁界之事，载于北京大学《国学季刊》第二卷第四号中（见本书附录二）。近见抄本刘靖《片刻余闲集》，记其祖曾与闽中迁界之役。靖字原圃，新郑人，以名孝廉筮仕闽海者凡十余年，继乃出牧畿辅景州，调守遵化。所撰《片刻余闲集》记八闽遗事及豫中掌故颇详。当闽海之变，其祖为沙州司马，目击沿海人民迁居之苦，为之设法拯救，全活者甚众，尤为实录。族兄谢五知假我无名氏抄本笔记，内载沿海迁界条陈利害奏疏，皆前撰《清初东南沿海迁界考》时所未及编入者。爰纂辑成篇，以当补考。

（一）关于迁界之奏疏

清廷既施迁界之令，朝宁诸臣，首举迁界之害上疏陈其利弊者，当为湖广道御史李之芳氏，已节录其文于前考中。兹得其疏陈五省迁界殃民之害疏全文，移录于下：

"为冒死条陈，乞俯恤民瘼以固国家事。山贼海寇何代无之，但当制驭有方，使民获宁宇，未闻堂堂天朝迁民避贼者也。夫迁民事势之不可者，今窃为皇上陈之。圣朝仁政，以得民为本；万民归心，以输纳为先。五省沿海一带遭逆涂毒，正供杂派输将恐后，此足征顺民之大端而深可怜悯者也。梁惠易粟，孟子短之，今诏谕欲徙沿海五省边民，何以垂训后世？此臣所谓不可者一也。昔日明政不修，逆闯犯阙，北京沦没，我朝兴仁义之师，驱除逆党，救民水火，是以率土归心，满、汉一家。今中左弹丸之地，不思征讨，遽迁以避，其如天朝体统何？此所谓不可者二也。郑成功江南大败，胆破心寒，今已远遁台湾，所存余孽，或剿或抚，呼吸可定，况沿海皆我赤子，一旦迁之，鸿雁兴嗟，室家靡定，或浮海而遁，去此归彼，是以民予敌，所谓不可者三也。周成王亦有迁顽民于洛邑，尚得田宅以优养之，设庠序以教育之，使其民知礼义而无异心，今欲迁沿海一带，当其出示，谕限数日，官兵一到，遂弃田宅，撤家产，别坟墓，号泣而去，是委民于沟洫也，为民父母岂忍若是？所谓不可者四也。江南土薄，一夫受田不满三亩，一家聚食，尚捕鱼、买贩以补不足。圣谕颁下，欲酌给田宅，安插移民，然迁实多方，民无所措，且当道者未有处置，惟催赶日促，使民而逃，贫者得积数日之粮，富者亦但数月之储，逼处内地，无家可依，无粮可食，饥寒迫而奸邪生，不为海寇即为山贼，一夫持竿，四方响应，其若之何？所谓不可者五也。郑成功前年欲抚时，求海滨六府驻防，文武官长听其选择，税赋尽输军国之用，并纳东西二洋船饷数万，持正以为不可。今五省之民，沿海已居其半，当道者不思制插安民，只欲尽以迁移，能使贼自毙乎？是贼未必能歼灭，未必能尽降，而国家先弃五省之地土人民，所谓不可者六也。江南鱼盐为富强之资，沿海一带，鱼盐之利何啻数千万，土产之物百倍其利，况鱼乃日用之需，盐更五谷之辅，一日无盐，物将日腐，且土产年例京解，从此而止，所谓不可者七也。夫郡县内地，亦赖边界以捍御，故朝廷设边界为郡县藩篱，亦以卫民。今兵不守沿海，尽迁其民移居内地，则贼长驱内地，直抵城邑，其谁御之？不如守内地之兵，发一半守边界卫所，联络乡民以相助战守，使贼不敢睥睨边界，如是则内地免守，所谓不可者八也。当道者不为深谋远虑，操一朝之权，弃百姓过于反贼，万一不顺，问谁之咎？臣今愚忠，冒陈天听，稍济元元之命，万死不敢辞。或以臣言为可采，则臣死荣于生；倘以臣言无可用，虽不死何益于国。伏望颁除迁移之令，下哀痛之诏，使民沾恩惠，国享长宁。"

至康熙十二年迁界之害，闽省受祸尤烈。闽督范承谟上疏请展海禁。疏虽未行，然闽省一隅，迁民得稍复故土，承谟扶翼之力为多。闽督范承谟疏陈海禁边民困苦情形题稿云：

"窃维古今之时势，有常必有变；人臣之谋国，有经必有权。兹当滇南告惊，变起仓卒，一切关系疆场之事，有斟酌权宜，可济时变者，则不得概执守经之说，以疏于事先而忽于未然也。臣就闽省目前情形为我皇上陈之。闽人活计，非耕则渔，一自迁界以来，民田废业二万余顷，亏减正供，约计有二十余万之多，以致赋税日缺，国用不足。而沿海之庐舍畎亩化为迁界，老弱妇子辗转沟壑，逃亡四方者不计其数，所余孑遗，无业可安，无生可求，颠沛流离，至此已极。迩来人心皇皇，米价日贵，若不安插，倘饥寒逼而盗心生，有难保其常为良民者矣。我皇上停止海界之禁，正万民苏生之会，而闽地仍以台寨为界，虽云展界垦田，其实不及十分之一。且台寨离海尚远，与其弃为盗薮，何如复为民业？如虑接济偷越，而此等迁民，从前飘流忍死，尚不肯为非，今若予以恒产，断无舍活计而自取死亡之理。即钉、麻、油、铁、丝绸、布帛，皆奸商巨贾、势豪土棍有力者之所办，穷民亦无此资本，何由而济？如虑逼近沿海，难免寇船侵掠，夫海贼可以登岸之处不过数所，余皆海潮涌入之小港，时涌时退，不能停泊，若设防兵守御要害，则寇亦无隙可乘。设立水师，原为控扼岩疆，未有弃门户而反守堂奥之理。目今多事之际，海逆不无窥伺，伏乞皇上允臣相度形势，应仍旧者照旧防备，应当换者奏请更移，务使将领不得偷安，自无以粮济寇之扰，无偷越接济之弊，兵既卫民，民不失所，此捍外安内之要著也。从来富国强兵，莫有过于渔盐之利，闽自禁海以来，利孔既塞，是以兵穷民困。目下青黄不接之际，追呼虽频，输将仍缓，兵丁乏授食之需，引领协济，各省处处添兵，在在索饷，安能及期协济乎？今惟有请照木筏取渔事例，容渔户沿边采捕，每十筏联一甲，行以稽查连坐之法，遇开港之时，止许随带干粮，不许多携米谷等物，令就近将领率防兵巡哨，督押渔筏，朝往暮归，仍照保甲次序，湾泊内港，聚集一处，以便稽察。其采捕之鱼，十取其一，以充国课。此项钱粮，或接济兵饷，或借给迁民，如有赢余，或存贮备修船只，一举而数善备焉。事有可行，臣则相继设施，如不可行，决不致贻边疆之患。此兵饷裕而国用自足，荒田垦而流离可辑，催科缓而人心共安矣。"

自康亲王杰书平定闽疆，疏称迁界累民，听其自便。二十二年平台湾，十月兵部议各省开界，乃以工部侍郎金世鉴、都御史呀思哈往江南浙江，吏部侍郎杜臻、内阁学士石柱往福建、广东。事竣奏闻，遂尽复所弃地，人民得生业焉。其钦差都统会同广都周有海勘明疏请展界迁民复业题稿云：

"窃惟粤东沿海地方设立边界，将界外之民迁之界内，今蒙特遣都统特等前来会勘海边，安设兵将，防守封疆，粤民闻之，远近悦服。臣等自广城抵惠、潮，所过都邑，黄童白叟，无不焚香顶礼，迁民千百成群，欢呼载道，拥臣等马首，号诉云：'自立界以来，尽失旧业，乞食无路。今闻皇恩开界安民，小民可望复业有如苏生，但恳早开一日，早救一日之命。'血随泣下，处处皆然。臣等喜见欢呼之情，又不忍见其愁苦之状，随加意抚慰，宣布朝廷德意，莫不踊跃。臣思前此之迁界，原以绝接济之弊，我皇上仁同天地，明见万里，迁民失业，久在睿鉴之中。臣今身任地方之责，目睹流离之惨，若候会勘之后方请安插，恐时日尚缓，不能待命。臣历行界外，望草荒芜，即令民皆复业，力难一时开垦，又须早示招徕，预备牛种，需之岁月，方可资生。臣不得不陈情形为民请命，伏乞皇上怜悯迁民望恩之切，敕下臣等，勘过地方安设兵将后，一面即同该管府县查照迁民旧籍，给与旧业，亲行安插，不许豪强隐占欺凌，亦不许无赖匪徒影射混冒。及今急为料理，明春庶可耕种，迁民早还故土，即救旦夕之危，地方早得安静，钱粮亦可起科。臣仍申饬郡县，严行保甲，时加稽察，其有官兵设防于外，亦不患有奸人交通接济之弊。至于无主荒田，列册汇报，酌议屯兵，统俟勘竣另疏外，仰体皇上爱民之心，从地方起见，特先吁请，伏乞睿鉴采择施行。"

当康熙十三年间，广东巡抚王来任曾以迁民累民积劳致疾，卒于任所，以遗疏力争，惜原疏未之见矣。

（二）会勘边界招集流民情形

康熙朝《东华录》卷三十二记二十二年冬十月："命吏部侍

郎杜臻等往闽、粤、江、浙，勘沿海边界，招垦荒地，复诸迁民业。"仅寥落数语，未如伊汤安《杜臻传》所记之详。钱仪吉《碑传集》卷十八所收录伊汤安《杜臻传》云：

"杜臻字肇余，以进士选庶常，历内阁学士。国初迁沿海民于内地，划界而设之禁，故界外多弃地，而闽海流民麕聚台湾。迨王师收闽金门、厦门，以次列戍，海滨窜匿余党相率来降，安插未有计。督臣姚启圣请以界外地按籍给还，并弛海禁，收渔盐之利给军食。疏下，延臣议持不可。康熙二十二年台湾平，上谕海壖弗靖，权画地以民迁，兹反侧永清，界外田亩宜给还耕堡。会给事中傅感丁请将江、浙及粤东界外田一并招徕开垦，于是别遣二臣往江、浙，而臻及内阁学士石柱往闽、粤相度展界。进臻工部尚书。臻巡行自钦州之防城始，遵海以东，历府七、州三、县二十九、卫六、所一十七、巡检司一十六、台城堡寨二十一，给还民地二万八千一百九十二顷，复业丁口三万一千三百，定县军之营二十八，而广东之疆理以复。又自福宁州西分水关始，遵海以东，历府四、州一、县二十四、卫四、所五、巡检司三、关城镇寨五十五，给还民地二万一千一十八顷，复业丁口四万八百，定县军之营三十三，而福建之疆理以复。是役也，臻往还岭海，跋涉三万里，劳来安集，宣布皇仁，谘诹民隐，海澨山陬，各得其所，论者谓功盖于南国云。"

又据《国朝耆献类征·金世鉴传》："世鉴偕都御史呀思哈往勘江、浙边界，奏请复温、台、宁三郡界外民田九十余顷，盐田七万四千七百亩，自是弃田尽垦，营利亦定，民生安堵，金以为子孙百世之计。"原文已详于前考，与此则相证，则闽、粤、江、浙迁民复业情形，庶可昭然若揭矣。

（三）服官东南人士目击迁界之苦

前考余曾辑关于迁界诗文之记载，略引张苍水（煌言）《冰槎集》及吴嘉纪之《陋轩诗》以见其事。今复得刘原圃《片刻余闲集》，其所记迁界被害之区人民流离之苦，更足以补吾前考之未备。原文云：

"顺治辛丑，镇江当海氛初靖之后，迁徙沙洲居民。先王父时为郡司马，宪委督理其事，目击哀鸿盈渚，设法保全者甚众，士民感颂。次年壬寅，康熙改元，因公左迁粤西浔州别驾，蒙镇海大将军奏请留于本衙门会审旗民交涉重案，越两载始行，绅士赠诗成帙。其时京江张相国玉书方为庶常，而其太翁提学金事九征任满家居，兄探花玉裁甫中副车，父子三人各有诗。提学公诗云：'铜符分绾大江南，铃阁风和拥万关。海国波平锁蜃气，崔苻影绝净山岚。一时声望争相尚，五夜藜光好自耽。士庶攀辕思借冠，清如刘宠复何惭。'探花诗云：'江南草木尽知名，法从三台拥墨兵。京口旌初当槛立，浔唇印早给骀行。官清慧带惟添瘦，袖染荷风许寄声。更羡画图多博古，而今典雅籍长城。'相国诗云：'壁垒军容壮，谟谋佐理赊。救时袭渤海，前席贾长沙。泽满三江水，膏敷四野花。飞鸿漂泊处，更不叹无家。'提学公于众诗刻成后，另赠数诗，今捡蠹简中，得其全首二：'同时守佐有三刘，善政多才君便忧。一自令严三国成，几年烽罢海门秋。已看坐啸留芳轨，复见祥形启令猷。何幸仍扳郡司马，依然江海驻骅骝。''诏下移民去故村，圣朝本意扫游魂。一时惨淡惟求瘼，百计绥柔岂布恩。明月飞鸟应已定，霜天哀雁复何论。眼看小丑无难灭，为勒风碑向海门。'"

京江父子之诗虽为酬应之作，然于此可知闽中人士受迁界之累，诗文笔记犹可当为史资。偶泛览群籍，于无意中得之，如食橄榄饶有余甘，不禁自喜，此吾《迁界补考》所由作也。

竭三日之力，成此芜篇。然昔见冒鹤亭丈有《记魏雪窦》一文，曾抄置箧中，屡觅未获。即陈三岛遗事，余所知者尚不止此，徒以手间无书，懒于寻检，率尔成篇，未能当意。偷闲占泄，摭拾余沈，适所以自成其惰者欤。

民国三十年十月二十一日夜国桢记。

附录四　记清初通海案

余前撰《清初东南沿海迁界考》及《补考》（见本书附录二、三），记清初勘定南明，严海防之禁，迁沿海居民内徙四十里，夷其田庐，片舸不得入海，鱼虾小户一竿之外即称越界。自苏鲁海滨东粤数千里，皆严守禁令，以为坚壁清野之计。迁界而外，则为通海一案，皆为严防郑成功，恐与内地接应而发也。当顺治十六年己亥五月郑成功会同张煌言舣舟北上直抵京口，突破镇江，煌言则率师深入，破芜湖，传檄诸郡邑，抚有江南北府四、州三、县二十四，声势颇壮。未几，成功为清将郎廷佐、梁化凤所败，诛其将甘辉、余新，煌言亦以孤师无援，为清师所挫，沿英、霍山由徽州潜遁。当时明季遗民潜与之通，亦有不逞之徒借资煽动者，清廷于此辈不逞之民目为通海，辄致严刑。次年庚子，清廷即有着议政王贝勒大臣九卿科道在江宁会审之事，所审者为金坛叛逆、镇江失机、吴县抗粮等案，盖皆与通海有关，故金圣叹以哭庙之事而罹极刑。时当成功犯镇江初退之后，而圣叹有通海之嫌，竟遭不测，不然圣叹仅以哭庙抗粮之事何至有杀身之厄哉？杨凤苞《秋室集》卷五《书孔孟文事》云："是时章皇帝初晏驾，顾命四大臣秉政，镇江将军刘某在镇数年无寸功，方奉旨戒敕，思立一奇功以自结于四大臣。以为海外之难平，皆因内地之人运粮饷、资军装，为之接应耳，内间去，外寇可立破也。"郑成功之军首破镇江，事平之后，镇江、金坛适当其冲，故通海一案受祸亦最重。据计六奇《金坛狱案》称："金坛因海寇一案，屠戮灭门，流徙遣戍，不止千余人。"又，"海寇进城，邑绅王重、袁大受等开门迎入，供出降海者有王明试、李铭常、冯征元、史承谟等。奉旨严办，计斩四十八人、绞一人、流徙十四人，共六十三人"。又无名氏《辛丑纪闻》云："是时金坛、镇江、无为告变者共九案，计一百三人，大约因己亥海寇之来，故及于祸。己亥秋，抚军以状闻，世祖章皇帝曰：'他们怕死耳，何必问。'事遂寝。至今年世祖崩，抚臣朱国治欲行杀戮以示威，遂成大狱。其始末详共十案，予所见者止九案，盖亦有传闻之说焉。"计六奇及无名氏所述者为金坛、无为、苏城诸狱，其时江、浙士大夫之家罹通海之祸者尚不止此。余浏览丛残，间为疏记，足以裨异闻而资掌故者，用考覈其事，条述于后。

（一）吴县金圣叹之狱

金坛狱案，计六奇记之甚详，已简述于上文。其九案之中最著者为吴县之狱。据《辛丑纪闻》，大抵因清初兵饷之难完，皆由苏属之抗纳，而吴县为尤甚。新令任淮初，目击旧官皆以未完纳降革，严行考比，追世祖上宾，遂有诸生倪用宾、沈玥、金圣叹等哭庙之举，大吏遂挟以通海之嫌，酿成大狱，邑绅顾予咸以一言之眚，亦几遭不测。予咸字小阮，号松交，丁亥进士。初任宁晋令，有循声，调任绍兴府山阴令，内升刑部郎，转吏部，顺治十六年以病归里，杜门不与外事，立少年面社，奖励后学，非郡中有大事不出，筑小圃以自娱。哭庙后，道遵访于松交，松交曰："任知县似不可使，知牧民之责矣。"抚臣知其言衔之，故及于难，后为贝勒所宥获免，至金圣叹则以哭庙之狱毕命者也。《辛丑纪闻》云：

"金圣叹名喟，又名人瑞，庠姓张，原名采。为文倜傥不群，少补博士弟子员，后以岁试之文怪诞不经黜革。来年科试顶金人瑞名就童子试，而文宗即拔第一，补庠生。圣叹以世间有六才子书，《离骚》《庄子》《史记》、杜工部诗、施耐庵《水浒传》、王实甫《西厢记》，岁甲申批《水浒传》，丙申批《西厢记》，亥子间方从事于杜诗，未卒业而难作，天下惜之，谓天之忌才一至于斯。十七人者，皆可因圣叹一人而传矣。其《寄狱卒家书》云：'杀头至痛也，籍没至惨也，而圣叹以无意得之，不亦异乎！若朝廷有赦令，或可相见，不然死矣。'初生一子，请乩仙题号，仙判曰'断牛'。"

又廖燕《二十七松堂集》卷十四《金圣叹先生传》云：

"或问'圣叹'二字何义，先生曰：'《论语》有"喟然叹曰"，在颜渊为叹圣，在"与点"则为圣叹，予其为点之流亚欤。'"

此条为他书所未及，故备录于此。是狱也，据《辛丑纪闻》，奉旨：倪用宾、沈玥、顾伟业、王仲儒、薛尔张、姚刚、丁子伟、金圣叹八名俱着彼处斩决，妻子、家产籍没入官。张韩、来献琪、丁观生、朱时若、朱章培、周江、徐玠、叶琪、唐尧治、冯郅十名俱着就彼处斩讫，免籍没。顾予咸免籍没，并免革职。

当时金坛、镇江、无为等处同兴大狱，共有九案，或称十案，亦可见清初用刑之严矣。至计六奇《金坛狱案》所称冯征元为御史冯班之父。按冯班字定远，号钝吟，诸生，以能诗名，既非御史，而其父名冯复京，亦非征元，则所云西台冯班者恐另有其人也。

（二）浙中祁班孙魏耕之狱

山阴祁忠惄公彪佳，明弘光朝官右佥都御史，巡抚苏、松，与马、阮不和，告病返里，所居寓山，有园林花木之盛。四负堂为明酬唱之地，颇负盛名，彪佳莳花种竹，修治堂宇，有颓然终老之志。乙酉南都不守，彪佳投水自沉，其子理孙、班孙俱有恢复之志，与魏耕诸人潜与海上通消息，四负堂遂为密谋集会之所。全祖望《鲒埼亭集》卷十三《祁六公子墓碣》云：

"祁六公子者，讳班孙，字奕喜，小字季郎，忠惄第二子也。其兄曰理孙，字奕庆。以大功兄弟次其行，故世皆呼祁五、祁六两公子。公子兄弟自任以故国之乔木，而屠沽市贩之流亦兼收并蓄。家居山阴之梅墅，其园亭在寓山，柳车踵至，登其堂，复壁大隧，莫能诘也。慈溪布衣魏耕者，狂走四方，思得一当，以为亳社之桑榆，公子兄弟则与之誓天称莫逆，又遍约同里诸遗民朱士稚、张宗道辈以疏附之。壬寅（康熙元年），或告变于浙之幕府，刊章四道捕魏耕，有首者曰：'茗上乃其妇家，而山阴之梅墅乃其死友所啸聚。'大帅亟发兵，果得之，缚公子兄弟去。既谳，兄弟争承，祁氏之客谋曰：'二人并命，不更惨欤！'乃纳赂而宥其兄，公子遣戍辽左，其后理孙竟以痛弟郁郁而死，而祁氏为之衰破，然君子则曰：'是固忠惄之子也。'当是时禁网尚疏，

宁古塔将军得赂则弛约束，丁巳公子脱身遁归。已而里社中渐物
色之，乃祝发于吴之尧峰，寻主毗陵马鞍山寺，所称咒林明大师
者也。荐绅先生皆相传曰：'是何浮屠，但喜议论古今，不谈佛
法。'每及先朝则掩面哭，然终莫有知之者。尝偶于曲蘖座上，
摩其足而叹曰：'使我困此间者汝也。'"

又卷八《雪窦山人坟版文》：

"雪窦山人魏耕者，原名壁，字楚白，甲申后改名，又别名
苏，慈溪人也。与归安钱缵曾居苕溪，闭户为诗，酷嗜李供奉，
长洲陈三岛尤心契之。东归游会稽，有张近道者，好黄老、管商
之术，以王霸自命，见诗人则唾之曰：'雕虫之徒也。'而其里人
朱士稚与先生论诗极倾倒，近道见之亦辄痛骂不置，然三人者交
相得，因此并交缵曾、三岛，称莫逆。先生又因此与祁忠愍公子
理孙、班孙兄弟善，得尽读淡生堂藏书，诗日益工。然先生于酒
色有沈癖，一日之间，非酒不甘，非妓不寝，礼法之士深恶之，
惟祁氏兄弟竭力资给之。每先生至，辄为置酒呼妓，而朱、张数
子左右之。久之，先生又遣死士致书延平，谓海道甚易，南风三
日可直抵京口。己亥，延平如其言几下金陵，已而退军，先生复
遮道留张尚书（煌言）请入焦湖，以图再举，不克。是役也，江
南半壁震动。既而闻其谋出于先生，于是逻者益急，缵曾以兼金
赂吏得稍解。癸卯，有孔孟文者从延平军来，有所求于缵曾，不
餍，并怨先生，以其蜡书首之。先生方馆于祁氏，逻者猝至，被
执至钱塘，与缵曾俱不屈以死，妻子尽没，班孙亦以是遣戍。
初，诸子之破产结客也，士稚首以是倾家，近道救之得出狱，而
近道竟以此渡江遇盗而死。己亥之役，三岛亦以忧愤而死，真所

谓白首同归者矣。”

是编所记与魏耕同谋之士，缵曾事迹篇中已具。至张近道、朱士稚、陈三岛诸人行事，孙静庵《明遗民录》卷二十七云：

“张宗观，一名近道，字用宾，一字朗屋；朱士稚字伯虎，更字朗诣，皆山阴人，时号山阴二朗，咸以管、乐自命。宗观见诗人则骂曰：‘此雕虫之徒也。’见士稚与人论诗，亦骂不置。二人既负大志，故与慈溪魏耕、归安钱缵曾、长洲陈三岛称莫逆交。聚谋通海上，破产结客，士稚首为人所发，系狱，宗观号呼于所知，敛资赂吏得不死。既论释，宗观则大喜，踊跃夜渡江，为盗所杀。然二朗实皆能诗，乐府古风尤绝伦。陈子龙诗有云‘越国山川出霸才’，谓二朗也。”

又《明遗民录》卷十二云：

“陈三岛字鹤客，长洲人。蓬户席门，求友若不及，与魏耕、张宗观、朱士稚等称莫逆交，孤愤露于词色。耕以海上事泄入狱死，宗观、士稚等亦不良于死，三岛郁郁卒。”

《雪窦山人坟版文》所述挟嫌卖友之孔孟文，杨凤苞《秋室集》卷五《书孔孟文事》记之尤详，兹移录于下：

“孔孟文者字元章，父为疡医，名襟海，不知何许人。襟海死，孟文为僧于长兴弁山之土谷祠，往来诸山寨中游说。于时魏雪窦为东门令史凌祥宇赘婿，联络山海，思得一当，与钱缵曾允武为密友，以故孟文得交于二人。后孟文盗劫一僧舍事败，二人皆薄之。孟文昵一沙弥，貌姣好，祠之邻近有贡生潘龙基见而悦之，会孟文犯淫戒，遂发其事于官，知长兴县事叶文凤责逐出境外，以是不容于丛林，改名雪林，遂遍于交游，乞助资装。允武、雪窦以其屡败检也，予之稍薄，孟文嗛焉，遁至温州，得海中倡议者确耗，并内地通海者出入径路，遂假称是海中大帅某某皆出某麾下，又伪造一册云储胄屯某岛、士卒营某屿、战舰泊某岙，因与众有隙，脱身来投诚。镇江将军刘某喜，既疏题驿召孟文至京师，陛见赐弓刀袭马，宠遇甚隆。当初首告时，尚图诳诈，故舛其名以钱允武为钱云五，魏雪窦为魏西斗，潘龙基为潘伦吉，浙抚以无其人覆部，时在顺治十八年辛丑夏也。而钱、魏不知省，未及行贿于孟文，越半载遂易真名，注明地址，行镇浙将军柯奎密拿矣。是年十二月将军发旗下披甲五百人掩至，魏、钱已先逸去，执龙基赴杭，允武跳身至晟舍闵氏留一宿，闵兄弟俱连坐瘐死于狱。又至南浔朱少师文肃之孙某许，遂被执，朱亦坐绞。雪窦遁之山阴祁氏，为逻者缚去。三家俱籍没，妻子流徙。次年壬寅康熙改元之二月，钱、魏、潘三人皆惨死于杭。"

杨氏之说不独可以阐明雪窦被害始末，且可以补全氏之未备。全氏以魏雪窦之狱在康熙壬寅，为人告变于浙之幕府。杨氏则谓发难于辛丑，结案于壬寅之春，其说尤为确切有据。

（三）浙案波及之人

魏雪窦案主要人物为魏耕、钱缵曾、陈三岛、祁班孙诸人，上文述之已明。其因魏案而波及者别有杨大瓢父子。杨宾《大瓢偶笔》卷前《杨大瓢传》云：

"杨宾字可师，号耕夫，别号大瓢，又号小铁，山阴人。祖蕃为职方司吏，父越字友声，明末诸生，素称名士，与朱竹垞友善，尝有诗称之。康熙元年癸卯（疑误）友人钱允武为魏雪窦下狱，属越营救，事泄坐逆党，遣戍宁古塔，母范氏从。宾生于顺治庚寅，年六十四。叔九有公以边功为怀远将军，镇上海，乃挈宾与弟宝暨二女育于官，年二十一归山阴。康熙己巳年四十，乃至都，省父戍所。次年旋都，就工科给事谭左羽纂修律例，思改律例，为赦亲计，哭求左羽为言于总裁张素存相国、杜肇余司马，二公亦怜之而势不可。左羽素善闽中张仪山中丞，时方被逮，欲宾往左右之，为属台中邵嗣尧疏请关东流人输米赎罪，以轻重为差，冀宾乘间赎父。及辛未春，宾与仪山入都，会邵疏为议所阻。是冬越已卒戍所，宾谋返葬，格于例，思之至呕血。友人怜之，为引流囚家属例，求司寇图公纳，不得，继求少司朱公都纳，朱检知在叛案执不可，宾跪其门号泣，控靮于途，叩头哀吁，朱曰：'苟有叛案返葬例，我为尔行。'宾因不食，病中恸哭。时仪山方械示都门，忽思得广西巡抚陈宏明包纲中从逆流死宁古塔家属返葬事，亟令引以求朱公，朱公命查案，宾后知情实不符，复贿吏寝其牍。主事戴通亦为言于索司寇（额图），宾友江且庵又令执贽索公之门，乃援例返葬，时皆称孝子。宾状虬髯而短，外圆中坚，论井井有风骨，善属文，精《汉书》、杜诗，少能书，工八分，塞外人称杨夫子，当时名重公卿，惜以逆党后不得仕。"

由上述可知，杨越为山阴名士，因魏案而谪死戍所。其子宾，虽名重当时，又以逆党后不仕者也。

（四）海事余闻

金坛等案及浙中魏雪窦狱案，为通海狱案之最显著者，其他偶因讹误，罹通海之狱，遗事谀闻散见于各家笔记者，亦有可寻。顾公燮《消夏闲记摘钞》卷上云：

"顺治己亥，海寇郑成功犯南京，尚用前明永历伪号，其时缙绅多有以书招之者，寇退，俱伏法。寇之入宣城也，谒文庙坐明伦堂，博士诸生儒冠法服，不期而会者数百人，荐绅执事亦最称盛，原任登莱道沈巨山寿岳与焉，惟弟寿民与子麟生不往。卒之大狱起，巨山弃市。寿民字眉生，崇祯丙子复保举之制，寿民方应辟举，即前后抗劾杨嗣昌不应夺情，放归。南都立，马、阮当政，变姓名，携家匿迹于金华山中。国变后，当路欲相引荐，却不就。"

又罗振玉《徐俟斋年谱》"吴子佩远避难来访，篝镫对语彻夜"条注六：

"考佩远至是再遭名捕，先生《吴子墓志》及全谢山《吴职方传》均不详其事实。考己亥年海师入江，而吴子己亥、庚子皆在金陵，然则名捕之事必为通海，蛛丝马迹，隐隐可考。先生《孤楫渡江图诗序》，言吴子在金陵寓迹甚奇，其词隐约，必为通海无疑也。"

上二则，一在宣城，一在金陵，均为郑师北上出没之所，故当时士大夫有不少罹其害者，惜无从考见之矣。余更有进而言者，全氏所撰《祁六公子墓碣》称："当时禁网尚疏，宁古塔将军得赂则弛约束，丁巳公子脱身遁归。"《杨大瓢传》云："邵嗣尧疏请关东流人输米赎罪，以轻重为差。"顺治丁酉科场狱吴兆骞谪戍宁古塔，同人为纳资赎归，措赎金最踊跃者为徐乾学氏。不意清初政治，谪戍极边，必须纳贿始能赎归，或当时有此输粟赎罪之制亦未可知，此研究清初制度所宜考辨者。又宁古塔流人若吴兆骞、杨越，沈阳流人若陈梦雷诸君，皆一时俊杰，流风余韵至今未泯，其有关于辽海文化者至巨，安得好事者，访求谪仙羽流昔贤事迹，撰为《辽海宁古塔流人考》，其业不更伟欤。余以佣书余暇，捃集散佚，偶以病痔，闭户却扫，阅读诸家野史笔记，钩稽其事，爰成是篇。

民国三十年十一月写于春明小水车胡同寓庐持筹读史斋。

一九八一年四月游宁波，读书于天一阁，读蒋学镛手批全祖望《鲒埼亭集·蘽庵高公（宇泰）墓石表》，蒋学镛注云："（顺治）辛卯，大（清）兵破舟山，公有与岛上诸君往还手札。壬寅（康熙元年）则有降卒告公与张尚书苍水（煌言）通者，遂以致罪。"此亦记清初通海案之一事。当清廷初定中原，人心思奋，所在竞起，即于王先谦纂《东华录》康熙朝所载事实观之，康熙帝玄烨之上谕屡称清初莫大之事件，"在北方则为于七党，在江南则为通海案及朱三太子案"，因之明末清初之史案，隐没而未经发掘者尚多。在研究我国封建社会后期所以停滞不前之种种原因问题，桢所草清初东南沿海迁界与通海案问题尚多，以桢之谫陋，所著微不足观之记事论文，亦不过其嚆矢，正有待于后起之秀为之彰皇幽渺，大有可为云。一九八一年七月十日重订补于北京寓庐之瓜蒂庵。

附录五　清初东北流人考

（一）引论

回想九一八事变以前，我们从沈阳坐火车到长春，或者到哈尔滨去，虽然是严冬的天气，朔风扑面，滴水成冰，北国风光，大雪纷飞，成了白茫茫的世界，可是我们坐在火车上，坐位是那样的舒适，车厢内是这样的温暖，我们可以吃到旅大名产水果和南方来的蜜橘，我们一点也感不到身在塞北。火车走过了好几小时，已经到了黄昏的时候，远望着寒气侵袭的雪光当中，闪耀好几盏电灯，感觉着人烟非常的稠密，工业非常的发达，那便是四平街，过去不到一两个小时，就到了东北有名的都会长春。如果我们还要往北行的话，可以由长春乘火车直达哈尔滨，这是东北著名的商埠，有"东方小巴黎"之称，我们可以看到苏侨的风俗和景物。东北是吾国的宝藏，也是吾国工业、农业、商业和文化事业发展较好的地方之一，是怎样地教国人所颂赞和艳称。但是回溯到二百年或三百年以前，虽然是爱新觉罗氏发迹的圣地，但仍是绝塞荒原，人迹罕到的区域，关内的人民，一听要到开原和宁古塔去，都要不寒而栗，何况那亲历冰天雪地的人们。的确在交通工具尚未设备、工商事业尚未建设以前，人们如何能受得了大自然的压迫，远征东北，真是人们的厄途。正如《吉林通志》卷一百十五《寓贤杨越传》上所说：

"是时宁古塔号荒徼，人迹罕到，出塞渡湍江，越穹岭，万木排立，仰不见天。乱石断冰，与老树根相蟠互，不受马蹄。朔风狂吹，雪花如掌，异鸟怪兽，丛哭林嗥，行者起踣其间，或僵马上。"

这足以使闻者戒涂，行者却步。但是不到几十年的光景，清朝政府，为了维护它的统治政权把无辜的江南和河北的人民，硬加上罪名，流徙到东北去，继之山东逃难的老百姓和流亡的商人都跑到关外来，所以在不久的时光，道路也平坦起来，气候也温暖了许多，那时人民也有了御寒的设备，南方的货物也可以运转到关外去。久而久之，昔日人民视为畏途的东北，渐渐出现了新貌，抚今思昔，我们不能不感想到清初无辜被罪、谪戍到东北去的流民，也可以说是东北的拓荒者。至于清初谪戍，犹沿着明代充军籍以实边的制度，凡分迁徙、充军、发遣三种。《清史稿·刑法志二》：

"明之充军，义主实边，不尽与流刑相比附。清初裁撤边卫，而仍沿充军之名。后遂以附近、近边、边远、极边、烟瘴，为五军，且于满流以上为节级加等之用，附近二千里，近边二千五百里，边远三千里，极边烟瘴俱四千里，在京兵部定地，在外巡抚定地。雍正三年之律，第于十五布政司应发省分约略编定。乾隆三十七年兵部根据《邦政纪略》辑为《五军道里表》，凡发配者视表所列，然名为充军，至配并不入营差操，第于每月朔望检点，实与流犯无异，而满流加附近近边道里，反由远而近，司谳者每苦其纷歧，而又有发遣名目。初第发尚阳堡、宁古塔或乌喇地方安插，后并发齐齐哈尔、黑龙江、三姓、喀尔喀、科布多，或各省驻防为奴。乾隆年间，新疆开辟，例又有发往伊犁、乌鲁木齐、巴里坤、各回城分别为奴种地者。……苟情节稍轻，尚得更赦放还，以视明之永远军戍，数世后犹勾及本籍子孙者，大有间也。"

又《清会典事例》卷七四四《刑名例律》：

"乾隆元年（一七三六）谕：黑龙江、宁古塔、吉林乌拉等处地方，若概将犯人发遣，则该处聚集匪类多人。恐本处之人，渐染恶习，有关风俗。朕意嗣后如满洲有犯法应发遣者，仍发黑龙江等处。其汉人犯发遣之罪者，应改发于各省烟瘴地方。"

由《清史稿》和《会典事例》参互看来，从清顺治初年到乾隆初年，凡触犯清廷的忌讳，有思想不良嫌疑的人们，都谪戍到东北去。所以清初的思想犯，如吴兆骞、孙旸、祁理孙、杨越等都遣戍到尚阳堡、宁古塔各地方安插。到了清乾隆而后，开辟了新疆，因之如徐松、洪亮吉等都谪戍到新疆乌鲁木齐各地方去。至流人迁徙地方，道里的远近，《会典事例》卷七四四《刑名例律》：

"（顺治）十四年（一六五七）议定，凡卖钱经纪铺户，兴贩搀和私钱者，流徙尚阳堡。十六年（一六五九）谕，贪官赃至十两者，流徙幕北地方。十八年（一六六一）定，凡反叛案内应流人犯，俱流徙宁古塔。康熙五年（一六六六）题核准，侵欺钱粮娄赃衙役，遇赦援免后仍入衙门应役者，除死罪外，流徙宁古塔。（顺治）十七年（一六六〇）核准，凡隐匿入官人口至五名、财物至五百两者流徙宁古塔。十八年议定，凡军罪及免死拟流人犯，俱安插于乌拉地方，其照常流犯，安插奉天地方。十九年（康熙元年，一六六二）议准，凡贪赃官役免死减等发落者，照例安插于乌拉地方，罪不至死而拟流者，流徙尚阳堡。"

大抵清初流徙的罪人，其初不过充军到沈阳，后来由尚阳堡到宁古塔，最后乃发遣到黑龙江、齐齐哈尔等处。沈阳为清之盛京，自然比别的地方较为安适。至尚阳堡、宁古塔等地，愈往北愈为荒徼。今先说尚阳堡。

尚阳堡在辽宁开原县东四十里，一作上阳堡。魏声和《鸡林旧闻录》云：

"清兵入关之初，流徙罪犯，多编管于吉江两省。及康熙时云南既平，凡附属吴三桂之滇人，悉配戍于上阳堡，在今开原县边门外，满语称其地为台尼堪，尼堪者汉人之谓。《松漠记闻》：金太宗弟粘罕本名粘汉，言其类汉人也。近人谓此二字奴隶之称，实误。既又为罗刹之乱，关外遍设军台，饬是等流人，分守各台，称为台丁。其后拨与田地，令耕种自给，今屡议丈放变卖之站地问题，即属于此。故沿柳条边门，沿嫩江以北，俱有台丁。踪迹二百数十年来，污辱困穷，直是无告之民族。其余则为宁古塔城，关内缙绅获文字之祸，或罹党狱，恒流放于此。顺治丁酉科场狱，吴江吴汉槎塞上秋笳其尤著者。又一路为伯都讷新城，康熙中叶，李方远为定王案牵连编管于此。又一路为齐齐哈尔城，雍正初吕留良之子孙即发配于此。又一路为黑龙江城，时将军尚未移镇齐垣，黑龙江城即今爱珲也。桐城方登峄谪此曾赋《老枪行》一篇。老枪即老羌，指当时之罗刹，今俄罗斯人也。中言中外互市情形颇悉，并言其人行必挟枪，至则官令人监之，因思现在吾人呼俄币曰羌帖，犹沿此号。而爱珲则书艾珲。约计顺康雍三朝，遣戍关东，盖凡五处。及乾隆帝继位，谓汉人放逐既多，满洲纯朴风俗，将遂渐染丧失，于是只有罪因发黑龙江披甲为奴之例，而申平常汉人拦出柳边之令。有发现者，罪及守台官弁。而已编管在宁古塔等地之闻人，亦陆续赐环返国，否则已久葬冰天。其为台丁隶奴籍之人，自乾嘉以后则亦转徙关东，有改隶鸟枪、水师营者，有仍耕台地者，遂不可究诘矣。"

因为这篇文字，记载得较为全面，故备录于此。

其次再谈宁古塔，在吉林宁安县治，清康熙五年（一六六六）建置将军、副都统、泰宁县、绥芬厅、宁安府于此，为柳边以外之最大都会。按清之先世宁古塔贝勒，居今辽宁之兴京一带，分居六堡，故以为名，见王先谦《东华录》，与吉林之宁古塔实非一地。其地较尚阳堡为远，清初其地尚未开化，行人皆视为畏途，无名氏《研堂见闻杂记》云：

"按宁古塔，在辽东极北，去京七八千里，其地重冰积雪，非复世界……诸流人虽名拟遣，而说者谓至半道为虎狼所食，猿狄所攫，或饥人所啖，无得生也。向来流人俱徙尚阳堡，地去京师三千里，犹有屋宇可居，至者尚得活，至此则望尚阳堡如天上矣。"

除了尚阳堡、宁古塔而外，尚有下列数处：

〔铁岭、抚顺〕 《东华录》顺治十八年（一六六一）五月丁巳，铁岭抚顺唯有流徙诸人。

〔伯都讷、齐齐哈尔〕　《吉林汇征谪戍人物考》：李光远，清初饶阳令，后以明崇祯三太子定王案株连，遣戍伯都讷。此案牵连余人，同时发配宁古塔、齐齐哈尔。

〔船厂、黑龙江〕　吴振臣《柳边记略》：康熙初又增船厂、黑龙江、幕北白登讷。即有发尚阳堡者，止居奉天府城，而尚阳堡为墟矣。

〔三姓〕　《光绪会典事例》七四四《刑部名例律》，康熙五十二年（一七一三）定：发遣人犯，暂停发齐齐哈尔、黑龙江等处，俱著发三姓地方。

〔索伦、达呼尔、拉林〕　《读例存疑六·名例下》：谨按尔时（顺治）之流徙，即后来之外遣也。嗣则有三姓、索伦、达呼尔，即黑龙江等处也。间亦有发遣拉林者。

不过上举这些地方，以尚阳堡、宁古塔，被谪的文人，去得最多，所以最出名罢了。至于谪戍的流人，到东北去后，拨给各地驻防旗人为奴，或当苦差，不过有些读书人偶然被将军、都统看重，请他们去教书，自然比给披甲人为奴要好得多了。其由北京谪戍至东北发遣的时期，《东华录》康熙九年（一六七〇）条云：

"二月癸未，谕刑部等衙门，向来实例流徙尚阳堡、宁古塔等处人犯，六月、十二月不行发遣，其余月份俱发。今思十月至正月终，俱属寒冷之时，流人多有贫者，衣装单薄，无以御寒。以罪不至死之人，冻毙道途，殊为可悯。以后流徙尚阳堡、宁古塔人犯，十月至正月终，及六月俱停其发遣，余月照常发遣。"

当时的流人，有时遇赦，可以由安插的地方，由远及近；或者可以遇赦归里，如吴兆骞得赋刀环，陈梦雷遇赦复用，但大多数的流人要邀恩赦，重返田里，非得纳锾赎罪不可，要是没有钱，或没有帮助的人，那是受到双重的压迫，恐怕轻易不容易回到故乡。《十朝圣训》康熙朝二八云：

"康熙二十一年（一六八二）五月壬子，上谕大学士等曰：流徙宁古塔、乌喇人犯，朕向来未悉其苦，今谒陵至彼，目击方知。此辈既无房屋栖身，又无资力耕种，复重困于差徭。况南人脆弱，来此苦寒之地，风气凛冽，必至颠踣沟壑，远离乡土，音信不通，殊为可悯。虽若辈罪由自作，然发辽阳诸处安置，亦足蔽其辜矣。彼地尚有田土可以资生，室庐可以安处，且此等罪人，虽在乌喇等处，亦无用也。"

清朝统治时期，对于统治汉人，惯用这种把戏，尤其是康熙帝玄烨，用这种施恩的手段，所谓恩威并用，来愚弄这一般臣子，试观《东华录》上所载，那是屡见不鲜的。到了雍正、乾隆两朝，屡兴大狱，搬弄这种毒辣残酷的手段，更运用得灵活，扮演得可笑，犹如无母的孤儿、失群的羔羊，任人宰割，这是人间的悲剧，不能免的事实。然而人民心中的裂痕，是永远不能灭掉的。

当清廷的初年，他不是不畏惧清议，来弥补这条裂痕；他不是不想拉拢士大夫来调和民族抗满的思想。他曾经两次开博学鸿词科收买在野的士流来预修明史，他不是强迫顾亭林先生应征清朝，致迫着顾先生说出来"刀绳俱在，无速我死"的话吗？他又何尝不慕关右的学者，傅青主、李二曲、李天生诸君，迫得他们卧病不起，望阙谢恩吗？这些是有名的硕儒，致引得高蹈不屈；

至于一般平民，和伏处草野的士族，偶尔因为言语不慎，重则杀身破家，轻则远窜绝域，妻子流徙；甚至已经辱身出仕清朝的人士，偶尔因极小的事故，也受到同样的刑罚，真是教人无所措手足。总括清初士大夫，流徙辽左，不外有下列几个原因。

一、顺治丁酉十四年（一六五七）科场狱案　自从顺治入主中原，已经有十余年，河北和江南的士夫，稍稍出来，应试新朝。又因科场通关节的缘故，加以罪名，致遭惨祸，流徙辽左，吴兆骞、孙旸等，都是在这一案的人物。

二、清初史狱及文字狱　如南浔庄廷鑨修明史狱及戴名世《南山集》狱，以及查嗣庭、胡中藻的文字狱，皆属于这一类。

三、清初通海案　当清顺治间，虽然平定中原，但是黔滇一带永历王朝尚抗守南服，郑成功踞守台湾，在顺治十八年（一六六一）间，张煌言和郑成功的兵，直窥镇江，远及芜湖、太平，当时江南人民欣欣望治。及事平之后，清廷迁怒士民，诬以通海之罪，若祁理孙、杨越之谪戍辽海，就属于这一类。

四、平定三藩案　三藩既平之后，凡附属吴三桂之滇人，悉配戍于尚阳堡。凡与三藩通谋之人若陈梦雷、金镜、田起蛟、李学诗等，俱从宽免死，发给披甲新满洲为奴。

五、清顺治间之朋党案　清初满汉本不融洽，满洲人与满洲人为党；而汉人北人与南人各自为党，冯铨为北人之党，陈名夏、金之俊、陈之遴为南人之党，彼此攻讦。名夏被诛，之遴之谪戍辽左，即属于这一类。

六、雍正间年羹尧隆科多狱案　自从康熙废立储君，雍正入继帝位，不久就有年羹尧和隆科多狱案发生。隆科多禁锢终身，其子玉柱发往黑龙江当差，门生故吏，若汪景祺、查嗣庭，被罪论斩，妻子兄弟发往宁古塔为奴，就属于这一类。

综上六点，流徙的人士，不是尚阳堡，就是宁古塔，后来又发往黑龙江为奴。以上所举，不过其荦荦大者，至于罗举细故，横遭物议，正不知有多少含屈被放的人们，偶然一个消息传来，朋友们都惊慌失措，仰屋生悲。至于缇骑到门，张皇就道，老母痛哭，妻子牵衣，更不知有怎样凄惨的景象。其幸而得赋生还者，若祁理孙、吴兆骞诸君，固足深堪庆幸；若埋骨荒山，永戍不返者，恐怕更难以缕举！若是我们一翻开辽东的氏族家谱，便有不少的往哲是他们的先人。可是哲人往矣，然而无名英雄的不朽精神，和吾国民族的光荣，永远流传在吾国光耀的东北！

我想写这篇文字，是启发于陈援庵（垣）先生《明季滇黔佛教考》一书，本想博参群籍作一点较精湛的考证；但是既来海上，手间无书，一天价忙忙碌碌，东奔西跑，找不到几种参考的书籍，更谈不到精湛的作品了，蓄志已久，苦不能动笔，于是在百忙中间，草成这芜杂的文字，须知我不是坐在象牙之塔里面，而是写于车走雷声的十字街头，略抒己见，献给社会，作一个概观罢了。

（二）僧函可谪戍沈阳

明崇祯十七年甲申（一六四四），就是清顺治元年三月十九日，李自成率领大顺农民军进入了北京，吴三桂勾结清兵直入京师，造成满洲贵族统治中国的局面。那时人民纷纷南下，福王由崧即位于南京，支持了半壁天下，可是到了第二年，清兵直捣南京，福王北狩，烧杀掳掠，把南京糟蹋得不像样子，住在南京的人民，东藏西躲，一日数惊，真是没有安生的日子。有一天晚间，在城南乡绅顾梦游的楼上，擒住了一个从广东来的和尚，法名叫作函可。说他行为不检，私作目睹国变死难诸臣的私史，诋谋清朝，大为不敬，百般拷打，械送京师，下了刑部监狱，问定了罪名，得以减死遣戍沈阳，那可算受到史狱之祸，远戍东北第一个人了。

说起函可来，他本是广东的仕家子弟，法名函可，字祖心，号剩人，博罗人。俗家本姓韩名宗騋。他的父亲名日缵，是明万历三十五年丁未（一六〇七）进士，官至礼部尚书，卒谥文恪，家门鼎盛，是岭南的望族。他自幼就好义勇为，智慧充足，自从他父亲死了以后，还是在崇祯年间，他才二十九岁，见国是日非，遂与番禺曾起莘同参礼道独于罗浮华首道场。道独上人字宗宝，法号空隐上人，本南海陆氏子，年二十九，入博山参无异禅师，得其真传，为曹洞三十二传法嗣。宗騋、起莘仰慕他的大法，都投奔皈依到他老人家的门下，道独令他参赵州无字禅。宗騋献颂曰：

"道有道无老作精，黄金如玉酒如渑。门前便是长安路，无向西湖觅水程。"

他们两个人都随道独入匡山下发，道独锡给他法名叫作函可，而起莘则叫函昰。到了崇祯甲申，闻到明亡的消息，悲恸见于辞色，后来听说福王立国南京，他马上跑到南京，以请藏经为名，住在江宁顾梦游的楼上，他亲眼看见南京失守，忠烈臣民死难的情况，惨不忍睹，乃作了一篇私史，可巧就被巡逻的捉到，幸而没有损害了性命，就把他充军到沈阳去了。

我们再提起函昰，自从传受了道独的大法，他虽是禅偈子，但是秉性忠鲠，仍忘情不了国是，他目击世变，起义的起义，成仁的成仁，他想以释家的力量，来做掩护的工作，他也和明末苏州灵岩山的住持释弘储一样，都是具有民族气节的僧人。他初为僧住归宗寺，避乱居西樵，后又居雷峰，开堂收徒，所立规矩，整齐严肃。他收的弟子都是以"今"字排名，粤中的士夫以及平民，皈依大法，做他的弟子的，真是不在少数。九龙真逸《胜朝粤东遗民录》卷四上说：

"函昰虽处方外，仍以忠孝廉节垂示，以故从之游者，每于死生去就，多受其益。"

这真是实录，他在归宗寺的时候，与嘉鱼熊开元、新城黄端伯、休宁金声游，以禅悦相契，由此可以看见他的旨趣。后来主持雷峰，时局糟得更不成样子，一般忠臣烈士都皈依到他的门下。如桂王的给谏仁和金堡，以直节著名，自谪清浪卫时，已削发为僧，及礼函昰，他为之易名今释，亲为之涤器厨下，虽在隆冬，龟手，不废服勤。今释后来创丹霞名刹，乃迎延昰，为之主法，函昰遂付他大法，为第三法嗣。后来到了乾隆年间，为兵备道李璜所告讦，遂有焚寺磨骸之命，庙中的五百个和尚也被惨杀了。其他如邓州李充茂，舍丹霞旧宅为寺，祝发为僧，锡名今地。桂王中丞西安刘湘客为五虎之一，也事函昰，锡名思圆。杭州名士陆圻丽京，他曾罹了庄氏史狱来游粤中，皈依函昰，易名今竟。其他皈依函昰门下的信徒为数尤夥，不能悉举。函昰以名孝廉与函可同时出家，人都以为奇怪，到了后来，时局鼎沸，一时缙绅遗民，多出其门，他抱有深刻的意义，那时人人都佩服他。

函可自从被罪流徙沈阳，他仍戒持静律，不到几年以后，福王、唐王全被清兵击破，鲁王监国舟山，也没有多大的力量，来兴复残局。那时张家玉、陈邦彦、韩如璜等起兵于广州九江乡中，也如昙花一现，同归于尽。函可的弟弟宗麟、宗骙、宗骊，与张家玉响应，起兵反清，不幸全家殉难，连寡姊幼妹都死于非命，消息传来，他是如何的悲痛，他曾做了几首悲歌，最警的句子有："地上反奄奄，地下多生气。"其悲愤之语，家国之痛，溢于言表。那时沈阳人士都很器重他的品格，于是大阐法教，由普济，历广慈、大宁、永安、慈航、接引、向阳凡七座大刹，收了法徒六七百众。

是时函昰正开山雷峰，而函可也广扬释教于沈阳，与函昰虽岭海远隔，而声气相通，函昰聚集东南的遗民，函可在沈阳，也有许多被谴谪士夫，朝夕相依，探讨心性，《胜朝粤东遗民录》卷四云：

"时谴谪诸臣，若莱阳左懋泰、沾化李呈祥、寿光魏琯、定州郝浴、泰兴季开生及李龙衮、陈心简辈，始以节义文章相慕重，后皆引为法交，函可因招诸人为冰天诗社，凡三十三人，自称楂橿和尚，其称北里先生者即懋泰也。"

这一些人物，除了左懋泰为左懋第之弟，懋第北使燕京，不屈死节，懋泰曾投降李自成，后又归顺清朝，懋第不承认是他的兄弟。其余诸人，均为贰臣，见于《清史稿》和《盛京通志》。

据《清史稿》所载：李呈祥字吉津，山东沾化人，明崇祯进士，选庶吉士，顺治初授编修，累迁少詹事，以条陈部院衙门应裁去满官，专用汉人，下刑部狱，免死流徙盛京。魏琯字昭华，山东寿光人，明崇祯间进士，官御史，顺治初以荐起原官巡抚甘肃，请免治私纵逃人夺官，流徙辽阳，卒于戍所。《清史稿》有传，文长不录。至郝浴，《盛京通志》卷三十九云：

> "郝浴字雪海，定州人，顺治六年己丑（一六四九）进士，任四川巡抚，守保宁城，破贼有安蜀功，因参吴三桂，谪戍铁岭，读书讲学，无间寒暑，注《周易解》，士人宗之为复阳先生。"

可是由这两家的从游人物看来，函昰在岭南所收的门徒，多为明季忠烈之士；而函可在沈阳所结交的，多为清初谴谪诸臣，亦因时地不同，故所交往之人，亦因之而异。但半是降志辱身，骨鲠之人，他们两人的胸怀，志在规复危局，不言而喻，都可以明了了。未几吴兆骞汉槎谪戍宁古塔，路过沈阳，拜谒上人，非常的佩服，奉赠函公五十韵，有"空法原无住，穷荒任所投。狼河云漠漠，马窟雨瀌瀌。扫雪开禅径，披沙问帻沟。一乘驯铁骑，半偈化韦韝。白雀飞仍集，青蝇吊可休。半生辽海月，几度朔边秋。已道禅心静，宁增客思不"诸句。其推崇备至，可以想见。他的族弟名宗礼字掌邦的《从匡山谒栖贤师曾寄函可七律二首》，原诗云：

> "碧山风雨长离忧，湖海烟尘恨未收。有客扣镡歌六月，何人击楫渡中流。数声鼓角斜阳暮，两地飞鸣旅雁愁。庾信江南哀不断，更堪王粲赋登楼。"

> "经旬雷雨蛟龙起，入梦云生虎豹屯。四海羽书飞白日，十年戎马跃中原。但闻苏武辞金阙，不见班生入玉门。紫塞黄榆千

万里，沈阳花月欲销魂。"

这两首诗寓意深远，做得非常好，恐怕也是明末的遗民。他从顺治初年到沈阳，一直到顺治末年，住了有十余年之久。有一年冬天他召集他们的徒众说了许多偈语。他说：

"发来一个剩人，死去一具臭骨。不费常住柴薪，又省行人挖窟。移向浑河波里，赤骨律只，待水流石出。"

他说完了这个偈语，就坐化了。时为顺治十六年（一六五九）己亥冬月，年仅四十有四。著有《千山语录》，《千山诗集》二十卷，《补遗》一卷，入《禁书总目》，流传颇罕。

（三）顺治丁酉（一六五七）科场狱案与吴兆骞孙旸等之流徙

明季士夫的风气，最喜欢结社，在明天启、崇祯年间，他们诗酒流连，揣摩文章，时尚的风气，作为考试中选的准备。既至满洲贵族入主中原，眼看着国破家亡，中原板荡的景象，他们一变而为抗清的志士，组成了政治的组织。清廷看清了这一般士子喜欢应举的弱点，在顺治初年，连年开科，来拉拢这一般书呆子。到了顺治十年（一六五三）以后，江南的地域，已归入清朝的版图，明代的后裔仅局促在滇黔一点的地方，那些贞艰的遗民，仍是躲在荒江老屋里，投老悲吟，设若遇见机会，还是要作抵抗的运动，可是有一部分怯懦的人士，真是："六年忠义好凄凉，一阵夷齐下首阳。身上安排新顶带，胸中整顿旧文章。"已经到清廷去应举了。可是从事新朝的缙绅和在野的士子，不免要互通声气，的确也做了不少营救维护的工作（据杜登春《社事始末》）。到了顺治十四年（一六五七），河北和江南的士子，正拟应试的中间，便发生了最不幸的科场通关节的案子，从顺天闹起，延到江南以及河南、山东、山西，无不受了科场案件之累。《吴梅村年谱》引《汪尧峰文钞》：

"壬辰（顺治九年，一六五二）权贵与考官有隙，因事中之，于是科场之议起。指摘进士首名程周量经义被黜，科场之议，日以益炽，其端发于是科，而其祸及于丁酉，士大夫糜烂溃裂者，殆不可以胜计。"

如今先说顺天的北闱，王先谦《东华录》：

"顺治十四年（一六五七）十月甲午，先是给事中任克溥参奏北闱榜放后，闻中式举人陆其贤用银三千两，同科臣陆贻吉送考试官李振邺、张我朴，贿买得中。北闱之弊，不止一事，乞皇上集群臣会讯。事下吏部都察院严讯，得实奏闻，得旨，贪赃坏法，屡有严谕禁饬，科场为取士大典，关系最重，况辇毂重地，系各省观瞻，岂可恣意贪墨行私，所审受贿、用贿、过付种种情实，目无三尺，若不重加惩处，何以警戒来兹。李振邺、张我朴、蔡元禧、陆贻吉、项绍芳、举人田耜、郎作霖，俱著立斩，家产籍没，父母妻子，俱流徙尚阳堡。主考官曹本荣、宋之绳，著议处具奏。"

是案屡经审讯，至十五年（一六五八）正月，顺治帝亲加覆试，取得米汉雯等一百八十二名仍准会试，其余通关节诸犯，责罚有差。《东华录》载：

"四月辛卯，谕刑部等衙门，开科取士，原为遴选真才，以备任使，关系最重，岂容作弊坏法？王树德等，交通李振邺等，贿买关节，紊乱科场，大干法纪，命法司详加审拟。据奏王树德、陆庆曾、潘隐如、唐彦曦、沈始然、孙旸、张天植、张恂，俱应立斩，家业籍没，妻子父母兄弟流徙尚阳堡。孙伯龄、郁之章、李贵、陈经在、邱衡、赵瑞南、唐元迪、潘时升、盛树鸿、徐文龙、查学诗，俱应立斩，家产籍没。张旻孙、兰茁、郁乔、李苏霖、张绣虎，俱应立绞。余赞周应绞，监候秋后处决等语。朕因人命至重，恐其中或有冤枉，特命提来，亲行面讯。王树德等俱供作弊情实，本当依拟正法，但多犯一时处死，于心不忍，俱从宽免死，各责四十板，流徙尚阳堡。余依议。董笃行等本当重处，朕面讯时，皆自认委系溺职，姑从宽免罪，仍复原官。曹本荣等亦著免议。自今以后，凡考官士子，须当恪遵功令，痛改积习，持廉秉公，不得以此案偶蒙宽典，遂视为常例，妄存幸免之心，如再有犯此等情罪者必不姑宥。"

北闱科场之狱，起于顺治十四年（一六五七）十月，同时便有南闱科场狱的发生。《东华录》：

"（顺治）十四年十一月壬戌，给事中阴应节，参奏江南主考方猷等，弊窦多端，物议沸腾。其彰著者，如取中之方章钺，系少詹事方拱乾第五子，悬成、亨咸、膏茂之弟，与猷联宗有素，乘机滋弊，冒滥贤书，请皇上立赐提究严讯。得旨，据奏南闱情弊多端，物议沸腾。方猷等经朕面谕，尚敢如此，殊属可恶，方猷、钱开宗，并同考试官，俱著革职，并中式举人方章钺，刑部差员役速拿来京，严行详审。本内所参事情，及闱中一切弊窦，著郎廷佐速行严查明白，将人犯拿解刑部，方拱乾著明白回奏。"

次年三月庚戌，顺治帝亲加复试江南举人，取得吴珂鸣三次试卷，文理独优，特准同今科会试中式，一体殿试。其汪溥勋等七十四名，仍准做举人，至试不中程，确有弊端者，俱著革去举人，一体治罪。《东华录》：

"十一月辛酉，刑部审实江南乡试作弊一案，正主考方猷拟斩，副主考钱开宗拟绞，同考官叶楚槐等拟责遣尚阳堡，举人方章钺等俱革去举人。得旨：方猷、钱开宗差出典试，经朕面谕，务令简拔真才，严绝弊窦，辄敢违朕面谕，纳贿作弊，大为可恶。如此背旨之人，若不重加惩治，何以警戒将来。方猷、钱开宗，俱著即正法，妻子家产，籍没入官。叶楚槐、周霖、张晋、刘延桂、田俊民、郝惟训、商显仁、朱祥光、文银灿、雷震声、李上林、朱建寅、王熙如、李大升、朱范、王国桢、龚勋，俱著即处绞，妻子家奴，籍没入官。已死卢铸鼎，妻子家产，亦籍没入官。方章钺、张明荐、伍成礼、姚其章、吴兰友、庄元堡、吴兆骞、钱威，俱著责四十板，家产籍没入官，父母妻子，并流徙宁古塔。程度渊在逃，著令总督郎廷佐、亢得时等，速行严缉获解，如不缉获，伊等受贿作弊是实。尔部承问此案，徇庇迟至经年，且将此重情，问拟甚轻，是何意见，作速回奏，余如议。"

北闱所株累者，多为南方人士；可是南闱荼毒人士，则又倍蓰于北闱。北闱不过被戮了两个房考，且法官拟重，而特旨改轻以市恩，南闱则特旨改重，且罪责法官，十八房考官均皆绞决，至于被罪的士子，罪及妇孥，更是惨不忍睹。然当时士子，沿着明代的积习，行贿通关节，实在闹得不成样子，当时江宁书坊店里刻了一部传奇名叫《万金记》，以方字去一点为万，钱字去旁边为金，指二主考的姓而言，备极描写行贿和通关节的状态。西堂尤侗又作了一部传奇，名《钧天乐》，显指通关节的事情，传布很广，甚至清廷都知道了，遂成了谤书，不过当时的士子，也太不知检点了。其时河南、山东、山西等闱，也有同样的情形。《东华录》：

"十四年（一六五七）十二月壬申，给事中朱绍凤劾奏河南主考官黄钺、丁澎，进呈试录四书三篇，皆由己作，不用闱墨，有违定例。且黄钺居官，向有秽声，出都之时，流言啧啧，又挟恃铨曹，恣取供应，请敕部分别处分。得旨：黄钺著革职严拿察究，丁澎亦著革职察议。"

又《东华录》：

"十五年（一六五八）七月，刑部议河南主考黄钺、丁澎，违例更改举人原文作程文，且于中式举人朱卷内，用笔墨添改字句。黄钺又于正额供应之外，索取人参等物。黄钺应照新例籍没家产，与丁澎俱责四十板，不准折赎，流徙尚阳堡。命免钺澎责，如议流徙。"

顺治丁酉年（一六五七）的科场狱案，遍及了江南、河北以及山东、山西、河南各省。株连了不下数十百家，其中如吴兆骞、孙旸、陆庆曾诸君，有不少的江南知名之士，独因吴兆骞的才华照耀，和吴梅村、顾梁汾的几首诗词，慷慨悲歌，卒因引起了朝中士大夫的同情，捐资营救，得赋生还，遂把这案子渲染得有声有色，成了清初可歌可泣的一件故事！如今我便叙述这案中最有名的吴兆骞。

兆骞，字汉槎，吴江人，从小的时候，就有才名。父燕勤以进士做永州推官。兄弟六人，长兄弘人名兆宽，次兄闻夏名兆夏，均为一时眉目。当他十三岁时，从其父过浔阳，到湖南去，看见洞庭湖的波涛汹涌，山川奇伟，做了湘险诗六首，如云：

"二月逢寒食，三年寄短亭。山空春雨白，江回暮潮青。芳树连巫峡，归鸿落洞庭。严城有刁斗，萧瑟未堪听。"

他的哥哥兆宽，非常称赞他。他又作一篇《胆赋》，他的老师计名，也很赏识他，说："此子异时有盛名，然恐不免于祸。"因为年少恃才傲物，老辈总是这样规劝的。在汉槎少年时候，正是士子喜欢结社的风气，盛极一时，在江南则有复社、几社，浙江则有读书、登楼诸社，一时名士，都入社盟，汉槎在吴江，也结了慎交社，陈去病《五石脂》云：

"汉槎长兄兆宽、次兄兆夏，才望尤夙著，尝结慎交社于里中，四方名士咸翕然从之，而吴门宋既庭实、汪苕文琬，练川侯研德玄、陆圻丽京，同邑计改亭东、顾茂伦有孝、赵山子沄，尤为一时之选。当慎交社极盛之际，苕文尝来吴江。一日汉槎与之出东郭门，徘徊垂虹桥，忽顾视苕文，引袁淑对谢庄语曰：'江东无我，卿当独步。'其放诞如此。"

因此汉槎也遭了不少人的嫉妒。不久清兵南下，明社为屋，一个读书人，总免不了有家国之思；况是赋性激昂，真情流露的吴汉槎，他更有说不出来的一种悲感，可惜他的文集，阙落大半，无从找出长篇的证据，但是字里行间常发出郁抑不平之气。他曾托名刘素素作虎丘题壁二十绝句，前面有序云：

"妾刘素素，豫章人也，少随阿母育于外氏，长姊倩娘，雅工属文，刺绣之暇，每教妾吟咏，自是闺阁之中，屡多酬和。丁亥之岁，姊年十八，嫁于某氏。妾时十六，发始总额，阿母以妾许聘于同郡熊生，生一时贵公子也。是年豫章大乱，妾随母氏避乱山中，既而北兵肆掠，遂陷穹庐。痛母姊之各分，念家山之入破，肝肠寸断，血泪双垂，薄命如斯，真不减土梗浮萍。今岁某从役浙中，彼人以戎事滞迹白门，因停舟吴阊门外，以俟其来。兀坐蓬窗，百愁总集，因觅纸笔，作绝句二十首，以写其哀怨之思。夜半诗成，窃与侍婢泛舟虎丘，吊贞娘之墓，因黏诗寺壁，欲与吴下才人，共明妾意。嗟乎，峡里猿声，镜中鸾影，千古哀情，在此诗矣。"

"北兵肆掠，遂陷穹庐"，是写得如何的沉痛，也可以表明他不得已的心迹，思欲一奋的旨趣。此诗写于顺治丁酉以前，想不到竟成了谶语。到了顺治十四年（一六五七），汉槎出来应江南乡闱，不幸就遭了奇祸。当时凡有通关节嫌疑的士子，顺治帝犹以市恩的缘故，叫他们都到北京中南海瀛台亲加复试，复试时举子仍是戴着刑具，和犯人一般，每举人一名，命护军二员，持刀夹两旁作严厉的监视，与试的举子，悉惴惴其栗，几不能下笔，如何能做得起文章。汉槎很愤慨地说："焉有吴兆骞而以一举人行贿的吗？"遂交了白卷，皇帝自然要生气，凡不中试的举人，都把他们打了四十大板，充军到宁古塔去！并且把他们的父母兄弟妻子都连同谪戍，这样子看他们还胡闹不胡闹。以文弱的书生，受了这种重创，真是父母悲啼，妻子牵衣，北京的亲戚朋友，听见都要落泪。幸亏汉槎的朋友们替他斡旋，父母兄弟总算没有遣戍，只有他的夫人葛氏同他到东北去，至顺治十五年（一六五八）戊戌八月，汉槎单衣就道（他的夫人随后去的），那时京中的好朋友，就慷慨地送他出关，尤其关心国是的热情诗人吴梅村伟业，做了一首长歌《悲歌赠吴季子》送他，真写得悲愤慷慨，淋漓尽致（见下），其余若徐乾学也有怀友远戍诗，其第二首云：

"已甘罪谴戍荒蹊，又发家人习鼓鼙。孟博暂能随老母，子卿犹得见生妻。鹠鹡原上闻猿啸，鸡鹿山前听马嘶。梦里依稀归故国，千重关隘眼中迷。"

实则汉槎的父母并未远戍，亦不幸中的幸事。他谪戍关外，跋涉山川，受了无限的辛苦，中还经老羌（即俄国）的侵略，那时帝俄占据了黑龙江北岸雅克萨、尼布楚二城。顺治十一年到十五年（一六五四——一六五八），清廷派遣八旗和朝鲜的军队力讨之。并把谪戍充军的人门，北调到乌喇的地方出差当兵，见于清王之春《国（清）朝柔远记》。可是宁古塔将军巴海，非常器重他，请他为其子授经，从游甚众。后来夫人葛氏，也来到戍所，在康熙三年（一六六四）甲辰十月，生了一个儿子，小名叫苏还，取苏武可以还乡的意思，就是后来著《宁古塔纪略》的吴桭臣。宁古塔地方，虽然寒冷，但是山川秀丽，出产非常丰富，山蔬野蕨，都很精美，他与那些南方来的迁客，诗酒酬唱，倒也不很寂寞，久而久之，就习惯起来。吴桭臣《宁古塔纪略》云：

"予父惟馆谷为业，负笈者数人，诸同患难子弟，为陈昭令、叶长文、孙毓宗、毓章、许丙午、林中贞、田景园及吕氏昆季。"

那些谪戍的朋友，意气激昂，纵酒放歌。结文字之交者，便有张缙彦等为七谪之会。《盛京通志》卷一百十五《寓贤》云：

"七谪者，缙彦字坦公，目为河朔英灵，有江左风味。江宁姚琢之，诗如春林翡翠，时炫采色。湖州钱虞仲、方叔、丹季兄弟，才笔特妙。震泽钱威，字德维，亦举人，与兆骞同谪者，议论雄肆，诗格苍老。此外山阴杨友声，兆骞谓铁面虬髯，诗甚清丽。泰州陈编修志纪（字雁群），以上书谪戍，与兆骞情致殊深，唱酬亦富。而从受学者，闽人陈光启字昭令，秀而嗜学，兆骞谓为北州少年之冠。兆骞又言，与龙眠父子（方拱乾父子）谈诗论史，每至夜分。谪籍无征，知泯没者多矣。"

又杻臣十四岁时，其父汉槎为聘叶之馨之女。之馨字明德，四川巴县人，甲午解元，任云南大理府理判，与吴三桂忤，流窜宁古，亦谪戍中的佳者。吴汉槎久留戍所，虽受巴海的优待，亦受到无数的坎坷，况且他的父母在堂，还在故里，江南塞北，两地茫茫，家国之怀，萦于心目，生还玉门的心情，时时刻刻没有忘掉。近来合众图书馆（解放后，合并于上海图书馆）有影印本《归来草堂尺牍》，是汉槎与他父母的家信，还有《秋笳集》卷八戊午十二月十一日《寄顾舍人（贞观）书》叙述他谪戍中的苦况，非常的亲切，故不惮烦摘要录在下面。《归来草堂尺牍》七月二十一日书云：

"今年正月初五日，副都统因大将军卧病，忽发遣令，遣儿与德老两家，立刻往乌喇地方，此时天寒雪大，又无牛车帐房，赖孙许两家，合力相助，才得动身，其室中什物，尽寄孙家，儿与媳妇，以初六平明起身登车，雪深四尺，苦不可言。山草皆为雪掩，牛马无食，只得带豆料而行，一车所载不过三百斤，儿与媳妇孙子，复坐其上，除被褥之外，一物不能多载，行至百里，人牛俱乏，赖湖州钱方叔复借一牛车，沈华妻与吴御始免步行。头一日沈妻及吴御因无车坐，以银一两，雇路旁人车，若过沙林则千里无人，虽有银，亦无处可雇矣。行至三日，将军命飞骑追回，倘再行两日，到乌稽林，雪深八九尺，人马必皆冻死，将军真再生之恩也。儿辈才回家，将军即差管家慰问路上辛苦，儿与德维，进见拜谢其恩。此番往返雇人推车，及路上盘费，又去十余金，真所谓雪上加霜也。"

这次派谪戍流人到乌喇地方当差，系为与老羌（俄罗斯）备战，演习水战，所当差使，共有三项：一水营，二庄头，三壮丁，这三件都是苦差。因有将军巴海的照顾，汉槎以捐款认修太常寺衙门仓房四十间的工程，得免于征徭。即汉槎所以能生还者，亦因纳锾，才可以回来，可见清初的政治，无处不在要钱；若无钱的流人，困苦而死者又不知多少。《归来草堂尺牍》云：

"旧史陈敬尹在将军家，教他的儿子，然亦选入火器营管炮。至若山阴祁奕喜、李兼汝、杨友声、宜兴陈卫玉、苏州杨骏声同年，伍谋公，皆作水兵，往乌喇去矣。惟儿与姚钱两年兄，因系认工，暂且照旧，等候文书回来定夺，倘若不准，明年必入官庄矣。儿思家中贫乏，工程实难承认，然不认工，必死无疑。"

由此两封家信中看来，可以知道清廷对于谪戍人等之虐待，于是他不得不想到京中的顾贞观、徐乾学这一辈老友，向他们请援。《秋笳集》卷八《寄顾舍人书》云：

"嗟乎我两人契托，正复何等，越禽代马，各在一方，仅从一纸音书，叙二十年离索，人生到此，能不凄凉。弟朔漠羁踪，兄定未晓，今略书梗概，俾兄知之。弟以己亥夏出榆关，抵沈水之阳，海昌相国（之遴）欲留弟共居一年，沈帅不许，濒行时，其令子子长赠我车马衣裘，六月二十一日渡松花江，时暑甚，因浴于江，遂得寒疾，著毡衣骑马，行大雨中，委顿欲绝。抵大乌稽，送吏以弟垂笃，特憩三日，同行者皆谓不起，忽梦准提而愈。七月十一日至戍所，戍主以礼见待，授一椽于红旗中，旧迁客三四公，皆意气激昂，六博围棋，放歌纵酒，颇有友朋之乐。然一身飘寄，囊空半文，赖许总戎康侯、孙给谏汝贤，解衣推食，得免饥寒。癸卯（一六六三）春，弟妇来，携二三婢仆，并小有资斧，因以稍给。甲辰（一六六四）春，幕府以老羌之警，治师东伐，令流人强壮者，供役军中，文弱者岁以六金代役，于是石壕村吏，时闻怒呼，无昔日之优游矣。乙巳（一六六五）以授徒自给，其夏张坦公先生（缙彦）集秣陵姚琢之，茗中钱虞仲、方叔、丹季兄弟，吾邑钱德维及鄮人为七子之会，分题角韵，月凡三集，穷愁中，亦饶有佳况，其后以戍役分携，此会遂罢。戊申蒙恩，绅袍特许优复，弟遂得为塞外散人。……庚戌（一六七〇）诸徒皆散，而岁复早霜，米石十金，副帅安公雅重文士，怜弟之贫，以米相饷；而合肥（龚）先生，及蓊溪、玉峰复有见贻，于是翳桑饿人，幸免沟壑。癸丑（一六七三），大帅移镇兀喇，遂失此馆，然执经者，亦不乏人，所以仅供薪水耳。弟年来摇落特甚，双鬓渐星，妇复多病，一男两女，薇藿不充。回念老母，茕然在堂，迢递关河，归省无日，虽欲自慰，只益悲辛。课徒之暇，间有吟咏，正如哀雁寒螿，自鸣愁恨，安敢与六代三唐竞其优劣哉。前岁原一札来，索鄙制，云欲刊布，弟深感其意，特写致之，可三百余篇，塞外之乱，苍黄中失五古七绝二种，怅恨殊甚，今当再抄一册于四五月间寄览。弹指如灵和杨柳，韶倩堪怜，又如卫洗马言愁，令人憔悴；兄笔墨如此，少游、美成，更当何处生活。别兄二十年，对此如重觏风流，弟出塞时，未携词谱，今得此集，便当按调为之，正恐寿陵之步，未易学耳。弟悲怨之深，虽三峡猿声，陇头流水，不足比我呜咽，穹庐愁坐，极目萧条，夏簟冬缸，泪痕潜拭，安得知我怜我如华峰者，与之促席连床，一倾愤臆乎！弟患难之交，陈子长（之遴之子）最笃，但隔在辽海，不得相见，此君风流文采，不减华峰，意气亦复相类，惜其无命，流落而死，为之痛心。龙眠父子，与弟同谪三年，情好殷挚，谈诗论史，每至夜分。自彼南还，塞垣为之寂寞。钱德维议论雄肆，诗格苍老。山阴杨友声，铁面虬髯，而诗甚清丽。苕中三钱，才笔特妙；不意大者有山阳之痛，而小者复为濮阳之匿。姚琢之诗如春林翡翠，时炫采色，阳羡陈卫玉善谐笑工围棋，亦嫣秀可喜，弟时与之弈，今弟之棋，视丙申（一六五六）五月在澄江与华峰赌局时可高六七子许。坦公河朔英灵，而有江左风味。雁群与弟情致特深，唱酬亦富。未殁前数日，即属弟在其榻前作行状，人琴之悲，至今犹哽。敝门人闽中陈昭令名光启，秀而嗜学，北州少年，此为之冠，与弟居止接近，拥炉啜茗，靡夕不供也。此皆弟塞外文章之友，因兄垂讯，聊复及之。前者婚约为李姨所阻，深用怅叹，承复有幼女之约，极荷雅意，果得生还，则我女兄之子妇也，又何他云！嗟乎，此札南飞，此身北滞，夜阑秉烛，恐遂无期，惟愿尺素时通，以当把臂，唱酬万里，敢坠斯言。"

这封信写得情文并至，感慨悲恻，任何人读了都要感动；何况顾梁汾是汉槎最要好的朋友，怎样能不给他作奋勇的援助。汉槎还有一篇给徐乾学的信，惜集中不载。梁汾得到这封信，马上就作了两阕《金缕曲》词，以词代书，寄给汉槎。词曰：

"季子平安否？便归来、生平万事，那堪回首！行路悠悠谁慰借，母老家贫子幼。记不起、从前杯酒。魑魅搏人应见惯，总输他、覆雨翻云手。冰与雪，周旋久。　　泪痕莫滴牛衣透。数天涯、依然骨肉，几家能彀？比似红颜多薄命，更不如今还有。只绝塞、苦寒难受。廿载包胥承一诺，盼乌头、马角终相救。置此札，君怀袖。"

第二首云：

"我亦飘零久！十年来、深恩负尽，死生师友。宿昔齐名非忝窃，试看杜陵消瘦。曾不减、夜郎僝僽。薄命长辞知己别，问人生、到此凄凉否？千万恨，为君剖。　　兄生辛未我丁丑。共些时、冰霜摧折，早衰蒲柳。词赋从今须少作，留取心魂相守。但愿得、河清人寿。归日急翻行戍稿，把空名、料理传身后。言不尽，观顿首。"

那时太傅明珠的儿子成容若夙知汉槎的才华，又是与顾贞观梁汾要好的朋友，梁汾就托容若给汉槎帮一点忙，说几句好话，还未及答应。很巧看到梁汾给汉槎的《金缕曲》两阕，他感动得几乎要落泪了，这可见有血性的文字最足以动人，汉槎寄顾舍人书和梁汾这两首词，遂成了文学上不朽的杰作。容若马上说："山阳思旧之作，都尉河梁之什，并此而三矣。此事三千六百日中，弟当以身任之。"梁汾爱朋友的心切，还嫌他慢，就说："人寿几何？如能以五年为期，把汉槎救出来怎么样？"容若很慷慨地答应了他。

可巧康熙帝遣侍臣到东北去祭长白山，汉槎作了一篇《祭长白山赋》，文字瑰丽，托侍臣带回来，献给皇帝，玄烨看了非常的赞叹，就有召回他的意思。但是清廷对于召还流人的陋规，时正当三藩变乱中间，流人可以纳锾赎罪，借以缓和空气，正是汉槎可以回来的机会，但汉槎是一介寒儒，哪有这些钱来捐款自赎。于是大学士徐乾学首先提倡大家醵金来赎他回来。乾学是容若的老师，又是明珠的一党，他因为要巴结明珠，又自称为相府的扫门人，这样专权弄势，炙手可热的人物，经他提倡，自然一呼百诺，于是捐款的人，非常踊跃，辇下名流，都以不与此事为憾。汉槎是顺治十五年戊戌出塞，在关外共住了二十三年，到康熙二十年辛酉就奉诏赐环，得以生还玉门，二十三年不见的塞内河山，风上景物，他一路看来，真是"马前桃花马后雪"，应当如何的欢喜，而且他的夫人葛氏同出榆关，白首同归，一时人士，啧啧称羡，传为佳话。其子振臣历述其父汉槎入关时之景况曰：

"山海关即秦之长城第一关也。……有一岭，出关者称凄惶岭，入关者称为欢喜岭。岭下有孟姜女庙。是夕宿于岭下，两大人各述当时出关景况，今得到此真为欢喜！明日进关，气象迥别。又七日至京师，与亲友相聚，执手痛哭，真如再生也。……洎乎《长白山赋》入，天心嗟叹，温诏下颁。流人复归本土，玉门之关既入，才子之名大振。手加额者盈路，亲绪论者满车，一时足称盛事。"

汉槎生还玉门，京中的亲故朋友，都来劳问，尤其是徐乾学更觉得于颜面有光，于是大开宴会来欢迎他，主张赋诗，以志这种千载难得的盛况。可惜最关心汉槎的诗人吴梅村已经下世，不及见了。当时都下名流，无不有诗，其中以王渔洋作得最好，原诗云：

"丁零绝塞鬓毛斑，雪窖招魂再入关。万古穷荒生马角，几人乐府唱刀环。天边魑魅愁迁客，江上莼鲈话故山。太息梅村今宿草，不留老眼待君还。"

作《钧天乐传奇》引起这场大狱的尤西堂，他也作诗赠吴汉槎《自塞外归》二首。其一云：

"二十三年梦见稀，管宁无恙复来归。余生尚喜形容在，故国翻疑城郭非。燕市和歌宜纵酒，山阳闻笛定沾衣（自注：感念弘人、闻夏）。西风紫塞重回首，不断龙沙哀雁飞。"

汉槎感念徐乾学援救之力得以重回，他有《奉酬徐健庵见赠》之作云：

"金灯帘幕款清关，把臂翻疑梦寐间。一去塞垣空别泪，重来京洛是衰颜。脱骖深愧胥靡赎，裂帛谁怜属国还。酒半却嗟行戍日，鸦青江上渡潺湲。"

他还有《成侍中容若所作，赋得柳毅传书图，次俞大文韵》绝句四首有："年年河朔掩蒿莱，橘社包山梦屡回。今日雨工图上见，却怜侬亦牧羊来。"汉槎以苏武自喻，仍怀有故土乔木之思。李孟符《春冰室野乘》称其《秋笳集》"惓惓故国，不忘沧桑之感；触绪纷来，始悟其得祸之繇"。可惜汉槎回到北京，仅逾三载，还未有回到故乡吴江垂虹桥畔，就病殁了，年五十有四。留下了《秋笳集》八卷（计《秋笳集》三卷，《西曹杂诗》一卷，《前集》二卷，《拟古后杂体诗》一卷，《后集》二卷附《补遗》），前四卷为徐乾学所刻，后四卷为其子桭臣所补辑增刻的。桭臣跋云：

"右集诗文共八卷，先君子汉槎先生所作也。先君少负大名，登顺治丁酉贤书，为仇家所中，遂至遣戍宁古。维时先大母在堂，先君忽离桑梓，而谪冰雪触目之地，愤抑侘傺，登临凭吊，俯仰伤怀。于是发为诗歌，以鸣其不平，虽蔡女之十八拍，不足喻其凄怆，此秋笳所由名也。昆山徐健庵先生，悲故人之沦落，千里命介，索其草稿，梓以问世。古人之交情，不以穷通少异，有如此者。泊乎长白赋奏，而特邀当宁之知，沉冤昭雪，赐环故里，张俭返于亡命，蔡邕召自髡钳。推毂者总属巨卿，延誉者半由名士。方且谓一生抱负，抒展有时，何图乍入玉门，遽捐馆舍，鄙人所以抱恨终天也。……爰就旧刊，增以家藏，析为八卷，汇成一集，其前四卷系健翁所刻，后四卷则柂臣所增也。后集为戍所暨归来所作，前集及杂体诗二卷皆少年所作，序表书记，则合新旧所抄辑而成，不分年月。盖先君垂髫之岁，即好吟咏，加以身际艰难，著作颇富，奈屡丁颠沛，存者无几。当健翁索稿之先，值有老羌之警，遗失过半；及扶柩南还，复覆舟于天津，而沉溺者又过半；今此所补，皆从故旧处搜罗所得，殆未及十之一二。至于骈丽之体，向与陈阳羡齐名，乃集中所有仅此数首，尤可痛惜。闻之昆山某氏，收贮颇多，柂臣曾力为寻访，而已移居村舍，然终当物色，以成全璧，是则鄙人之素志也。"

这次罹科场狱的人有不少知名之士，已如上述，汉槎而外，尚有北闱陆庆曾、孙旸及南闱钱威诸人。陆庆曾字子元，华亭人，吴翌凤注《吴梅村集》引钱湘灵曰："子元以机云家世，与彝仲、大樽为辈行，辗轲二十年，垂老乃博一举，复遭诬以白首御穷边而死，一妾挈幼子牵衣袂，行路尽为流涕。"其状尤惨。

孙旸字赤厓，吴县人，《吴诗集览》引《苏州府志》："旸字赤厓，少游文社，名与兄承恩埒。顺治丁酉，举顺天乡试，科场事发，为人牵连，谪戍尚阳堡。圣祖东巡，献颂万余言，召至幄前，赋《东巡赋》，试以书法，上叹惜其才，大学士宋德宜疏荐，不果用。久之还里。"又吴翌凤注吴诗谓："旸于康熙丙子（三十五年，一六九六），年正七十，得援例赎归，著有《蔗庵集》。"《集览》载有赤厓还家诗三首，原诗云：

"岁岁还乡梦，今朝梦始真。到家仍作客，无地可容身。山色迎人好，湖光入眼新。念年成底事，悔不早投纶。"

"弟妹何年别，盘飧此夕同。看来头尽白，语罢泪俱红。垂老重闻乱，还家旧业空。但能常聚首，不必问穷通。"

原诗三首，录其二首。"垂老重闻乱"者，赤厓童时经鼎革之乱，在戍所时，将归之前数年，又闻到三藩之变。故有"到家仍作客，无地可容身"之感。汉槎《秋笳集》中与赤厓唱酬之诗颇夥。陈梦雷《松鹤堂集》，亦有与赤厓酬唱之作。以手间乏书，难以备考。还有与孙旸同时谪戍尚阳堡的刘逸民，逸民死于戍所，其妻为仇人所害，尤侗《看云草堂集》卷五有《伤刘逸民夫妇》诗云：

"少日文场载酒游，临邛绿绮羡风流。忽驱北辙歌燕市，翻戴南冠泣楚囚。魂遂黄沙埋异域，血沾红粉殉哀丘。人生只合田园老，藜杖蒿簪便白头。"

他们的遭遇，更在吴汉槎、孙赤厓之下了。

（四） 吴梅村与营救流人之关系

在清初流人出关的时候，亲戚朋友们当中，关心最切的要算是吴伟业骏公。他是东南社盟的领袖，又是一位多情善感、富于真性的诗人。当丁酉科场案狱和庚子奏销案发生以后，眼看着他的朋友，被杀的被杀，流徙的流徙，触景生情，他是怎样的悲愤。于是在吴汉槎出塞的时光，他便很沉痛地作了一首悲歌赠吴季子。原诗云：

"人生千里与万里，黯然销魂别而已。君独何为至于此！山非山兮水非水，生非生兮死非死。十三学经并学史，生在江南长纨绮，词赋翩翩众莫比。白璧青蝇见排诋，一朝束缚去，上书难自理。绝塞千山断行李，送吏泪不止，流人复何倚！彼尚愁不归，我行定已矣。八月龙沙雪花起，橐驼垂腰马没耳。白骨皑皑经战垒，黑河无船渡者几。前忧猛虎后苍兕，土穴偷生若蝼蚁。大鱼如山不见尾，张鬐为风沫为雨。日月倒行入海底，白昼相逢半人鬼。噫嘻乎悲哉！生男聪明慎勿喜！仓颉夜哭良有以。受患只从读书始，君不见吴季子。"

这首诗叙宁古塔地方，道路是如何的难行，生活是如何的痛苦，和读书人得到的结果，是如何的凄惨，写得可算淋漓尽致。无形中把汉槎的身份，抬高了许多。他所以能生还故土，得到同情的赞助，未始不因于此诗。他又看到陆庆曾，垂老投荒，妻子牵袂，那种凄惨的情况，他又作了一首《赠陆生》诗，原诗云：

"陆生得名三十年，布衣好客囊无钱。尚书墓道千章树，处士江邨二顷田。京华浪迹非长计，卖药求名总游戏。习俗谁容我弃捐，才名苦受人招致。古来权要嗜奔走，巧借高贤谢多口。古来贫贱难自持，一殒误丧生平守。陆生落落真吾流，行年五十今何求。好将轻侠藏亡命，耻把文章谒贵游。丈夫肯用他途进，相逢误喜知名姓。狡狯原来达士心，棲迟不免文人病。黄金白璧谁家子，见人尽道当如此。铜山一旦拉然崩，却笑黔娄此中死。嗟君时命剧可怜，蜚语牵连竟配边。木叶山头悲夜夜，春申浦上望年年。江花江月归何处？燕子莺儿等飘絮。红豆啼残曲里声，白杨哭断斋前树。屈指乡园笋蕨肥，南烹置酒梦依稀。莼鲈正美书堪寄，灯火将残泪独挥。君不见鸿都买第归来客，驷马轩车胡辟易。西园论价喜谁知，东观抢文矜莫及。从他罗隐与方乾，不比如君行路难。只有一篇思旧赋，江关萧瑟几人看。"

庆曾以世家名门之后，他的父亲，在明代曾做过尚书，他又与夏彝仲、陈卧子为友，在明季时，颇负盛名，一旦冀求一荐之荣，竟尔垂老投荒，实在有点不大值得，梅村诗中亦甚惜之。可是梅村诗中有："好将轻侠藏亡命，耻把文章谒贵游。"也许他别有怀抱。此诗于通贿通关节的情况，和甲乙之际，人士出处的操守，言之尤为痛切，非身历其境者，不能说这些话。梅村身经沧海，他不止对于这些被谪戍的士子，发生同感，就是在朝的仕绅，发生了不幸事体，只要是被压迫者，他无不为之表示同感，不免也要掉下同情之泪。那时泰兴季开生、季振宜兄弟，藏书之富，甲于东南。开生字天中，以名进士官给事中，早标清名，见重士流。当清廷初年，南方的人民，时常起来反抗，时局尚未稳定，一切都谈不到，就是宫室也因陋就简，未能加以修理。朝鲜的使臣到中国来，回去的时候，朝鲜国王问他："清朝皇帝近来到底怎么样，是否能统治中国？"臣子回答说："臣来到中国的时候，看见北京的宫殿上茅草不除，市井荒凉，恐怕一时还不易安定罢。"（见《李朝实录》）可是到顺治十年之后，南方虽在那里反抗，但是北方已经安定起来，一切已经渐有了秩序，在顺治十二年（一六五五），便派工部修造乾清宫，既至宫殿修盖好了以后，便派内侍带了一大批银钱，到江南去置备一些华贵的家具陈设，暗地里却教内监到扬州采访秀女，以充后陈。因为顺治已经做了十二年的皇帝，应该有点享乐。这个消息传到江南，人民一日数惊，纷纷地嫁女，以便躲避这种悲惨的事件发生（见无名氏《研堂见闻杂记》）。开生听见这种事情，实在忍耐不下去，立刻陈言极谏，皇帝看了非常生气，说："朕虽不德，每思效法贤圣主，朝夕焦劳，若买女子入宫，成何主耶！"（《清史稿》列传三十一）因责开生肆诬沽直，马上把开生下了刑部杖赎，流戍尚阳堡去。开生临行时，梅村亲自送他，作了一首《送友人出塞诗》云：

"上书有意不忘君，窜逐还将谏草焚。圣主起居当日慎，小臣忠爱本风闻。玉关信断机中锦，金谷园空画里云。塞马一声亲旧哭，焉支少妇欲从军。"

还有梅村的女儿名齐，嫁海宁陈直方容永，为相国陈之遴的儿子。之遴字彦升，明崇祯间进士，入清官至礼部尚书，弘文院大学士，兼太子太保，他主张满臣有罪，亦当治罪，籍没其家，以主公允。顺治帝非常的不高兴，说他："植党营私，护庇南人。"又说他："市权豪纵，不知悛改。"之遴上疏引罪有云："南北各亲其亲，各友其友。"顺治更为不怿，命原官发往盛京居住，是年冬，命他回京，又说他勾结内监吴良辅招权受贿，应当论斩，减等夺官籍没其家，流徙尚阳堡。当之遴发遣尚阳堡的时候，梅村以儿女之亲，更觉得难过，曾作《赠辽左故人诗八首》。其五云：

"贯索天边动使星，赭衣羸马夕阳亭。胥靡憔悴伤图画，巷伯牵连累汗青。减死朔方谁考验？徙家合浦竟飘零。故国无限东风柳，芦管吹来不忍听。"

其六云：

"浮生踪迹总茫然，两拜中书再徙边。尽有温汤堪疗疾，恰逢灵药可延年。垂来文鼠装绵暖，射得寒鱼入馔鲜。只少江南好春色，孤山梅树罨溪船。"

其七云：

"路出河西望八城，保宫老母泪纵横。重围屡困孤身在，垂死翻悲绝塞行。尽室可怜逢将吏，生儿真悔作公卿。萧萧夜半玄菟月，鹤唳归来梦不成。"

原诗八首，不能具录，其第五至第七首为怀念故人而作，其第八首则为爱怜少女而作的。其八云：

"齐女门前万里台，伤心砧杵北风哀。一官误汝高门累，半子怜渠快婿才。失母况经关塞别，从夫只好梦魂来。摩娑老眼千行泪，望断寒云冻不开。"

据黎士宏《仁恕堂笔记》："宗伯（之遴）谪塞上，直方以病废得留，辛丑公车，直方视予（士宏）邸舍。"是梅村之婿陈直方，未尝遣戍。然《仁恕堂笔记》又云："今闻直方短祚，竟忧郁以卒。"那么，梅村之女，不幸又早寡了。梅村有《遣闷》诗，略云：

"一女血泪啼阑干，舅姑岭表无书传。一女家破归间关，良人在北愁戍边。更有一女忧烽烟，围城六月江风寒。"

这样看来，梅村不独怀念故人，而且有女随戍，痛及己身了。梅村《自叙事略》曰：

"吾一生遭际，万事忧危，无一刻不历艰难，无一境不尝辛苦，实为天下之大苦人。吾死后敛以僧装，葬吾于邓尉灵岩相近，墓前立一圆石，曰诗人吴梅村之墓。"

由此可以见到梅村一生出处不得已的旨趣。章太炎炳麟《钱谦益别录》云："初明之亡，有合肥龚鼎孳、太仓吴伟业，皆以降臣善歌诗，时见愤激，而伟业辞特深隐，其言近诚。以人情思宗国言，降臣陈名夏至大学士犹拊顶言不当去发，以此知谦益等不尽诡伪矣。"若章太炎先生之说，可谓持平之论了。

但是梅村为复社中的领袖，东南的人望。当新朝政权初步稳定之后，为了维护和代表乡绅地主阶级的利益，绅士们都想望他出山。于是在群众中却讥笑当时名流绅士如钱谦益等人"入洛纷纭兴太浓"的时间，梅村也登上了仕版。于顺治十年（一六五三）就征入京，十三年（一六五六）做到了祭酒，就好比现在大学校长。在他入京就征的时候，朋友们为他饯行欢送。梅村哭笑不得，在《将至京师寄当事诸老》的诗中说：

"平生踪迹尽鬒天，世事浮名总弃捐。不召岂能逃圣代？无官敢即傲高眠。匹夫志在何难夺，君相思深自见怜。记送铁崖诗句好，白衣宣至白衣还。"

他就拿元末杨铁崖对明太祖朱元璋的话，作为解嘲。可是他未能符合清朝统治者的愿望，没有起很大的作用。到顺治十六年

（一六五九），以奏销案，欠清朝的租税，革职还家，过其诗人生活。真可以说是："误尽平生是一官"了。

（五）浙中通海案遣戍诸人

当明弘光即位南京时，犹支持着半壁天下，不是不可有为的局面。那时故旧老臣和忠贞之士，都跑到南京，努力同心，共御大敌。如祁忠愍公彪佳，以山阴世家，积学名儒，也来到南京，出任右佥都御史。可是马士英、阮大铖一般魏党余孽在朝，不管时局的颠危，排挤正人，像刘念台、黄石斋等都立不住足。彪佳也因之被任为苏松巡抚，见事无可为，就告老还乡。他所居的寓山，有园林花木之盛，还建筑有四负堂、梅花馆，为朋友谦会之所。彪佳回到家里，莳花种竹，修治堂宇，有时召集几个朋友，饮酒赋诗，画几张画，唱唱曲子，纯然过着乡绅的生活，颓然有终老之志。可是不久南京不守，清兵渡江，杭州失陷，钱塘江上，摇摇欲动。他听到这个消息，痛不欲生。后来绍兴府的伪官，要强迫他出来，维持地方，以安人心，他更觉得烦恼。在丙戌（一六四六）五月，他表面上还是萧然自得的样子，在家中请客，到了灯地客散之后，他写了几封遗书，偷偷地跑到后门外荷塘里投水，端坐而逝，效了止水之节（据《祁忠愍公日记》）。他的儿子理孙、班孙，受了家国之痛，比任何人都要难过，便蓄意规复，有非杀敌人、无以为家的志向，就联络密友魏耕、钱缵曾、李甲、陈三岛、朱士稚、杨越诸君，作了一个秘密结合，与海上郑成功、张煌言，潜通消息，作为内应，一旦有变，他们马上响应。四负堂遂成了他们秘密开会集合的地方。顺治十六年（一六五九），郑成功军直抵镇江，张煌言深入腹地，西至芜湖、太平，清廷为之震动，野老遗民，都盼望着重见明代衣冠，不幸为清兵所败，煌言不屈被诛，成功也退回台湾。经过这次变故，虽已经投降的郑成功的父亲郑芝龙和芝豹，清廷都发遣到宁古塔去。在延平军队要北上的期间，这些朋友们有的在家里悉心规划，有的出外与山寨联络，想作大规模的举动。其中最有韬略的要算是魏耕和钱缵曾了。理孙、班孙本来是世家子弟，挥金如土，顶喜欢唱曲子那一套游戏，而魏耕表面上又装着耽情酒色，非酒不甘，非妓不寝的样子，外间的人们，看见他们这一群公子哥儿，不过是花天酒地，歌舞游戏，能做出什么事体？教外间全不注意。可巧有一个外围的朋友孔孟文元章这个人，本来是一个和尚，素性无赖，偶然从海上来，得到郑成功、张煌言要北上的消息，来报告钱缵曾要挟不遂，在康熙元年（一六六二）壬寅，就到归安知县吴之荣处告密，之荣因构陷于将军何奎，谓祁氏为"累世显宦，家富不訾，连络山海，妄思嘘烬"，很可以分点油水。何奎听了就把一干犯人都带到钱塘去，遂兴了大狱，魏耕、钱缵曾等都腰斩东市。祁班孙、李甲、缵曾之弟虞仲、方叔和杨越都减死流徙宁古塔，这一起案子流到宁古塔的共有百余人。全祖望《鲒埼亭集》卷十三《祁六公子墓碣》云：

"祁六公子者，讳班孙，字奕喜，小字季郎，忠愍第二子也。其兄曰理孙，字奕庆，以大功兄弟次其行，故世皆呼曰祁五祁六两公子。公子兄弟自任以故国之乔木，而屠沽市贩之流亦兼收并蓄。家居山阴之梅墅，其园亭在寓山，柳车踵至，登其堂，复壁大隧，莫能诘也。慈溪布衣魏耕者，狂走四方，思得一当，以为亳社之桑榆。公子兄弟则与之誓天称莫逆，又遍约同里诸遗民朱士稚、张宗道辈，以疏附之。壬寅（康熙元年，一六六二）或告变于浙之幕府，刊章四道捕魏耕。有首者曰：'茗上乃其妇家，而山阴之梅墅，乃其死友所啸聚。'大帅亟发兵，果得之，缚公子兄弟去，既讯，兄弟争承，祁氏之客谋曰：'二人并命，不更惨欤！'乃纳贿而宥其兄。公子遣戍辽左，其后理孙以痛弟郁郁而死，而祁氏为之衰破，然君子则曰：'是固忠悫之子也。'当是时禁网尚疏，宁古塔将军得赂则弛约束，丁巳（康熙十六年，一六七七），公子脱身遁归，已而里社中渐物色之，乃祝发于吴之尧峰，寻主毗陵马鞍山寺，所称咒林明大师者也。荐绅先生皆相传曰：'是何浮图，但喜议论古今，不谈佛法。每及先朝，则掩面哭。'然终莫有知之者，然偶于曲蘖座上，摩其足而叹曰：'使我困此间者汝也。'"

是主其事者为祁氏兄弟，为他主谋的为魏耕，《鲒埼亭集》卷八《雪窦山人坟版文》曰：

"雪窦山人魏耕者，原名璧，字楚白，甲申（一六四四）后改名，又别名苏，慈溪人也。与归安钱缵曾同居苕溪，闭户为诗，酷嗜李供奉，长洲陈三岛尤心契之。东归游会稽，有张近道者，好黄老管商之术，以王霸自命。见诗人则唾之曰：'雕虫之徒也。'而其里人朱士稚，与先生论诗极倾倒，近道见之，亦辄痛骂不置，然三人者，交相得，因此并交缵曾、三岛，称莫逆。先生又因此与祁理孙、班孙兄弟善，得尽读淡生堂藏书，诗日益工。然先生于酒色有沈癖，一日之间，非酒不甘，非妓不寝，礼法之士深恶之，惟祁氏兄弟竭力资给之。每先生至，辄为置酒呼妓，而朱张数子左右之。久之，先生又遣死士致书延平，谓海道甚易，南风三日，可直抵京口，己亥（顺治十六年，一六五九），延平如其言，几下金陵。已而军退，先生复遮道留张尚书（煌言）请入焦湖，以图再举，不克。是役也，江南半壁震动，既而闻其谋出于先生，于是逻者益急。缵曾以兼金贿吏得稍解。癸卯有孔孟文者从延平军来，有所求于缵曾不餍，并怨先生，以其蜡书首之。先生方馆于祁氏，逻者猝至，被执至钱塘，与缵曾俱不屈以死，妻子尽没，班孙亦以是遣戍。初诸子之破产结客也，士稚首以是倾家，近道救之，得出狱，而近道竟以此渡江遇盗而死。己亥之役，三岛亦以忧愤而死，真所谓白首同归者矣。"

是篇于祁氏兄弟结客密谋，与这次兴复未成，酿成大狱的经过，言之最为详尽。一时豪士，若陈三岛、朱士稚、钱缵曾诸君，或被极刑，或逃匿深山，以未遣戍东北，固不具述。其流徙宁古塔的，班孙而外，则有李甲、缵曾的弟弟虞仲、方叔和杨大瓢的父亲杨越，兹条述于后。叶廷琯《鸥波渔话》引杨大瓢所撰《祁奕喜李兼汝合传》云：

"慈溪魏耕，为兵部侍郎张煌言结客浙东西，班孙留之寓山，或经年不去，先府君（杨越）亦时时过寓山与耕语。当是时，浙东名士，竞以气节相高。萧山李甲（字兼汝）、归安钱缵曾（允武）与班孙皆耕之所主也。有江阴无赖子孔元章者，遇耕西湖，自言从煌言所来，有所需，耕许之，既而觉其妄，批其颊，而耕所交，元章多知之。于是伪为耕书与缵曾，缵曾又殴之。元章遂之镇浙将军告变，捕缵曾等。初缵曾疏属钱应魁据太湖为乱，先仲父九有公权太湖营游击，穷治党魁，将及缵曾，缵曾恐索耕札，求救府君，府君为言之乃免。耕、缵曾难作，缵曾遗其妻书，以幼子属府君，及甲书为逻者所得。狱成，耕、缵曾皆死，甲同府君、班孙徙宁古塔。"

至钱缵曾为归安巨族，缵曾族人钱价人瞻百，也预通海之谋。钱价人平生善为诗，著有《河渭间集选》十卷，性简傲，不畏强御，清初集郡中人士立孚社，推为领袖，喜结纳，好宾客，倾囊倒箧，毫不吝惜，而自奉却很俭约，与缵曾同预通海之谋，事败，与缵曾同遇难，死于杭市，他的家产很富，分给了首告人归安令吴之荣一半。两家的妻子徙边，缵曾之弟虞仲、方叔、丹季均长流宁古塔。杨凤苞《秋室集》卷一《钱瞻百〈河渭间集选〉序》云：

"三人之戍所，与张坦公、姚琢之、吴汉槎、钱德维为七子之会，见《秋笳集》。汉槎《寄顾舍人书》曰：'苕中三钱，才笔特妙，不意大者有山阳之痛，而小者复为濮阳之匿。'则方叔、丹季，尝逃归矣。今其诗不可得而闻。吾乡自上林之沈、南浔之庄、思溪之钱，屡困于法，因之遗臣佚老之行踪莫有为之载笔者，桑海见闻，半归脱落，余竭力搜访，不过千百之一二耳。"

由此可见，汉槎在宁古塔立七子之会，而七子者多为枌社人物，均抱有恢复的思想。七子虽无诗文流传，而其宗旨参稽各家文字，亦可以略见其梗概了。至浙中通海之案，以祁魏而得名，而流徙宁古，则以杨春华远谪荒徼，大瓢万里寻亲，更益显著。俞樾《荟蕞编》引余怀纪《东武山房集·杨安城传》云：

"安城杨公，故山阴处士也，少喜读书，任侠，年十七，为诸生，思陵末造，天下多故，慨然有济世志，与里中高才生，及四方豪杰交，名日起，然坐是流离绝域，数十年而殁。始公与朱伯虎、吴佩远、魏雪窦游，奴视龌龊士，士亦莫之敢近。及伯虎死，佩远入滇，雪窦为怨家所构，称与张煌言交通，罪不宥。词连长兴钱允武，允武妻贷千金，属公营救。书为逻者所获，严考允武，索公甚急，允武死不承。公遣人谓允武曰：吾名在牍，讵能免？我出则君冤自白，毋自苦也。遂诣狱，狱具，魏钱坐死，公流宁古塔，康熙壬寅（元年，一六六二）冬也。……宁古塔为金元上京会宁府，地近冷山五国城，距京城三千里，土人及驻防将士皆朴鲁，衣鱼皮，汉人以罪至者，多依以为生，佣使之。公至，独为屋以居，入山伐木，垒土石为炕，皆身自擘画，土人初奇公状貌，至是益服其才。公稍出汉物与市，土人贵汉物，争出菽粟来易，遂约汉人共贾，菽粟渐饶，土人既仰给于贾，不敢轻汉人矣。公曰：'未也，尚不知礼教。'于是教之读书，崇退让，躬自养老抚孤，赎官奴婢。同难萧山李兼汝、苏州书贾李方初、沐黔国忠显弟忠祯，皆廪焉。赎朱大典孙妇刘振英、河南李天然及其弟诸生希声夫妇、湖广卫守备王某，皆罪隶也。凡贫不能举火及婚丧者，公为倡率周之，富人感其义，争助公，以不与为耻，曰：'吾不可以见杨长者。'公居宁古塔数十年，安其俗。尝奉甘将军檄，练水师混同江，御俄罗斯，移家小乌喇，既而罢归。性至孝，母丧年余，讣至，哀毁骨立，杜门三年。子宾，出塞省公，公年六十八，鬓未半白，善饭，步履如飞，灯下能小楷。语至夜分以为常。宾归，讼冤阙下，南巡复叩阍，请率妻子代戍，卫士棰之几毙，卒格不行。公竟殁戍所，年七十。公黑而长，美髯伟干。娶范氏，公出塞，例令妻行，或请代，范夫人毅然不可。三子宾、宝、宠，皆夫人出。公殁，不得归葬。宾、宝泣请两曹，几二载，怜而许之。夫人扶枢入关，土汉送者，哭声填路。公初名春华，出塞更名越，号安城，其所居乡也。"

当清初流徙诸人，皆为逮捕，而安城则激于义愤，出于自首。谪戍诸子若吴汉槎辈在戍所流恋诗酒，提倡风雅；可是安城君对于宁古塔人民的教养，却尽了极大的责任。那些遣戍的人，有的给贿私逃，有的纳锾赎罪，在吴汉槎及陈梦雷被释回京前后，大瓢到处奔走求援，不是呼吁无门，就是进行太不顺利，竟尔老死戍所，他的际遇，较诸汉槎，更为悲惨。杨宾《大瓢偶笔》前，载有无名氏《杨大瓢传》云：

"杨宾，字可师，号耕夫，别号大瓢，又号小铁，山阴人。父越字友声，明末诸生，素称名士，与朱竹垞友善，尝有诗称之。康熙元年友人钱允武为魏雪窦下狱，属越营救，事泄，坐逆党，遣戍宁古塔，母范氏从。宾生于顺治庚寅（七年，一六五〇），年十四，叔九有公以边功为怀远将军，镇上海，乃挈宾与弟宝暨二女育于官，年二十一归山阴，康熙己巳（二十八年，一六八九），年四十，乃至都省父戍所，次年旋都，就工科给事中谭左羽纂修律例，为赦亲计，哭求左羽为言于总裁张素存相国、杜肇余司马，二公亦怜之而势不可。左羽素善闽中张仪山中丞，时方被逮，欲宾往求之，为属台中邵嗣尧疏请关中流人输米赎罪，以轻重为差，冀宾乘间赎父。及辛未（康熙三十年，一六九一）春，宾与仪山入都，会邵疏为议者所阻。是冬，越已卒于戍所。宾谋返葬，格于例，思之至呕血。友人悯之，为引流囚家属例，求司寇图公纳，不得；继引户部侍郎思格则请其父白二格返葬例，求少司马朱公都纳，朱检知在叛案，执不可。宾跪其门，号泣控鞯于途，叩头哀吁，朱曰：'苟有叛案返葬例，我为尔行。'宾因不食恸哭。时仪山方械示都门，忽思得广西巡抚陈洪起从逆，流死宁古塔，家属返葬事，亟令引以求朱公，朱命查案，宾后知情实不符，复赇吏寝其牍。主事戴通，亦为言于索司寇，宾友江且庵又令执贽索公之门，乃准援例返葬，时皆称孝子。初且庵为索相国额图客，得罪明相国珠戌沈阳，与友顾小谢言于徐相国元文、顾宗伯沂，荐宾代且庵。宾不欲，托言父召辞之，强之再三，乃约出塞归就，及期不至，小谢不得已代之。癸酉（康熙三十二年，一六九三），小谢归，与且庵复举宾代，又坚辞，卒免于难。宾状虬髯而短，外圆中坚，言论井井，有风骨，善属文，精《汉书》、杜诗，少能书，工八法，塞外称杨夫子，名重公卿，惜以逆党后不得仕，年近九十乃卒。所著有《塞外诗》三卷，《杂文》一卷，《大瓢偶笔》八卷，《铁函斋书跋》六卷，《家庭记述》一卷，《金石源流书要》《柳边纪略》各若干卷。"（按《柳边纪略》五卷）

大瓢之精诚团结，立志迎接他父亲回来，极可钦佩，我们可以与吴桭臣比较一下，桭臣回归北京，在大瓢出塞之前数载，但他作《宁古塔纪略》反在大瓢撰《柳边纪略》之后。桭臣撰《宁古塔纪略》时年垂六十，回想三四十年以前的情况，不免模糊，至大瓢所撰《柳边纪略》于地理沿革、风土景物、语言嗜好，无所不记，实在比《宁古塔纪略》要详细得多了。安城有子，这真可以为大瓢张目的地方。叶廷琯《鸥波渔话》卷三《题大瓢遗像》云：

"廿年涕泪思亲梦，万里冰霜出塞行。枫陛陈情归骨遂，《柳边纪略》著书成。依人不碍遗民嗣，流寓长垂孝子名。世士宦游忘陟岵，披图何由见先生。"

至挟嫌告密之孔孟文，《秋室集》卷五《书孔孟文事略》云：

"孔孟文者字元章，父为疡医，名襟海，不知何许人。父死，孟文为僧于长兴弁山之土谷祠，往来诸山寨中游说。于时魏雪窦为东门令吏凌祥宇赘婿，联络山海，思得一当。与思溪钱缵曾为密友，以故孟文得交于二人。后孟文盗劫僧舍，屡犯淫戒，雪窦以其屡败检也，予之稍薄，孟文嗛焉，遁至温州，得海中倡义者确耗，并内地通海者出入径路，遂假称是海中大帅，某某皆出某麾下。又伪造一册云储粮屯某岛，士卒营某屿，战舰泊某吞。因与众有隙，脱身来投诚于镇江将军刘某，因言海外之难平，皆因内地之人运粮饟、资军装为之接应耳，内间去，外寇可立破也。刘喜，即疏题驿召孟文至京师陛见，赐弓裘马，宠遇甚隆。当初首告时，尚图讹诈，故舛其名，以钱允武为钱云五，魏雪窦为魏西斗，浙抚以无其人复部，时在顺治十八年（一六六一）辛丑夏也。而钱魏不知省，未及行贿于孟文，越半载，遂易真名，注明地址，行镇浙将军柯奎密拿矣。"

是编所记赐孔孟文弓刀裘马，宠遇甚隆，所记不免有传闻之误，《柳边纪略》卷四云：

"孔和尚者，名元昭，江阴人，素阴贼，挟私怨兴大狱，杀人，流宁古塔者以百计，余父其一也。乙巳、丙午间（一六六五—一六六六），元昭亦以流往，众欲毙之，余父不可乃止。"

《秋室集》称孔孟文名元章，此书所记孔和尚名元昭，同为江阴人，则孔和尚非孔孟文而谁？由此看来归安令吴之荣，还得到钱家一部分的财产，至孔孟文不但没有得到利禄，反与祁杨诸家，同被流徙，要不是杨先生为人长厚，关外的人是豪爽的，孔和尚早就被人击毙了。

在浙中通海案尚未发生以前，正当郑成功、张煌言联师北上的时候，苏州、金坛一带，还发生了抗粮和哭庙等案。《吴梅村年谱》引《苏州府志》："庚子（顺治十七年，一六六〇）十二月吴县知县任唯初莅任，即逼仓总吴行之，私枭漕粮七百石，婪贿虐行，口碑腾刺。十八年（一六六一）二月章皇帝遗诏下府堂哭临。次日生员金人瑞、丁澜等哭府学文庙，教授程邑申报，以'诸生惊扰哭临，意在谋叛'具疏。衔在籍吏部考工员外顾予咸，株连之。适差满大臣至江宁审金坛叛招，并讯题覆，部议覆准倪用宾、沈玥、顾伟业、丁澜、金人瑞、王重儒等八人典刑，家产入官，妻子流徙。"无名氏《辛丑纪闻》云：

"金圣叹，名喟，又名人瑞。庠姓张，原名采，字若采，为文倜傥不群，少补博士弟子员，后以岁试之文怪诞不经，黜革。来年科试，顶金人瑞名就童子试，而文宗即拔第一，补庠生。圣叹以世间有六才子书，《离骚》《庄子》《史记》，杜工部诗、施耐庵《水浒传》、王实甫《西厢记》。岁甲申批《水浒传》，丙申批《西厢记》，庚子间方从事于杜诗，未卒业而难作，天下惜之。谓天之忌才，一至于斯。初生一子，请乩仙题号，仙判曰断牛，不解何意，及妻子流宁古塔，居室后有断碑，但存一牛字，殆亦有定数也。"

张采之可以改姓名为金人瑞，这正如海昌陈氏，在明代他本姓高一样，明季人士，因为考试，或投靠势家，而改姓名的本不算稀奇。据是编所载，倪用宾、沈玥，因为哭庙一案，身受典刑，妻子流徙宁古塔的，共有八家，那么到关外去的人，实不在少数。据《东三省舆地图说》所载：宁古塔东北二十余里之金家窝棚，与《宁安县志》所记县治南十余里有金家沽，或系是金圣叹的后裔，虽未敢臆断，但流人子孙，世代相传，男婚女嫁，蔓延成聚，就成了东北的土著，恐不在少数吧！金圣叹所著《沈吟楼稿》，近上海古籍出版社已为影印行世。

（六）龙眠方氏举家迁徙及《南山集》狱

浙中通海事发，慈溪钱缵曾遇难，他的弟弟虞仲、方叔、丹季，流徙宁古塔。当时被难的人，都是全家被徙，这种举动，虽不及明代祸及九族，男丁充当象奴，女子发入乐户，那样的刻虐，但是也相当的悲惨。吴汉槎所以能单身就道，也许是经友人帮助，以出嗣别支为名，所以没有连及父兄，可算是幸运。若顺治丁酉（一六五七）科场案连及的，方拱乾全家远徙，后遭《南山集》狱，方氏家属复远流黑龙江，较诸汉槎更为凄惨了。拱乾的儿子方孝标，因为他的族人方猷，顺治丁酉，主试江南，与之有私，他们全家受累，父子遣戍。吴汉槎《寄顾舍人书》："龙眠父子，与弟同谪三年，情好殷挚，谈诗论文，每至夜分。"我们所知道的，便有拱乾的儿子悬成、亨咸、章钺、膏茂，悬成之子登峄，登峄之子式济，而方观承又为式济的儿子。悬成即方孝标，《赖古堂尺牍新钞》于方孝标下，注略历云："字楼冈，原名元成，江南桐城人，有《光启堂集》。"清代对于罪人之名元者，例改作悬，则悬成为孝标无疑，如此我们便可以推想出方氏父子遣戍的世系。简表如下：

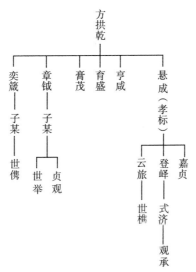

龙眠方氏为桐城世家，余在北京书坊，见有《龙眠方氏七代遗书》，恐清初记方氏遗事者，为书尚夥。唯《心史丛刊》所载，拱乾、孝标以族人方猷科场狱案遭戍，说得不甚详细，也不免小有错误。据金天翮《皖志列传稿》记载，方氏全家被徙共有三次，而对于他们的家族，记述也较为详尽。《皖志列传》卷二云：

"拱乾字肃之，号坦庵，崇祯戊辰进士，官谕德，入清以荐起补宏文院学士，寻除少詹，平生笃交谊，急人患难。顺治九年（一六五二），科场挂误，谪宁古塔，十一年（一六五四）放归，寓扬州，撰《绝域纪略》，因自号苏老人。"

《绝域纪略》弁言云：

"宁古何地，无往理，亦无还理，老夫既往而复还，岂非天哉！记与吴汉槎及儿辈，屡属其撰志，而不先就，亦曰此生岂有还理，则此生之徼天幸者，殆昔人所谓从死地走一回，胜学道三十年，老夫滋愧矣。"

到了拱乾七十岁时，据《皖志列传》，他曾作《七十自寿文》云："老人同乡子，七岁能属文为诗，长登进士，官翰林，至少詹事，娶相国女，至今犹共哺糜，生两女六男，亦皆掇科名，男女孙百几十人，老人所徽于造物可谓厚矣。"

拱乾遣戍，约在顺治十年（一六五三）左右，程周量科场案的期间。后来虽经顺治丁酉科场案连带被遣，但仍能重返扬州，宜乎他要高兴了。这是桐城方氏被遣戍的第一次。至拱乾子姓甚多，孝标尤有文名。如今不妨把拱乾的子姓，简单略述如下。《皖志列传》云：

"孝标初名玄成，避仁庙讳，以字行而号楼冈，桐城人也。为大美之孙，拱乾之长子。顺治三年（一六四六）丙戌，举于乡，己丑（一六四九）成进士，改庶吉士，历任内宏文院侍读学士，两充会试同考官。丁酉（一六五七）江南乡试，方猷为正考官，拱乾第五子章钺中式。给事中阴应节，奏劾拱乾、章钺，与方猷联宗有素，冒滥贤书。世祖怒，夺方猷官，逮章钺入京会鞫。拱乾方官少詹事，责自陈关节状，拱乾奏辩，不与方猷同宗，有丁亥（一六四七）、己丑（一六四九）、甲午（一六五四）三科齿录足证。明年（一六五五）三月世祖亲试江南举人于廷，文无害者，都七十五人，罚停会试两科者二十四人，黜革者十四人，处方猷及副考官大辟，同考试官均伏缳首刑，而章钺等八人，各杖四十，期亲以上戍宁古塔，籍没其资产。越二年孝标子嘉贞，上书讼冤，拱乾、孝标得赦归田里，康熙二年（一六六三）癸卯，孝标客扬州，甲辰（一六六四）游杭州，拱乾卒。"

是孝标遣戍，实被其弟章钺所累。至孝标兄弟事略，《皖志列传》云：

"亨咸字吉偶，号邵村，顺治丁亥进士，官获鹿知县，擢刑部主事，恤刑湖广、广西，平反七十三案，升监察御史。坐科场案，谪宁古塔。亨咸少负文学誉，名与姚文然齐，王士祯赏其诗，尤工书画，著《塞外乐府》《邵村诗集》。次育盛字与三，膏茂字敦四，皆有诗文集。章钺字世五，皆举于乡。次奕箴，奕箴孙世俊。"

孝标兄弟，为顺治丁酉科场狱案所累，同被遣戍，这可以说是第二次了。至孝标游滇中，著《滇黔记闻》，身后其家族为《南山集》所株连，遣戍荒徼。《皖志列传》云：

"孝标年五十，入关以诗文结纳藩府大吏。庚戌（一六七〇），孝标以吴三桂书招，始至云南，亦献诗谀三桂。谓：拱乾于先帝讲筵，尝以片语保全三桂爵禄。康熙十二年（一六七三）癸丑，廷议撤藩，三桂反于滇，孝标已先期赋诗归江南，归而肤其橐中所记滇黔间士民所传述永历帝播越覆亡，与夫荩臣义士、遗民、政老诸旧闻掌故，与中原所知多异同者，笔之书，曰《滇黔纪闻》，都两篇。是时清廷尚未有文字之禁，书稍流播。戴名世于孝标为后进，亦欲网罗放失，既见舒城余湛书所闻于释犁支者，持校孝标《纪闻》多出入，因书与湛论之。康熙五十年辛卯（一七一一）《南山集》之狱起，孝标已前卒，诏以名世之罪罪之，斮棺而磔其尸焉。"

孝标前卒，祸及枯骨，其子若贞观、登峄，登峄子式济及其家族，都充发到黑龙江，这是方氏家族无辜被迁的第三次了。金天翮君据无名氏《桐城方戴两家史案》，其说当为可信。至被祸最惨之戴名世，《皖志列传》云：

"名世字田有，一字褐夫，号药身，又自号忧庵。先世自婺源徙桐城。少才隽隽逸，既孤，授徒自赡。精制举业，学长于史，喜考求明季逸事。晚与孝标往来。而弟子舒城余湛，字石民，偶与释氏犁支遇，谈明永历事，犁支故为永历官者，明亡，遁迹于佛，名世闻犁支之来也，喜，迹之余湛所，乃命湛书所闻于犁支者，与孝标书校其同异，书载《南山集》中。康熙己丑（四十八年，一七〇九）翰林授编修，时年已五十有七，又二年辛卯，左都御史赵申乔劾《南山集》悖逆，系狱论磔，族人皆弃市。"

名世与登峄的儿子式济同举进士，《南山集》事发，名世身遭极刑，全家被难，固为惨酷；然方氏族人又遭迁徙之祸，更是不幸。以上所述为私家记载，至清代官书所记，尤足骇异，这件案子，比顺治丁酉科场狱案要残忍得多了。王氏《东华录》康熙卷八十九云：

"康熙五十一年（一七一二）壬辰，正月丙午，刑部等衙门奏，察审戴名世所著《南山集·孑遗录》内，有大逆等语，应即行凌迟。已故方孝标所著《滇黔纪闻》内，亦有大逆等语，应锉其尸骸。戴名世、方孝标之祖父子孙，兄弟及伯叔父兄弟之子，年十六岁以上者，俱查出解部，即行立斩。其母女妻妾之姊妹，十五岁以下，子孙伯叔兄弟之子，亦俱查出，给功臣家为奴。方孝标归顺吴逆，身受伪官，迨其投诚，又蒙恩免罪，仍不改悖逆之心，书大逆之言，令该抚将方孝标同族人，不论服之已尽未尽，逐一严查，有职衔者，尽皆革退，除已嫁女外子女，一并即解到部，发与乌喇、宁古塔、伯都纳等处安插。汪灏、方苞，为戴名世悖逆书作序，俱应立斩。方正玉、尤云鹗，闻拿自首，应将伊等妻子，一并发宁古塔安插，编修刘岩，虽不曾作序，然不将书出首，亦应革职，金妻流三千里。上曰：此事著问九卿，具奏，案内方姓人，俱系恶乱之辈，方光琛投顺吴三桂，曾为伪相，方孝标亦曾为吴三桂大吏，伊等族人，不可留本处也。"

全祖望《鲒埼亭集外编》卷二十二《江浙两大狱记》云：

"桐城方孝标，尝以科第起官至学士，后以族人方猷丁酉主江南试，与之有私，并去官遣戍。遇赦归，入滇受吴逆伪翰林承旨。吴逆败，孝标先迎降得免死，因著《钝斋文集》《滇黔纪闻》，极多悖逆语，戴名世见而喜之，所著《南山集》多采孝标所纪事。尤云鹗、方正玉为之捐资刊行。云鹗、正玉及同官汪灏、朱书、刘岩、余生、王源皆有序，版则寄藏于方苞家。都给谏赵申乔奏其事，九卿会鞫，拟戴名世大逆，法至寸磔，族皆弃市，未及冠笄者发边。朱书、王源已故免议。尤云鹗、方正玉、汪灏、刘岩、余生、方苞，以谤论罪绞。时方孝标已死，以戴名世之罪罪之，子登峄、云旅、孙世樵并斩，方氏有服者，皆坐死，且锉孝标尸。尚书韩菼、侍郎赵士麟、御史刘灏、淮阳道王英谟、庶吉士汪份等三十二人，并别议降谪。疏奏，圣祖恻然，凡议绞者改编戍，汪灏以曾效力书局，赦出狱，方苞编旗下，尤云鹗、方正玉免死，徙其家，方氏族属止谪黑龙江，韩菼以下，平日与戴名世论文牵连者俱免议。是案也，得恩旨全活者三百余人，康熙辛卯、壬辰（五十年、五十一年，一七一一——一七一二）间事也。"

孝标著《钝斋文集》中有《滇游纪行》，分《游记》《纪闻》《纪事》三篇，多记永历朝史事，及李定国北伐之事，上海图书馆藏有抄本。这里所说的方苞，著籍桐城，想亦拱乾、孝标的族人，他为《南山集》作序，不是对于胜国遗闻漠不关心的人。皇帝说他们方姓人俱系恶乱之辈，可谓诬蔑之至。但他被释以后，以道学的面孔，来媚侍新朝，忘其祖先，未免觍颜无耻，与李光地同是一样的假道学人。至戴名世所著《南山集》署"桐城戴潜潜田有著"，是因为避清廷的忌讳，有时还讳其姓改为宋潜虚，但我们看他的集子里面，不过好记明季遗事，并没有什么大不了触犯忌讳的事情，其得祸在致余生一书，他主张要存明代的系统，不能把南明的事情一笔抹煞，他是深引为恨的，如《致余生书》所说：

"昔宋之亡也，区区海岛一隅如弹丸黑子，不逾时而又已灭亡，而史犹得以备书其事。今以弘光之帝南京，隆武之帝闽越，永历之帝两粤、帝滇黔，地方数千里，首尾十七八年，揆以春秋之义，岂遽不如昭烈之在蜀，帝昺之在崖州，而其事渐以灭没。近日方宽文字之禁，而天下之所避忌讳者万端，其或菰芦山泽之间，有廑廑志其梗概，所谓存什一于千百，而其书未出，又无好事者为之掇拾，流传不久，而已荡为清风，化为冷灰。至于老将退卒，故家旧臣，遗民父老，相继渐尽，而文献无征，凋残零落，使一时成败得失，孤忠效死，乱贼误国，流离播迁之情状，无以示于后世，岂不可叹也哉！终明之世，三百年无史，金匮石室之藏，恐终沦丧放失，而世所流布，诸书缺略不详，毁誉失实。嗟乎！世无子长孟坚，不可聊且命笔，鄙人无状，窃有志焉。"

田有以修史自期，他认为：南明三朝，立国南服，至少应如昭烈之在蜀，帝昺之在崖州，在历史上应当有其地位，不宜一笔抹煞。这种说法，不仅是田有，凡明季遗老，差不多都有这样的感想。如《海滨野史》之《建州私志》末附跋略云：

"……至于国统续绝，如汉魏章武、黄初之例断，当以纲目为准。清朝顺治十有八年（一六六一），岁在辛丑，世宗章皇帝崩，明年壬寅（一六六二），吴三桂自缅甸献捷，实永历之十有六年而明亡。……统纪明之历数，自洪武元年（一三六八）戊申，至永历十六年（一六六二）壬寅，凡享国二百九十六年，而后以康熙元年继之，如薛氏宋元通鉴，以庚辰之岁为宋亡，而元继之。盖祥兴二年，与至元十七年（一二八〇），皆庚辰也。后之作史者，宜加意焉。"

这种继统的说法，见解是很对的，唯其正对，所以正触犯了清廷大一统的威信，可以说是清廷最不愿意听的话，宜乎孝标、田有受到杀身锉骨之祸了。至于这案发生以后，方氏一家，无辜致累，受祸最惨。拱乾父子以康熙壬寅（六十一年，一七二二）先后还京。至是，孝标子登峄及孙式济本来是斩决的，经皇帝的市恩减死，重又遣戍到黑龙江去了。拱乾、孝标他们家族三次遣戍，真是逆料不到的事情。田有未遭祸前，著有《忧庵集》，上海图书馆存有刻本。

登峄子式济著有《龙沙纪略》一卷，已入四库，据《四库提要》云："方式济字屋源，号沃园，康熙己丑（一七〇九）进士，官中书舍人。是编乃式济之父登峄谪居黑龙江时，式济往省，因据所见闻，考核古迹，勒为九门，总名曰《龙沙纪略》。"登峄父子俱成，见于袁枚撰《方观承神道碑》，《四库提要》所记实误。往龙沙省亲的人，不是式济而是式济的儿子观永、观承兄弟，来往奔走接济他们的生活，以作将伯之助，这实在有所可取的地方。清徐锡龄《熙朝新语》卷八云：

"方恪敏公观承，本名家子，祖父皆以诗文名于时，以族人累，徙居塞外。公弱冠归金陵，家无一椽，借居清凉山僧寺，有中州僧，知为非常人，厚遇之。公与兄观永往来南北，营菽水之资，重跰徒步，并日而食，怡然安之。雍正壬子（一七三二），平郡王为定边将军，征准噶尔，夙知公才，奏为记室，世宗命以布衣召见，赐中书衔，偕往，凯旋，以军功实授内阁中书，累官至直隶总督。"

又陈其元《庸闲斋笔记》卷十《方恪敏轶事》条云：

"先大父尝言：高祖勠南公，雍正丁未（五年，一七二七）会试，与仁和沈椒园先生，共坐一车，每日恒见一少年，步行随车后，异而问之，自言桐城方氏，将省亲塞外，乏资，故徒步耳。二公怜其孝，援令登车，而车狭不能容。于是共议，每人日轮替行三十里，俾得省六十里之劳，到京别去，不复相问闻矣。后二十余年，勠南公以云南守赴都，椒园先生时陈臬山左，亦入觐，途中忽有直隶总督差官来迓，固邀至节署，相见，则总督即方氏子，欢然握手，张筵乐饮十日，称为车笠之交，一时传为美谈。"

至方氏族人得还故里约在雍正元年（一七二三），《皖志列传》卷二云："贞观善行楷，世以比汪士铉、王澍，名满淮扬间，胸次洒落，终身韦布，若不知身为华胄。壮岁以《南山集》牵累出关，羁怀旅绪，屈郁抑塞，虽寓之歌诗，而益造平淡，雍正元年放归。"其后若恪敏公的事迹，已不在本文范围之内，故不赘述了。

（七）三藩之变与陈梦雷两次流徙

清康熙二十一年（一六八二），平定三藩之后，首事及附逆诸人，分别治罪，其大批人犯，从逆诸臣，都谪戍到尚阳堡去，陈梦雷即为其中之一。《东华录》：

"康熙二十一年壬戌正月戊辰，议政大臣会议逆贼耿精忠等分别凌迟处斩，具题。得旨：耿精忠、刘进忠首级著枭示，田起蛟、金镜、李学诗、陈梦雷，俱从宽免死。内系旗人给与伊本主为奴；系民入官给披甲新满洲为奴，余如议。"

已入仕清廷而附逆的，不仅侯官陈梦雷一人，还有安溪李光地，与陈梦雷同岁举进士，同官编修。当三藩之变，同投身耿幕，同以草蜡丸书，供给清廷消息，以作内部的策应。耿精忠失败之后，要是受赏，他们应当同受上赏，受罚也应当同受处分。结果光地做了清廷的显官，理学名儒；而梦雷却做了阶下的囚犯，遣戍沈阳，当时人士，愤恨不平，说光地卖友求荣，对于他这种行为，很不满意。钱林《文献征存录》卷一《陈梦雷传》云：

"陈梦雷，字则震，福州闽县人（梦雷，侯官人，此误），未冠成进士，时康熙九年也。选庶吉士，除编修，请假归，会耿精忠叛，以兵胁诸名士，絷梦雷及其父于僧寺中，梦雷托言有疟瘴疾，疾愈当起，而阴遣使间道入京师，陈贼中情状，兵阻不得进。有陈昉者行贼伪命，京师皆传以为梦雷也。贼平议罪，征下诏狱；证具矣。圣祖怜之，谪戍尚阳堡。初梦雷与安溪李光地为同年生，相友善，及难作，光地亦在假，梦雷潜通书，约共图贼，既光地在贼中，用蜡丸上密疏有功超拜学士，而梦雷方蹐不测，无以自明，希光地为助，卒莫能昌言救之。……梦雷才敏妙，能国书，在塞外十余年，公卿子弟，受业者众。圣祖东巡，梦雷献诗称旨，释归，命编辑《古今图书集成》。久之复缘事谪戍，卒于戍所。著有《周易浅述》八卷，《松鹤山房集》十六卷，《天一道人集》一百卷，又为《闲止书堂集钞》二卷。"

按梦雷字省斋，又号则震，此书于则震籍贯及著述卷帙，不免小有错误，但对于则震行事，则颇能持平。至李光地卖友行为，颇遭物议，虽当时人士，也不满意他，朱竹垞《彝尊杂诗》有云："君看苏子卿，岂绝李骞期？"上句说安溪的薄情，下句说则震的从贼，两不直之，就是后来同乡后进，也多不能为之祖护。清长乐谢章铤枚如《围炉琐忆》卷一云：

"《闲止书堂集钞》二卷，侯官陈省斋梦雷所著，盖戍辽左时也。前有同里黄鸑序，后有旧仆杨昭跋。中有与安溪相国绝交书，约二千余言，大抵谓平耿之策，出于省斋，而相国负心冒功，致其投荒万里，辞旨凄愤，令人泪下。先辈云：省斋是书始出，李氏子弟嘱人四处收毁，每篇酬以《安溪集》一部。然传抄者众，卒亦不能磨灭。相国坐是名望大损，不得配食两庑云。"

他又慷慨地说：

"嗟乎！宰相傥来物耳，使安溪有宰相之命，即不负省斋，亦将宰相，且即负省斋，亦不过宰相也。贪功一朝，口实千古，安溪其失计矣！君子所以严辨于义利之交者此也。"

以光地与则震为同窗至友，反目无情，转不如则震仆人杨昭，尚有患难相依之情，杨昭《跋闲止书堂集钞》有云："惟念魂销雪壑，丹书未逮夜郎；泪洒冰天，皂帽空羁辽左。是用芜检奚囊，熏翻枕秘，鸿篇千什，全梓力尚未能；猿唉三声，变徵期先助嗟！"是篇或出于则震手笔，就此也可以看出他的悲愤的情绪。近来看见清王一元《辽左闻见录》中载有：陈梦雷以三藩之变，有通敌之嫌，谪戍沈阳，以文才敏妙，为盛京（沈阳）当局重视，延之教读，从学者甚众，并为编纂辽东地方志书。在沈阳"构有云思草堂，遍植花木，以著述自娱。在戍所几二十年。康熙二十三年，圣祖东巡，献赋称旨，得以赐还，命在内廷教读。"至于陈则震在沈阳所著的《闲止书堂集钞》二卷，苏州图书馆藏有清康熙间刻本，上海古籍出版社已为之影印，流传于世，供读者阅览。

唯《清史稿》列传四十九《李光地传》云：

"陈梦雷，侯官人，与光地同岁举进士，同官编修。方家居，精忠乱作，光地使日煜潜诣梦雷，探消息，得虚实，约并具密疏，陈破贼状，光地独上之，由是大受宠眷，及精忠败，梦雷以附逆逮京师，下狱论斩，光地乃疏陈两次密约状，梦雷得减死戍奉天。"

是编虽称光地密救则震，其实不确，然而光地攘则震密疏之功，事实俱在，不能为之讳免的。因是则震无人缓颊，被罪遣戍到了沈阳，于愤恨之余，给光地写了篇绝交书，并且又作一篇诉城隍文，不能白之于人者，乃欲诉诸于天，痛诋光地，实在不能说是过激。后来还是徐乾学，代李光地上了篇营救则震的疏，则震才能释回京师。余曾得清康熙活字本《松鹤山房诗集》九卷，《文集》惜未见全本，松鹤山房的名义，是康熙帝赐他一副"松高枝叶茂，鹤老羽毛新"的对联，约取松鹤二字，即以题他的集子，乃据是书，及参互群籍，草了一编《陈则震事辑》，详述则震与光地绝交，及光地卖友的经过，兹不赘述。这里我们要说的是则震先后迁戍的情况。

据《松鹤山房集》，所撰《斌侯府君行状》《李孺人行状》及《与徐健庵书》，可约略知道则震一生行事及迁谪的梗概。则震父讳会捷，生子梦雷、梦熊、梦鹏兄弟三人。梦雷居长，少颖悟，年十二已入泮宫，年十九举于乡，康熙九年（一六七〇）庚戌成进士，官翰林编修。十二年（一六七三）癸丑返闽省亲，越明年（一六七四）三月而耿逆之变起，与李光地共商灭敌之计。十六年（一六七七）丁巳光地奔丧返里，约同入都，不复与共。至十七年（一六七八）戊午则震乃待罪入都，后数月始知有逆党告讦一事。盖以密谋请兵之事既著，为逆党所忌，故当上变时，诬入则震之名，且当时有陈昉者，授伪职，遂误指则震授伪学士，由是诬蔑之来，不能自白。十八年（一六七九）己未返闽。十九年（一六八〇）庚申，被逮坐系西曹，母卒。二十年（一六八一）辛酉四月，廷鞫论斩。二十一年（一六八二）壬戌蒙荷特旨免死谪戍奉天，次年癸亥抵沈阳。三十二年（一六九三）癸酉，父斌侯卒。三十三年（一六九四）甲戌春始得消息，时则震承京兆之命，修《奉天通志》，以故奉锦二郡皆来吊奠。三十五年（一六九六）丙子春输粟捐赎入都，未蒙俞允。六月返陪都，旋迁居白云，买许氏宅，山水清奇，不减故园风味，集中有诗，写其风景之美。未几原配李孺人积劳病卒。三十七年（一六九八）戊寅圣祖东巡，则震得觐陈诉，蒙恩召回京师，侍皇三子诚郡王读书。

以上撮拾《松鹤山房集》等书所载事实，可当作则震大事年表，也可以知道谪戍奉天大概状况，则震抵奉天与徐乾学书云：

"初夏三日，既已得主，遂入厮养之列，书生孱弱，不足以供驱策，亦稍从樏圃拥帚之事。起居拘逼，饮食不宜，百感攻心，遂至伏枕。主人怜其委顿，始许养疴僧寺，每南向望云，神色烦乱，家无儋石，菽水谁共？老母灵车，侵逼风露，刺心之痛，莫能抑遏。"

则震初抵沈阳，起居习惯，自然都感到痛苦，后来得到董京兆的优待，境遇便好起来，一般士大夫，也肯与之来往，慢慢地，人们也知道他学问之渊博，执经问业者，因之接踵而至，在他集子里可以查出来的，有上谷孙鸣玉、官某、铁式之、费定侯、席宁武、傅六平、莫宗程、关有谷。乾隆十五年（一七五〇）庚午秋闱及门预试者六人，河苍霖获隽，锡山吴生得中副车，在遐荒之中，一般士子，经则震循循善诱，都知道向学，遂开了东北治学的风气，玄烨命他侍胤祉读书，恐怕也因为这个缘故吧？则震除了教书而外，他还征辑文献，为当局修志，可知道的，就有代董京兆修的《盛京通志》，其他尚有《承德县志》《海城县志》《盖平县志》，体例都非常详备，所撰各志序目，载在集中，可算研究辽海掌故最早的人物了。

则震除了与士夫交结，他尤喜与方外为友，因为那时的和尚，有不少明季遗民，出家为僧，在无可奈何之中，度他们寂寞的岁月。有僧愿山尝建菩萨阁在郡城之西偏，苦志修行，与则震为友。又有心月上人，住在沈阳斗母宫，比则震早两年入都，到卢沟桥去闭关。还有西公和尚俗姓蒲氏，法讳某，兰陵人，参学于宜兴善权洞，康熙甲子（二十三年，一六八四）游盛京，则震恰遭父丧，西公为之诵经超度。到了康熙戊寅则震被召回都，得重晤和尚于京师，相见之下，悲欢交集，另有一番滋味。集中有《玉林和尚赞》，就是顺治时国师玉林琇，他是清初鼎鼎有名的和尚，与泰西汤若望，宏参释耶的道理，与顺治出家的问题极有关系，也与则震结了善缘。

则震以颠沛的中间，得以重返京师，玄烨命他侍皇三子诚郡王胤祉读书北园，他便于幽闲的岁月中，从事著述，纂修了一部最大的汇编——《图书编》，可以说是一部百科全书，到了雍正朝才改名为《古今图书集成》，《文集》卷二《进汇编启》略云：

"雷赋命浅薄，气质昏愚，读书五十载，而技能无一可称，涉猎万余卷，而记述无一可举，深恐上负慈恩，惟有掇拾简编，以类相从，仰备顾问。而我王爷聪明睿智，于讲论经史之余，赐之教诲，谓'三通'、《衍义》等书，详于政典，未及虫鱼草木之微，《类函》《御览》诸家，但资词藻，未及天德王道之大，必大小一贯，上下古今，类列部分，有纲有纪，勒成一书，庶足大光圣朝文治。雷闻命踊跃，喜惧交并，自揣五十年来，无他嗜好，惟有日抱遗编，今何幸大慰所怀，不揣蚊力负山，遂以一人独肩斯任。谨于康熙四十年（一七〇一）十月为始，领银雇人缮写，蒙我王爷殿下，颁发协一堂所藏鸿编，合之雷家经史子集约计一万五千余卷。至此四十五年（一七〇六）四月内，书得告成，分为汇编者六，为志三十有二，为部六千有零，凡在六合之内，巨细毕举，其在十三经、二十一史者，只字不遗，其在稗史子集者，亦只删一二，以百篇为一卷，可得三千六百余卷，若以古人卷帙较之，可得万余卷，雷三载之内，目营手检，无间晨夕，幸而纲举目张，差有条理，谨先誊目录凡例为一册上呈。"

所谓汇编者六，就是《古今图书集成》的《历象》《方舆》《明伦》《博物》《理学》《经济》等六编。后来雍正间命蒋廷锡等重为编辑，与梦雷原本，并没有多少增减的地方，这时则震在京师陪胤祉读书，康熙帝并赐他宅子在皇城以北，又于西山为他起了别墅在西郊的水村，坐拥书城，享有园林之乐，比在辽左奔走冰天雪窖的时光，要好得多了。他住的城北的房子，名叫半园，有花木亭榭之盛。《诗集》有云："赐宅在城北，此宅本华胄。扈跸诣西郊，别业多榆柳。"至于西郊的水村，《诗集》卷五《水村十二景引》云：

"水村在城西北，河流环绕，榆柳千株，旧有监司建楼，其地俗呼一间楼，后入贵戚，而台榭增设矣。吾王殿下购得，命余居之。赐河西田二顷，俾得遂农圃之愿也。续建斗阁三楹，晨夕祝圣命，余典其事。有亭供蓬莱诸仙像。知余素学内视，赐榻一，亦愿犬马之稍延残喘也。余兼置琴一张，旧曲皆忘，抚弦适意而已。钓竿一具，不必皆得鱼也。其下书室三楹，贮所著《汇编》三千余卷，校阅之暇，泛艇渡河，与田夫野老，量晴较雨乃归。方搴苇拨荇，沿河逐鹅群，听蛙鼓，闻天际笙歌隐隐，小僮吹笛和之，月已挂林梢矣。"

这是何等样的快乐，圣祖玄烨有时还到他斋中，御赐了一副对联，上边写着的是："松高枝叶茂，鹤老羽毛新。"在专制时代，能得到皇帝御赐楹联，那又是何等样的光荣，他的好朋友杨文言给《松鹤山房集》作的序文上说："修髯玉立，颇不似当日尪羸纤弱之状。"真可以说在则震一生，是他的黄金时代了。假若他晓得日盈则昃、月盈则亏的话，及早引退，遂了他请假之疏，返回故里，那也不至于有垂老重戍之厄了。可是好梦不长，盛筵难再，则震的蹇运又开始了。则震作客诚邸，最多也不过二十年，到了康熙五十年以后，废了太子胤礽，因为胤祉与胤礽相厚，胤祉也就疏远起来，未几圣祖驾崩，世宗即位，以世宗的猜忌成性，看他兄弟们如眼中钉，对于诚邸的食客，哪有不先斫去枝叶的道理？所以在世宗即位不到几个月，就下一条上谕，《东华录》雍正朝卷一云：

"康熙六十一年（一七二二）十二月癸亥谕：陈梦雷原系叛附耿精忠之人，皇考宽仁免死，发往关东，后东巡时，以其平日稍知学问，带回京，交诚亲王处行走。累年以来，招摇无忌，不法甚多，京师断不可留，著将陈梦雷父子发遣边外。或有陈梦雷之门生，平日在外生事者，亦即指明陈奏。杨文言乃耿逆伪相，一时漏网，公然潜匿京师，著书立说，今虽已服冥刑，如有子弟在京，亦即奏明驱遣，尔等毋得隐匿。陈梦雷处所存《古今图书集成》一书，皆皇考指示训诲，钦定条例，费数十年圣心，故能贯穿古今，汇合经史，天文地理，皆有图记，下至山川草木，百工制造，海西秘法，靡不备具，洵为典籍之大观，此书工犹未竣，著九卿公举一二学问渊通之人，令其编辑竣事。原稿内有讹错未当者，即加润色增删，仰副皇考稽古博览之至意。"

又卷二云：

"雍正元年（一七二三）二月庚申谕：陈梦雷罪大恶极，朕询问九卿大臣，金云陈梦雷断不可留，应即正法，朕犹将伊免死发遣。陶赖、张廷枢，竟将奉遣之犯陈梦雷二子，擅自释放，朕犹欲保全大臣，免其治罪，止以降级结案。尔等果能悛改恶习，竭力供职，一二年之中，必有诚于中而形于外者，朕自必知之。"

那时世宗把这件事看得极重，连释放则震二子的陶赖、张廷枢，都被谴责降级，谁又敢为则震说几句话呢？则震蒙东宫以《睿制诗》十首赐示，《恭纪其盛诗》三首，由诚郡王代进原序云："荏苒十有六年，年已六十有四。"时为康熙五十三年（一七一四）甲午，至六十一年（一七二二），则震年已七十有二，以白首老翁，远戍边外，再受着那绝塞荒寒之苦，恐怕是难有生还之望了！还是他老朋友李光地，看见他少年的窗友，垂老遣戍，恐怕要永留绝域，再不会给他作对了，于是大发程朱道义之心，来收他的骸骨！谢章铤《赌棋山庄集》卷七《与悭斋论安溪密疏》略云："安溪之救省斋，盖在省斋赦归之后，以白衣纂修《图书集成》，又以交结近侍获遣，安溪密救，故遗骸终得归葬，理或然云！"陈恭甫《左海文集》有《安溪蜡丸辨》，大略谓："蜡丸案与省斋无与，乃东海（徐乾学）忌安溪之才，教省斋极力诋諆，冀以脱罪，己遂从而下石焉。《闲止书堂集》《诉城隍文》《与厚庵绝交书》，皆后来诡辞耳。"这些话全是为安溪解脱，虽不惜诬蔑事实，以全安溪的令名，也就是为道学家张目。可是他诗集里面有一首吊陈省斋七律，原诗云：

"承明词客出蓬莱，弱冠青袍陷贼哀。盛宪还家空构难，江淹下狱独怜才。九原良友谁无负？绝塞荒骸诏许回。白草黄沙虚冢在，行人休拟李陵台。"

这首诗明指安溪卖友的故事，也许则震殁后，得归葬田里，是光地设法救回的。就是为光地辩护的陈恭甫对于九原负友，也不能不叹口气，以道学家而做出这种事，那真是有遗憾哟！总而言之，读书人，就是所谓士族，要不是自立不惑，抱定宗旨，自求生路的人，那么只有像方苞、李光地，委曲了本心，戴上一具假道学的面孔，来欺骗社会，自然受人欢迎，如若不然的话，只有任人讥笑好了！

（八）其他遣戍诸人

以上所说的，就是所谓士流，鉴于明廷倾覆，怀抱着恢复思想，要做抗清的运动；或者迫于不得已，应试新朝，心怀不平，发抒些闷气，致干清廷禁网，因之流责遣戍。这编我们要说的是：甚至入仕清朝，降志辱身，甘为臣仆的人，偶然为国家人民，说几句公平话，也要获得罪戾，重则杀身，轻则也要遣戍。兹将顺治以迄雍正，因言事而犯罪的臣子，或因清初时局不定，流离辽海的人，也不在少数，条述于后。

1. 当清兵初入中原，那种残酷的状态，除了厚颜无耻地去当他们的爪牙，要是稍为有点知识的人，谁也不肯投效新朝。顺治帝为了收买人心，整理局面，他不得不招徕群众，邪正兼收，用分而治之的方法来统治中国。到了江南稳定之后，时局渐安，魏党的余孽，和江南社盟的人物，慢慢地都跑来入仕清廷，那时汉族的大臣，一方面勾结满洲的要人，一方面厚植党羽，互相倾轧。北方的人以冯铨为党魁，南方的人以陈名夏、陈之遴为领袖，又重演以往的丑态。顺治帝看清了他们的弱点，而且大局已经渐入了轨道，他不必与汉人虚与委蛇了，于是他先从言官和内阁大臣做起，偶一不慎，他便把住一个小把柄，来痛责言官，加以罪名，谪戍流徙实在不算一回事情。《清史稿》列传卷三十一《李森先传》云：

"顺治十五年（一六五八）应诏陈言略曰：上孜孜图治，求言诏屡下，而迟回观望者，皆以从前言事诸臣，一经惩创，则流徙永锢，相率以言路为戒耳。臣以为欲开言路，宜先宽言官之罚，如流徙谏臣：李呈祥、季开生、魏琯、李裀、郝浴、张鸣骏等，皆与恩诏因公诖误例相应，倘蒙俯赐轸恤，使天下昭然，知上宽宥直臣，在远不遗。凡有言责者，有不洗心竭虑而兴起者乎？上责其市恩徇情，夺官下刑部，议流徙尚阳堡，上仍宽之，复原官。十七年，上命释呈祥，开生归葬，余虽系建言，情罪不同，无可宽免。"

那时大臣和言官，讨论朝政，触犯了清廷忌讳的，不外下列这几个焦点。

甲　变易满汉风俗问题。明清两代衣冠不同，风俗习惯也不一样，当清廷初统治中国，要叫汉人统统辫发左衽，是一件不可能的事，也是一件最不容易收拾人心的事。那时溧阳陈名夏，为党社的领袖，投降清朝，做了弘文殿大学士，有人问他："怎样能统治中国？"他说："要天下太平须依我两件事。"那人问他哪两件事？他说："只要留头发，回复明代的衣冠，天下就太平了！"因为这几句话被宁完我所劾，就送掉性命。

乙　满汉待遇平等的问题。满清入主中原，给满人以种种便利，满人趾高气昂，仿佛汉人只可以做满洲人的奴才。海昌陈之遴看着很过不去，他上奏折说："满汉待遇应当一律平等，满臣有罪，应当籍没财产，降革世职。"因之触犯了清廷功令，贬他到沈阳居住，后来又说他受贿交结内侍吴良辅，流徙尚阳堡，死于戍所。同时还有李裀字龙衮，高密人，顺治六年举人，考授内阁中书舍人。他上疏谏，以为："皇上为中国主，其视天下皆为一家，必别之为东人，又曰旧人，已歧为二。"因陈积弊有七，得罪皇帝，谪戍宁古塔，寻卒戍所。

丙　藏匿逃人问题。清初圈田设庄，把人民的田地，把持到官家去，做他们王子王孙的私产，又捉拿民夫，当他们的奴才。人民受不了他们虐待的痛苦，有私自偷跑回去的；结果获到了逃人，鞭挞治罪，就是私窝逃人的，也加以重罪。《清史稿》卷三十一《李裀传》云："八旗以俘获为奴仆，主遇之虐，辄亡去。汉人有愿隶八旗为奴仆者，谓之投充，主遇之虐，亦亡去。逃人之法，自此始。"清初上海人张宸，字青雕，是江南的名士，曾得到顺治帝的信任，做兵部职方司督捕主事，管理逮捕逃人的事宜，著有《督捕述》，记载说："凡在署十日，而所见闻者，鞭人、黥人，以三木刑人之胫，号声聒聒然，振于耳。"真是惨不忍睹。寿光人魏琯时官顺天府丞，看了清廷这样残酷举动，他上疏说：

"逃人日多，以投充者众，本主私纵成习，听其他往，日久不还，概讼为逃人，逃人至再，罪止鞭百；而窝逃犹论斩，籍人口财产给本主，与叛逆无异，非法之平。"

又言：

"窝逃瘐毙，妻子应免其流徙，时遇热审，亦应一体减等。"

那时的逃人，无异大地主的佃奴，鞭挞任意，实在太不人道，皇帝看了他们的奏折，反说李裀要誉市恩，夺了官爵，谪戍宁古塔，卒死戍所。

丁　以言事及文字得罪诸臣。若季开生以谏顺治帝到扬州去采访秀女，坐是落官谪戍宁古塔，这是清代言官获罪第一个人，已如上述。又如安邱刘正宗，明崇祯进士，入清官吏部侍郎。他的朋友张缙彦，为他文集作序，内中有："将明之才"，干了清廷忌讳。正宗因是夺官逮讯。魏裔介劾奏缙彦，编刻《无声画传奇》，自称不死英雄，大惑人心，有害风俗，应当论斩。经皇帝的开恩，减死抄家，流戍宁古塔。这里说的张缙彦，就是吴汉槎目为"河朔英灵，而有江左风味"的张坦公，可见坦公是一位很风雅的人物。

2. 既至康熙季年，废了太子胤礽，他的诸弟胤祉、胤禛等兄弟阋墙，闹了不少家务，结果胤禛胜利，康熙殁后，胤禛入继大统，就是雍正皇帝。他素以苛察为明，惨忍成性，首先要除掉的就是为他篡夺政权，培植党羽，出力帮忙的他的亲娘舅顾命大臣兼九门提督隆科多，和封疆大臣年羹尧。要灭除图谋篡夺政权的痕迹，首先必须把他们除掉。他说，隆科多与年羹尧交结专权，诸事欺隐，以顾命老臣，免其正法，于畅春园外筑屋三楹，永远禁锢，妻子免入辛者库，岳兴阿夺官，其子玉柱发黑龙江。雍正六年（一七二八）六月，隆科多死于禁所。我们知道，陈梦雷以依附胤祉重遭迁徙，由是可知当隆科多、年羹尧专权擅政的时代，攀龙附凤的人，一定不在少数，当时经年羹尧推荐的，就叫作年选，那时被推荐的人，也是声势煊赫，轻裘怒马，自鸣得意；谁知道不到几年工夫，冰山既倒，他们依附的人们也就随之受了重谴。例如查嗣庭，他是受隆科多推荐，坐悖逆诛死，就是其中的一个。如今所说的是因隆科多、年羹尧之狱，牵连被诛，至其家属流徙到关外去的人物，略举于下。

甲　汪景祺《西征随笔》狱。景祺杭州人，随年羹尧为记室，羹尧为人告讦，大逆罪中，有见汪景祺《西征随笔》，不行参奏等语，旋由刑部等衙门议奏。据《东华录》：

"雍正三年（一七二五）十二月辛巳，得旨：汪景祺作诗讥讪圣祖，大逆不道，著将汪景祺立斩枭示，其妻子发遣黑龙江，给与穷披甲为奴。其期服之亲兄弟、亲侄俱著革职，发遣宁古塔，其五服以内之族人见任、及候选候补者，俱著查出，一一革职，伊本籍地方官约束，不许出境。"

现在汪景祺所著《西征随笔》已由故宫博物院印出，不过语涉旅店狎妓，近于秽亵，实在没有多大触犯忌讳的地方。

乙　查嗣庭文字狱。嗣庭浙江海宁人，为隆科多所推荐，官内阁学士，后任命为江西正考官，所出试题为"维民所止"，忌恨他的人，谓维止二字意在把雍正二字去了头，含有诬蔑朝廷不遵国法的意思，胤禛非常的生气，连忙下了道上谕，《东华录》云：

"雍正四年十二月乙卯，今阅江西试录，所出题目，显露心怀怨望，讥刺时事，料其居心浇薄乖张，平日必有记载，遣人查其寓所及行李中，则有日记二本，悖乱荒唐，怨悱捏造之语甚多，又于圣祖用人行政，大肆讪谤。……今若但就科场题目，加以处分，则天下之人，必有以查嗣庭出于无心，偶因文字获罪，为伊称屈者，今种种事迹见在，尚有何辞以为之解免乎？"

结果，嗣庭瘐死狱中，戮尸枭示，并其兄慎行、嗣琛，遣戍有差，其子坐死，家属流放。胤禛遂慨然地说道：

"浙江风俗浇漓，像嗣庭这种人，尤玷辱科名，著停浙江乡试会试，以示儆戒。"

其余若谢济世、陆生枏狱案，以不在遣戍之列，故不赘述。

丙　吕留良以曾静文字狱戮尸。留良字用晦，号晚村，浙江石门人。他是程朱派的理学家，富于革新思想，尽人皆知，身后为曾静文字狱所累。缘晚村没后四十年，湖南永兴县有号称蒲潭先生曾静这个人，他读晚村遗书，明于夷夏之辨，深慕他的学问，就派他的学生张熙，到晚村家中访他的遗书。晚村子葆中等，把父亲的遗书捧出来给他，里边全是排满的话，更加钦慕，就与晚村弟子严鸿逵、沈在宽往来甚密，赋诗酬答。到了雍正初年，曾静认为有机可乘，就遣他弟子张熙，到川陕总督岳钟琪那里去，游说他起兵抗清，事为钟琪奏闻。讼狱连年，至雍正十年（一七三二）判决：吕留良、吕葆中、严鸿逵均戮尸枭首，吕毅中、沈在宽皆被斩决，孙辈发往宁古塔，给披甲人为奴。桐城孙学颜序留良书，与周敬舆、车鼎丰、鼎贲、黄补庵等同弃市。曾静教他去宣传《大义觉迷录》，却逍遥法外。但晚村孙辈流戍宁古塔，各书记载，多语焉不详。唯章炳麟《太炎文录续编》卷六《书用晦事》云：

"……用晦本豪杰，祖父为明淮府仪宾，家既给富，北都亡，年始十六，散万金以结客，往来铜炉石镜间，窜伏林莽，数日不一食，事竟不就。清顺治初为怨家所讦，从子亮功论死，而用晦得脱，为保宗计，始易名光轮，出就试，至清康熙五年，仇复事定，乃弃诸生。……用晦举事既不就，以被迫应童子试，旋即弃去，其名留良，取子房报韩义，观其诗率为故国发愤，时若犷厉，要非可以饰为者，继志述志，不得之于其子，而得之于弟子严鸿逵、沈在宽，则其所不意也。要之侠士报国，其人足重；朱学科举，皆非其素志云。用晦长子公忠，小字大火，后改葆中；次子毅中，小字辟恶。曾静事起，用晦与葆中皆戮尸，毅中处斩，诸孙皆戍宁古塔。后以他事，又改发黑龙江，隶水师营。民国元年，余至齐齐哈尔，释奠于用晦影堂，后裔多以塾师、医药、商贩为业。土人称之曰老吕家，虽为台隶，求师者必于吕氏，诸犯官遣戍者，必履其庭，故土人不敢轻，其后裔亦未尝自屈也。初开原铁岭以外，皆故胡地，无读书识字者，宁古塔人知书，由方孝标后裔谪戍者开之（按杨安城启发最深，不仅孝标一人）。齐齐哈尔人知书，由吕用晦后裔谪戍者开之，至于今用夏变夷之功亦著矣。"

　　吕氏后人遣戍，严沈两家子弟，也应当谪遣，前人记事，恐已失载。吕氏后人，重发黑龙江，亦犹如祁班孙、吴汉槎的北徙乌喇，充当水兵一样，土人称为老吕家，是东北人称呼人一种习惯，如姓王的，就叫他作老王家，通常都是如此。至吕氏之著名东省，我尝听见到齐齐哈尔的朋友，都这样说过，一点也不错的。

　　3. 除以上所举顺、康、雍三朝，因言事或文字狱获罪遣戍诸人而外，在康熙的季年，还有朱三太子一案，即上章所述饶阳令李光远，以明崇祯三太子定王案株连遣戍伯都讷的故事。光远蓬莱人，《清稗类钞》作方远，于路氏筵席中间，晤浙中名士张潜斋，看见他丰标秀整，议论风生，遂与订交。后来请到他家，教他诸孙读书，未几张潜斋被捕，光远也因之牵连入狱，才知道张潜斋又名王士元，实即朱三太子，名慈焕，因游览江湖，所以屡改姓名，恐被人发觉，并没有什么谋反的行为，然而终被山东抚军所逮捕了。械送杭州，严加审讯，遂成了定狱。 《东华录》云：

"康熙四十七年（一七〇八）六月乙丑，九卿遵旨再议复侍郎穆旦所审浙江贼犯朱三，即王士元等，仍照前议立斩，朱峑等三十三人，内董克昌等二十六人，改发宁古塔，僧洞然仍监候，秋后处决。江南贼犯钱保等五十人，仍照前议，其立斩张世侯等四十二人内，张世侯、徐四，仍即处斩，王齐七等四十人改发宁古塔。得旨，匪类称朱三者甚多，著将朱三即王士元，伊子朱烑、朱峑、朱壬、朱在、朱坤、伊孙朱钰宝等，带京城问明正法。僧洞然依拟应斩，秋后处决，余俱从宽免死，并伊等妻子，发往宁古塔。江南贼犯案内钱保、王柏等俱凌迟处死，张世侯、徐四依拟立斩。施先等四十七人拟凌迟处死者，俱著改为立斩，余俱从宽免死，并伊妻子，发往宁古塔。"

据《清稗类钞》是案牵连者共百余名，数目相当可观，遣戍人犯分三起充发，一为宁古塔，二为齐齐哈尔，三为伯都讷。《东华录》不载李光远姓名，亦不载朱三太子，又改名张潜斋，想系是遗漏了。

按朱三太子一案，从康熙初年，各地农民群众，多有假借着朱三太子的名义，起义抗清的。如清初在北京城内有杨起隆（即朱三太子的化名）起兵一案，就是一个例子。其后河南各地，多有假借朱三太子名义起义，连续不断。到了康熙四十七年终于爆发了宁波四明大岚山僧徒张念一、张念二等打着朱三太子朱慈焕的旗号起兵抗清的事迹。见于《故宫旬刊》、孟森《烈皇殉国后纪》记述得甚详，可以参考。

4. 当明崇祯末年，畿南保定一带，早被清兵蹂躏得不像样子，有不少人被清兵俘掠到关外，还有清兵入主中国，圈田之令下来以后，也有不少农民，跑到东北去。若清初名儒颜习斋（元）先生的父亲，就是在崇祯间被清兵掠去的其中一个，王源撰《颜习斋先生传》云：

"习斋先生名元，字浑然，博野人。父昶为蠡县朱翁义子，遂姓朱，为蠡人。先生孕十四月而生。崇祯戊寅（一六三八）畿内兵，先生父被掠，去辽东。甲申（一六四四）鼎革，癸巳（一六五三）为邑庠生，名朱邦良。先生幼颖异，读书二三过，辄不忘。学神仙道引，娶妻不近，既而知其妄，乃益折节读书。年二十余尊陆王学，未几归程朱。初先生父被掠去，久之无音问，母亦他适，先生时思父涕泣，而事朱翁媪至孝，初不知父非朱氏子也。翁纳妾生一子晃，稍疏先生，后更谗害，谋杀之。先生孝思益笃，媪卒，泣血数月，哀毁几殆，朱氏一老翁怜之，私告其故，先生大惊，访之信，及翁卒，乃归颜。"

李塨《颜习斋先生年谱》述习斋寻父之事甚详，兹摘录其大要如次：

"康熙甲子（二十三年，一六八四）年五十岁，决计寻亲，四月八日只身起行，如关东寻父。

"乙丑（二十四年，一六八五）年五十一岁，二月二十日入海城，二十五日入辽阳，俱帖报帖，遍谘询不得。三十日复返沈阳，三月三日拟东往抚顺。四日有沈阳银工金姓者，其妇见先生报帖，类寻其父者，使人延先生至家，问先生寻亲缘故，先生泣诉，妇惊泣曰：此吾父也。先生乃详问父名字、年貌、疤识皆合。妇又言，父至关东，初配王氏无出，继配刘氏生己。曾以某年逃归内地，及关被获，遂绝念。康熙十一年（一六七二）四月十二日卒，葬韩英屯。因相向大哭，认为兄妹。先生又出遍访父故人，言如一，八日乃定税服立主，恸哭，识交皆来吊奠，人人叹息称道。四月朔奠先奉主归。是日妹及妹夫金定国、识交等俱远送，五月五日送至博野七里庵。"

此为习斋间关寻父的故事。还有跋涉冰雪，出关寻弟弟的事情。清初山西稷山县有一位吴伯宗，自幼丧了父母，有两个幼弟，患难相依，有一天他两个弟弟同时失去了，过了几年，才发觉他两个弟弟，一个在北京为高姓的仆人，一个跑到关外，在宁古塔将军部下充当奴才，伯宗不惮路途遥远，把他两个弟弟都接回来，见俞樾《荟蕞编》引李光地《榕村集》，文不具录。这也可见伯宗笃于友于之情了。

以上所举的，是从顺治到雍正，谪戍东北流人片段的记载，其中遗漏，自不能免。这些人，都是单车就道，或者携带眷属，来到东北荒寒的地方，久之才成了一个部落。还有自顺治以后山东和河北的老百姓，成群结队到东北去的也不在少数。据《宁安县志·人物》：“顺治时移内省老民四十八家，至宁古塔，设置十三官庄，给田以耕。”至于投充旗下为奴，或流徙大批流犯，到边远的地方，尤为数见不鲜。《黑龙江志略》卷三云：“昔康熙年间，命盗重犯，减等发遣黑龙江，分别当差为奴，至数千人。”这些流人，到东北去繁衍生息，无怪乎东北的人民，突然增加起来了。开发东北的多半是劳苦大众；但是缙绅士夫对于发展东北文化，也起了一定的作用。总之，在清初时代，关内的人民，背乡离井，被罪流徙，跑到冰天雪地，绝塞荒山的地方去，总是一件叫人不快的事情，我还记得某家笔记里面，有送友人出关诗：“马后桃花马前雪，教人那得不回头。”遥遥前征，怀念故乡的情况，可以于此概见。

（九）结论

我们上章所述的，清初历年流徙的人物，用那些可歌可泣的故事，先民以往的事迹，给读者以大批人口移徙东北的一个概念。我想清初这种流人迁戍制度，无异古代的实边，借着流去大量罪人和无辜的人民，来繁荣荒凉的边区，由清代的记载里面，我们推测清初迁民，约可以分为三期。

当清太祖努尔哈赤氏发迹东北，以十三副铠甲起家，在黑水白山之间，人迹罕到的地方，吞并了叶赫、哈达诸部落，做了建州的酋长，兵械粮饷，并不是怎样的充足，虽然精悍勇敢地到开原铁岭，往前推进；但是被明将杨镐、熊廷弼屡次猛攻，军队人民，损失不在少数，时有补充的必要。无奈明廷运用失宜，节节后退，到了崇祯十二三年（一六三九——一六四〇）间，松山之役战败以后，满洲的军队，长驱入关，近畿迁安、密云一带，已成了铁骑出没之区，京城到处受了包围，形成了孤立之势。铁蹄所至，到处奸淫掳掠，无所不为。据《东华录》所载：清天聪九年（崇祯八年，一六三五）清军在山西北部掠去人畜七万六千。崇德元年（崇祯九年，一六三六）在畿辅俘虏人口十八万；崇德四年（崇祯十二年，一六三九）在直隶、山东一带俘获人口四十六万；崇德八年（崇祯十六年，一六四三）在山东俘获人口三十六万九千。由这四次掠掳所俘获去的人口，都安插沈阳各处，来充实他们的力量，虽然所说的数目，恐有夸辞，但是掳掠人口到东北去，是一个可靠的事实。颜习斋的父亲，在崇祯十四年被掠到辽东去，就是其中一个例子，我们可以说这是迁民第一个时期。

到了顺治元年（一六四四）清兵入关，定鼎北京，立了圈田、设官庄的制度，把关中的人民，移置到宁古塔一带，设立官庄，分给田地，令他们耕种，做生产积极的准备。那时迁民的办法，把犯罪的囚犯，派到旗人名下，披甲为奴，做种田的工作。如有自愿去种地的，就充作庄丁；还有带着地去投靠，就叫作带地投充。可是清廷鼓励他们去当庄丁，但不许他们回来，无异在大地主底下永远做佃奴。如果他们偷跑回来，这就叫作逃人，定了很重的罪，如获到逃人，鞭挞一百，发还原主为奴，但窝藏逃人的人家却要论斩，这样不平等刑罚，至今令人闻之，还是不寒而栗。如清顺治初迁关中老农四十八家，到宁古塔庄田里去耕地，可以说是迁民的第二期。

清代初年，初入中原，顺治帝急于要收拾人心，来讨好汉族，他不得不用分而治之的办法，起用明代臣子，来做清朝官吏。既至天下稍定，他慢慢地信不过这一般投降的贰臣了，先从言官来开刀，于是李呈祥、季开生、魏琯等，首当其冲，谪戍到塞北。他又想对于这一些思想不良的读书人，不立威不足以慑服他们反叛的心理，于是借科场和文字狱等等的案子，来杀一以儆百，谁碰上算谁倒霉，所以像吴汉槎、孙旸、祁班孙这一流人物，都谪戍到关外去，不然他们的罪名原是要杀头的，流戍东北，还说是皇上的开恩。那些案子里面，像龙眠方氏之全家流徙，朱三太子一案牵连发遣到关外各地方去的，共有二三百人。在康熙十五六年（一六七六——一六七七）间，流谪到宁古塔去的中土人民共有千余家。其他如黑龙江、齐齐哈尔一带，迁民何止数千人，一直到乾隆初年，缙绅士夫改谪新疆为止。虽然乾嘉而后，还有迁流到东北去的人，已不在这篇范围以内，故不述及。在这时候的迁民，我们可以说是第三期。

总括三个时期，假如我这个推测不错的话，那么，清初谪戍实在是一个迁民实边的政策，谪戍到东北去的人，至少也要在数十万人以上，其中流离道路，穷死异乡，更不知牺牲了多少人民。但是也有些无名英雄，在黑水白山中间，与当地的兄弟民族，携手并进，发展生产，重新建设了一番辉煌的事业，给人民谋了不少的福利；可是史阙无征，就因之姓名也无从查考，这实在是一件可惜的事情。不过像吴汉槎、杨安城诸君，他们身来绝域，有些名公巨卿，来点染他们的事迹，流戍东北这件事，遂为国人所注目了。

的确，在江南水乡的人民，走到较落后的东北，真是一件最痛苦的事情，走过了绝塞荒山数千里，遥远的路程，冰天雪地，晴天还要飞着雪花，崎岖的路上，看不见车尘马迹，穿过了无边的窝集（树林子），偶一不慎还要掉到泥潭里去，就是到达了戍所里，又任人鞭挞，居住在土屋土炕上，远离乡土，举目无亲，吃不到莼鲈滋味，回想江南故园风光，如在目前，是怎样凄惨的情况呀！然而人类是能克服自然的，只要理智充足，群策群力，无论任何困难的环境，以我们的力量，总可以打破沉寂，开辟新局面，所以经吴汉槎、杨安城诸君，来到宁古塔不到十余年的工夫，与昔日的荒凉的状态，便迥然不同。《宁古塔纪略》云："近来汉官到后，日向和暖，大异曩时。满洲人云：此暖系蛮子带来，可见天意垂悯流人，回此阳和。"是气候也温暖起来，物产也丰富起来，把游牧时代的满洲，变成了农产丰盛的名都，这都是我们流徙东北的人们和当地居民，其中包括满族人民多年经营、创获所得的结果，对于开发吾国东北，无异得到下列几种影响。

1. 民族精神的团结。在顺治以前所去的流民，都是些穷苦无告的农民，充当庄园的佃农，或当旗人的奴才，任人鞭打，死了也无人可怜。自从僧函可、吴汉槎、杨安城来到东北，他们都是岭海江南的名士，少年都入过社盟，知道必须团结，所以僧函可在沈阳立了冰天诗社，吴汉槎在宁古塔立了七谪之会，把谪戍的士夫，都联络在一起，名作诗酒之会，而实在是同气连枝，在患难中间，无形中得到一种安慰，彼此就可以互助，满族人见他们彬彬有礼，知识学问很高，也不敢像以往待遇流人一样，虐待轻视，而且物质上、精神上都得到他们协助的利益，遂立定了汉族和满族人民在东北共同协作的基础。

2. 商贾之云集。物产丰富的东北，农产而外，貂皮人参，为宁古塔出产最主要的货物，其他出产物品尚不知有凡几，但是当地居民的生活，非常简单，他们不知道贸易，一切起居服用，都很简陋。杨安城初到宁古塔，曾教他们建筑房屋和垒土为炕等事，并教他们拿粮食来换日用物品，慢慢地才知道贸易，已见上章所引《杨安城传》。杨宾《柳边纪略》卷三云：

"陈敬尹为余言，我于顺治十二年流宁古塔，尚无汉人，满洲富者，缉麻为寒衣，捣麻为絮。贫者衣狍鹿皮，不知有布帛，有之，自予始。予曾以匹布易稗子谷三石五斗，有拨什库得余一白布缝衣，元旦服之，人皆羡焉。今居宁古塔者，衣食粗足，则皆服绸缎，天寒披重羊裘或猞猁狲狼皮，惟贫者乃服布，而敬尹则至今犹布袍，或著一羊皮缎套耳。"

但是自从吴汉槎等来到宁古塔以后，因道路通畅，人口增加，不到二十年工夫，风俗习惯大与昔日不同，汉槎《寄顾舍人书》云：

"宁古塔自（康熙）丁巳后，商贩大集，南方珍货，十备六七，街肆充溢，车骑照耀，绝非昔日陋劣光景。流人之善贾者，皆贩鬻参貂，累金千百，或至有数千者。惟吾侪数子，以不善会计，日益潦倒，然弟亦不能弃捐笔与酒削卖浆逐锥刀之利，短褐藜羹，任之而已。"

吴桭臣《宁古塔纪略》云：

"后因吴三桂造逆，调兵一空，令汉人俱徙入城中，予家因移住西门内，内有东西大街，人于此开店贸易，从此人烟稠密，货物客商，络绎不绝，居然有华夏风景。"

杨宾《柳边纪略》云：

"康熙十五年（一六七六），移宁古塔将军镇之。中土流人千余家，西门百货凑集，旗亭戏馆，无一不有。"

久之，汉人做买卖的，因获到经济的实权，遂居上位。《柳边纪略》又云：

"凡东西关之贾者，皆汉人。满洲官兵贫，衣食皆向熟贾赊取，俟月饷到乃偿直，是以平居礼貌，必极恭敬；否则恐贾者之莫与也。况贾者皆流人中之尊显而儒雅者，与将军辈皆等夷交，年老者且弟视将军辈，况下此者乎！"

这样的贾人得到达官显宦的重视，宜乎汉槎有短褐藜羹之叹了。

3. 农产之发达。宁古塔一带，土地本来肥饶，出产也很丰富，吴桭臣谓："虽山蔬野薇无不佳者。"但当清初东北的土民，尚属半游牧时代，并不甚注意耕种，顺治帝之设立庄田提倡耕耘，其原因也在于此。《清会典事例·奉天府职掌治赋》条云：

"康熙二十六年（一六八七）定，奉天旷土甚多，令府尹广置官庄，多买牛种，酌量发遣之人，足应差使外，余尽令其屯种，所收米谷，依时丰歉，设立官仓收储。"

康熙初年，东北流徙人民，大半从事农商。至于种植菜蔬之法，亦由汉人教之。《宁古塔纪略》云：

"余家在东门外，有茅屋数椽，庭院宽旷，周围皆木墙，沿街留一柴门，近窗牖处俱栽花木，余地种瓜菜，家家如此，因无买处，必须自种。"

后来宁古塔本地人也知种菜蔬了。汉人并教他们采蜜之法，《纪略》云：

"采樵者，于枯树中得蜂窝，其蜜无数，汉人教以煎熬之法，有蜜有蜡。遇喜庆事，汉人自为蜡烛，满洲人亦效之。"

自此而后，东北之农产丰富，大豆、高粱，尤为特产，而他们的习俗，渐渐地和关内一样了。

4. 文化之进展。当清初宁古塔以北，荒寒地带，文化落后，自杨安城教他们建筑房子，货物贸易，人民渐渐地也知道了耕种收获等事，不仅以渔猎为业，那时候的人民已经很满足的了。安城君说："这还差得远呢，我们所应当办的，就是要先知道'礼教'。"因之安城君教他们识字念书和礼义退让的节度，当地居民非常的钦佩，就称他为杨长者。那时宁古塔只有杨安城带来的几本图书，《柳边纪略》又云：

"宁古塔书籍最少。惟余父有五经、《史记》《汉书》《李太白全集》《昭明文选》《历代古文选》。周长卿有《杜工部》《字汇》《盛京通志》。呀思哈阿妈有《纪事本末》。车尔汉阿妈有《大学衍义》《纲鉴白眉》《皇明通纪纂》。"

虽然很简陋的几本书，已经为当时人所看重，互相欣赏。吴汉槎到宁古塔来也带几本书来，可惜老羌之役，副都统强迫他到乌拉当差，失去了不少。幸亏将军巴海把他放回来了。巴海虽是满洲武人，却看重了汉槎，很佩服他的学问，就延到署中教他的两个儿子，长名额生、次名尹生读书。自从汉槎为将军器重，一般人士都来请业问学，遂以馆谷为业。《宁古塔纪略》云：

"乃皇天默佑，荷戈二十三年，百冷辟易，疾疢不作，所遇将军固山，无不怜其才，待以殊礼，穷边子弟，负耒传经，据鞍弦诵，彬彬乎，冰山雪窖之乡，翻成说礼敦诗之国矣。"

杨宾称其父云："先子谪居久，变其国俗，不异于管宁王烈之居东，宁古塔人，至今思之。"大概读书人流戍到东北的，都以教书为业，像陈梦雷在沈阳也是聚徒讲学，成才甚众。尤其是吉林文风，到现在还是很盛，也是吴杨两君在宁古塔教化的功劳吧。除了士夫而外，还有许多名僧，也来到东北，提倡教化，如函可之大阐法教，创立了普济、广慈、大宁等七座大刹，收了法徒约六七百众。在沈阳的和尚，有愿山和心月上人，见于陈梦雷《松鹤山房集》。在宁古塔的，据《宁古塔纪略》，有僧人静今，因事遣戍，建观音阁，夏秋之间，迁客骚人，多来庙里游玩，与吴汉槎为友。我看静今，恐怕是今静，也许是函可的弟子吧。

我们由文化、宗教再谈到戏剧，前章所说的张坦公缙彦，他曾作过一部传奇，名《无声画》，他是拍曲的名手，当遣戍宁古塔时，虽楚囚对吟，过着谪戍的生活，但仍是豪兴不减。《柳边纪略》云：

"康熙初，宁古塔张坦公有歌姬十人，李兼汝、祁奕喜教优儿十六人，后皆散。今惟有执倒剌而讴者，而山东卖解女子，则于己巳年一至云。"

这可见他们虽在戍所，还有闲情逸致，到底是缙绅士夫，非寒士所能办到，然而昆弋名曲，下里巴人，都流传到塞北了。

综合以上四点看来，吾国先民，流徙东北，与当地的兄弟民族共同努力，苦心经营，煞费了无限的心血，由榛莽的地带，渐渐变成繁盛的区域，实非一朝一夕，所可想象而能办到的。直至九一八前夕，东北的物产、工业、交通、建筑都很发达，就是吾国腹地的江南，也要望而却步，中间虽经强邻的觊觎，日本的攫夺，东北的人民时刻忘不了祖国。自解放以来，祖国的建设突飞猛进，东北的工商业林立，社会经济日见繁荣，就与以前的情况更大不相同了。

（十）余记

是编既已草成，已经付印，恰又得到一些材料，足以补是书未完备的地方，因为条述于后。

1. 吴梅村之出仕新朝，实由于陈之遴援引。之遴得罪遣戍，梅村旋亦引退，白纸上徒沾染上许多污点，这真是一桩不值得的事情。《梅村集》中有《咏拙政园山茶诗》即为之遴而作，含有无限的感慨。可是之遴为海宁巨族，一门风雅。之遴的夫人徐明霞，也能诗词，善绘佛像。沈铭彝《孟庐杂记》卷二云：

"海宁陈彦升相国之遴，崇祯丁丑（一六三七）进士，榜眼及第，入清官至宏文院大学士，以事株累，谪戍塞外。母太夫人，及兄弟偕行。吴梅村祭酒诗所云'生儿真悔作公卿'也。后已赐环，有疑其与中使往还者，乃再谪，竟没戍所，诸子亦先后摧折。夫人徐氏，于康熙十年（一六七一）九月圣祖谒陵，跪迎道旁，手疏面陈，上曰：'岂有冤乎？'夫人曰：'先臣惟知思过，岂敢言冤；伏惟皇上覆载之仁，俯赐先臣归骨。'因得旨命家属扶榇还，时相国没已五年矣。夫人名灿，字明霞，号湘苹，吴县人，光禄丞子懋女，幼通书史，工诗词，尝手自编次，题曰《拙政园诗余初集》。及相国遭谴，夫人布衣练裳，不留一字落人间矣。性至孝，手写大士像五千四十又八，以祈母寿，晚年皈依佛法，更号紫䃏。有《青玉案》词云：'伤心误到芜城路。携血泪、无挥处。半月模糊霜几树。紫箫低远，翠翘明灭，隐隐羊车渡。鲸波碧浸横江锁，故垒萧萧芦荻蒲。烟水不知人事错。戈船千里，降幡一片，莫怨莲花步。'"

若之遴的夫人徐氏，所作的词，所绘的大士像，在无可奈何之中，抱有一腔幽怨，也是个有心的人。

2. 杨大瓢的著述，已如上章所述，是文草成后，余又见《杨大瓢杂文》残稿一册，为《吴中文献小丛书》铅印本，《吴中文献小丛书》纯为汇辑闲情逸致的作品，可是这本书却保存了不少明季清初史料。据是书所载，大瓢所著书的叙录，除上编所记的而外，尚有《金石源流》《存疑录》《睎发堂诗稿》《糊口编》等书，是大瓢的著述，身丁国难，后人不加爱惜，散佚得不少了。

至山阴祁氏通海一案，我曾搜辑遗事，草有《清初通海案》一文，我不过钩稽排比，作一个有力的假设，所据的事实，以全祖望《鲒埼亭集》为多。然谢山所撰《祁六公子墓碣》《魏雪窦祝版文》，又不载杨春华越和李兼汝甲的遗事，记载未能完备，不无遗憾。叶廷琯《鸥波渔话》《吹网录》所记杨安城、李兼汝的事迹，也叙说不详，既读《大瓢杂文》残稿，才知道叶氏即取材于是编。可是这本残稿，是据道光二十九年（一八四九）太仓季锡畴传抄本；而叶廷琯氏也是见季氏抄本而记下来的。于是这些谀闻遗事，流传起来的线索，可以大明了。

关于山阴祁氏通海一案，各家记载，都若隐若显，在当时本来是一桩秘密结合革命的运动，自然不敢彰明昭著地记载，但是大瓢残文里面记得非常详悉，他的著述，未能流传，恐怕也在于此吧。大瓢所著《祁奕喜李兼汝合传》云：

"慈溪魏耕以诗名，于时为兵部侍郎张煌言结客浙东西，班孙留之寓山，或经年不去；而先府君亦时时过寓山，与耕语。当是时，煌言与郑成功，虽自南都败还，而桂王尚在滇，浙东名士，皆水田衣，荷叶巾，或毡帽，缀玉钿，若密结于旁，曳朱履，竞以气节相尚，无所顾忌；而秀水吴祖锡（辖）则奉永历，耕则主煌言，皆阴结客；而萧山李甲，归安钱缵曾，与班孙皆祖锡、耕之所主也。"

要不是有大瓢这样的明显的记载，浙东通海起事诸人的事迹，像吴祖锡、李甲诸君的事迹，一定要湮没而不彰了。至其记祁奕喜遗事，则云：

"……狱成，班孙、甲、府君皆戍宁古塔。三年，班孙赂其守将脱身去，至苏州虎丘，大会宾客，一月乃归。明年事闻逮捕，班孙，下发苏州尧峰为僧，号曰咒林明，说法常州马鞍山，家信至，不发，对众焚之，遣其奴归曰：'嗣后不须来矣！'班孙喜谈议，儒释家书莫不通，尤善言革代事，至乙酉、丙戌（一六四五——一六四六）间，辄掩面欷歔，而不能止，常人多疑其为大臣，而不知其前中丞子也。岁癸丑（康熙十二年，一六七三）十一月十一日沐浴跏趺而逝，逝年三十九，无子，所著有《东书堂集》行世。"至《李兼汝传》云：

"李兼汝名甲，萧山诸生也，好结客，萧山为绍兴门户，四方宾客过其地，虽深夜叩门，无勿留者，有缓急必倾身为之，不计利害，以是浙东西名士，以恢复为言者，甲莫不识之。壬寅春，缵曾遗其妻书，以幼子属府君。及甲书为逻者所得，下狱，狱成，耕、缵曾皆死，甲携其妾，同府君、班孙徙宁古塔。甲负气，又老不能自活，依府君以活，久之妾又死，思归，日夜泣。

是时守将以班孙遁，故出入必稽，不敢行。明年甲益不欲生，府君患之，乃以大瓮覆牛车，而匿甲瓮中，令仆御以出，而亲送之至扬子河，甲乃行。然不敢归其家，暮叩祖锡门，不遇，遇祖锡仲子濩，濩匿之苏州光福山。壬子（一六七二）秋，其子日焜、日耀举于乡，乃归，至杭州殁。子三，伯仲日焜、日耀也，季日日煜。又三年，班孙乃殁。”

以上两则，据大瓢所著《祁奕喜李兼汝合传》，深可以补全祖望《鲒埼亭集》之未备。这些事都是大瓢听他父亲的庭训，或身与其役，自然较得诸传闻的记载要确实得多了。就是清初一般志士那种奋勇节烈的行为，也可于此概见。

我想清初人士，怀着革新思想，被清廷统治阶级的压迫，遣成到东北去，定不止仅如上述的这些人。大瓢所著《府君画像记》云：

“丁卯（康熙二十六年，一六八七）秋，吴江周昦画于宁古塔，而府君题诗其上，以示不孝宾也。诗曰：‘卧龙山畔镜湖湄，梦见乡关觉后悲。谁道完颜城上月，年年犹得照齐眉。’时年六十有六。”

“梦见乡关觉后悲”，这是何等凄凉的状况！而且由此章看来，遣成诸人，不但有文士，而且有画家，于是知无辜被放的人，定不知有多少，这不过举其荦荦大者罢了。

一九四七年十二月五日草成于上海十六铺寓庐。

一九四八年曾由上海开明书店印行单行本。

一九八一年一月二十六日重改定于北京。

附录：清初东北流人迁徙年表

纪年		干支	公历	纪事
明	清			
崇祯八年	天聪九年	乙亥	一六三五	清军在山西北部，掠往辽东人口七万六千。
崇祯九年	崇德元年	丙子	一六三六	清军在畿辅，俘掠人口十八万。
崇祯一二年	崇德四年	己卯	一六三九	清军在直隶山东一带，俘掠。
崇祯一四年	崇德六年	辛巳	一六四一	颜元父昶被清兵所掠，流往沈阳。
崇祯一六年	崇德八年	癸未	一六四三	清军在山东俘获人口三十六万九千。
崇祯一七年	顺治元年	甲申	一六四四	李自成破京师，崇祯帝自缢，清兵入关，北都不守。福王由崧立国南京，僧函可闻难趋赴，潜至南京，主顾梦游家。唐王聿键，即位福州。
弘光元年 隆武元年	顺治二年	乙酉	一六四五	僧函可作私史，事发，流徙沈阳。
隆武二年 鲁监国元年	顺治三年	丙戌	一六四六	鲁王以海，监国舟山。

续表

纪年			公历	纪事
明	清	干支		
监国二年 永历元年	顺治四年	丁亥	一六四七	桂王由榔，即位肇庆。
监国七年 永历六年	顺治九年	壬辰	一六五二	方拱乾以科场挂误，谪戍宁古塔，十一年放归。科场之议起，进士首名程周量被黜。科场之狱，遂祸及丁酉。
监国八年 永历七年	顺治十年	癸巳	一六五三	李呈祥以条陈部院衙门，应裁去满官，专用汉人，流徙宁古塔。
永历八年	顺治一一年	甲午	一六五四	李裀论严治逃人之弊，免官，安置尚阳堡。 《宁安县志》："顺治时移内省老民四十八家，至宁古塔，设置十三官庄，给田以耕。"农民流离关外，逃归者多，清廷严治逃人，兼及窝主，当在此时。 陈名夏论留发复明衣冠，论斩，其子被臣流徙关外。

续表

| 纪年 | | 干支 | 公历 | 纪事 |
明	清			
永历九年	顺治一二年	乙未	一六五五	季开生上疏杖责买江南女子入宫，下刑部狱，杖赎流徙尚阳堡。魏瑁论窝藏逃人瘐毙，应请减等治罪，坐夺官流徙辽阳。
永历一一年	顺治一四年	丁酉	一六五七	科场事发，南北闱主考官分别治罪，顺天考试官李振邺、张我朴等，论斩，家属流徙尚阳堡。士子吴兆骞、孙旸、陆庆曾、钱威等，俱著责四十板，家产籍没，父母妻子流徙宁古塔。河南主考黄铉、丁澎等，落职，俱著责四十板，流徙尚阳堡。
永历一二年	顺治一五年	戊戌	一六五八	吴兆骞、孙旸等赴戍所。方拱乾以顺治丁酉科场案流徙宁古塔。陈之遴坐贿结吴良辅，夺官，流徙尚阳堡。

续表

纪年				纪事
明	清	干支	公历	
永历一三年	顺治一六年	己亥	一六五九	郑成功与张煌言军，北抵镇江，事平。成功父芝龙，及其弟芝豹，发遣宁古塔。
永历一四年	顺治一七年	庚子	一六六○	浙中人士多预通海之谋，若祁班孙、魏耕、李甲、钱缵曾、杨越诸人重则论斩籍没，轻则发遣宁古塔。 金坛哭庙抗粮狱起，生员倪用宾、金人瑞等人论斩，家产籍没，妻子流徙宁古塔。 张缙彦编刻《无声画》，自称不死英雄，赍死流徙宁古塔。
永历一五年	顺治一八年	辛丑	一六六一	冬方拱乾由戍所赦归。
永历一六年	康熙元年	壬寅	一六六二	永历帝殂于云南，郑成功奉明朔，仍称永历年号。
永历一九年	康熙四年	乙丑	一六六五	吴兆骞与张缙彦、姚琢之等在戍所，结七子之会。

续表

纪年				纪事
明	清	干支	公历	
永历三二年	康熙一七年	戊午	一六七八	老羌（俄罗斯）之役，宁古塔谪戍诸人，均发往乌喇地方，充当苦差。吴兆骞以将军巴海之力得免于役。
永历三四年	康熙一九年	庚申	一六八〇	吴兆骞以徐乾学等为之纳赎，得还京师。孙旸垂老亦得重还故里。
永历三六年	康熙二一年	壬戌	一六八二	平定三藩之后，附逆诸人，分别治罪，发遣尚阳堡充当苦差。陈梦雷、田起蛟、金镜、李学时等，发往新满洲为奴，遣戍沈阳等地。《黑龙江志略》："康熙年间命盗重犯，减等发遣黑龙江分别当差为奴，至数千人。"当在此时。
永历三八年	康熙三八年	己卯	一六九九	清圣祖东巡，陈梦雷蒙召回京师，待皇三子胤祉读书，纂辑《古今图书集成》。

续表

纪年				
明	清	干支	公历	纪事
	康熙四七年	戊子	一七〇八	李光远以朱三太子案，发往宁古塔，凡因朱三太子案株连诸人，分别发往宁古塔、齐齐哈尔、伯都讷等处安插，约百余人。
	康熙五〇年	辛卯	一七一一	戴名世《南山集》狱兴，孝标前卒，锉棺磔尸，家族发遣黑龙江。
	康熙六一年	壬寅	一七二二	圣祖殂后，雍正即位，排除异己。陈梦雷以与皇三子胤祉有党，招摇无忌，发遣边外。
	雍正二年	甲辰	一七二四	汪景祺作诗讥讪圣祖，立斩，其妻子发遣宁古塔。
	雍正四年	丙午	一七二六	查嗣庭主试江南所出试题为“维民所止”，显系心怀怨望，瘐死狱中。其兄慎行、嗣瑮遣戍有差，家属流放。

续表

纪年			公历	纪事
明	清	干支		
	雍正六年	戊申	一七二八	方观承赴关外省亲。
	雍正一〇年	壬子	一七三二	吕留良及其子葆中、弟子严鸿逵等，以曾静之狱，戮尸枭首，孙辈发遣宁古塔，给披甲人为奴。后以他事，改发黑龙江。